财务会计“云”系列智慧型教材 微课版

# 管理会计


主　编　闫钰炜　孙俊科　武　瑾

副主编　刘兴民　黄芝花　付冬梅　岳　颖


U0837830


電子工業出版社

Publishing House of Electronics Industry

北京·BEIJING

## 内 容 简 介

“管理会计”是财务管理专业的必修课程。管理会计以强化企业内部经营管理，提高经济效益为目的，运用一系列专门的方式，收集、汇总、分析和报告各种经济信息，借以进行预测和决策，制订计划，对经营业务进行控制，并对业绩进行评价，以保证企业改善经营管理，提高经济效益。

全书分为8个项目，包括管理会计概述、企业战略管理、成本管理、营运管理、投融资管理、预测和预算、决策、报告和绩效管理。

本书配有智慧学习平台，将教学视频、动画演示、在线实操、实时测评等教学资源和教材紧密结合，为课堂教学提供了强有力的补充，使教师易教、学生易学。

本书既可以作为职业院校会计专业相关课程的教学用书，也可供相关从业人员参考使用。



**图书在版编目 (CIP) 数据**

管理会计 / 闫钰炜，孙俊科，武瑾主编 . —北京：电子工业出版社，2019.8

ISBN 978-7-121-36763-2

Ⅰ. ①管…　Ⅱ. ①闫… ②孙… ③武…　Ⅲ. ①管理会计－高等学校－教材　Ⅳ. ① F234.3

中国版本图书馆 CIP 数据核字（2019）第 106590 号

责任编辑：张云怡　　特约编辑：田学清
印　　刷：涿州市京南印刷厂
装　　订：涿州市京南印刷厂
出版发行：电子工业出版社
　　　　　北京市海淀区万寿路 173 信箱　　邮编：100036
开　　本：787×1092　1/16　　印张：15　　字数：384 千字
版　　次：2019 年 8 月第 1 版
印　　次：2021 年 1 月第 2 次印刷
定　　价：53.00 元

凡所购买电子工业出版社图书有缺损问题，请向购买书店调换。若书店售缺，请与本社发行部联系，联系及邮购电话：（010）88254888，88258888。

质量投诉请发邮件至 zlts@phei.com.cn，盗版侵权举报请发邮件至 dbqq@phei.com.cn。

本书咨询联系方式：（010）88254573，zyy@phei.com.cn。

# 前　言

“管理会计”是财务管理类专业的一门重要的专业课程。该课程是为了满足企业内部管理方面的预测、决策、预算、控制和业绩评价的需要而产生的。本书以《教育部关于加强高职高专教育人才培养工作的意见》等文件内容为指导思想，以财政部制定的《管理会计导引》为依据，以培养高素质、技能型财会人才的目标为出发点，力争打造“主体教材＋会计实训＋网络教学资源”的“书网互动”新形态教材。

教材是教师和学生的重要沟通媒介，本书通过智慧学习平台，将“教”与“学”紧密结合，教师通过平台实时发布任务，学生能够迅速反应，提交任务。同时，笔者将实务操作融入本书之中，既保持会计框架体系，又注重实际操作技能的训练，将理论知识学习与实践技能训练、专业能力培养、职业素质培养融为一体，提升学生的会计综合职业能力。

本书在夯实理论知识的基础上，突出岗位职业技能训练，利用网络技术和智慧学习平台将教学视频、动画演示、在线实操、实时测评等教学资源和教材紧密结合起来，为课堂教学提供了强有力的补充，使教师易教、学生易学。本书具有以下几个特色。

**1. 知识内容新**

本书根据修订的《企业会计准则》和营改增相关法律法规进行编写，体例新颖，知识内容时效性强，呈现形式多样。

**2. 编写理念新**

本书根据企业实际岗位需求设计实训内容，旨在真正提高学生的实践操作技能。全书嵌入二维码，通过智慧学习平台使师生在课上和课下形成良好互动，打破传统学习在时间和空间上的限制。

（1）教师可以通过智慧学习平台控制学生学习进度，省时高效地对学生进行管理，同时还可以和学生进行深度互动，既可以分析学生成绩数据和不同题目的掌握情况，又可以分析学生每周的学习进度和期末成绩，真正做到通过数据掌控教学进度和学生认知接受程度。

（2）学生可以通过观看视频、动画等直观清晰的教学资源加强对所学知识点的理解和掌握，在智慧学习平台上进行交互仿真随堂实训练习，真实感受现实经济业务中的会计处理，还可以在线提交完成的学习任务。

学生通过网络可以在移动端随时进行预习、复习、练习，教师可以随时答疑批复，不再受传统课堂面授形式时间和空间的限制。

**3. 体例形式新**

本书在编写上力求将内容要点化、步骤化、图表化、案例化，增强启发性。每个项目都设计了项目导语、项目架构；每个任务都设计了关键知识点、关键术语、技能点提示及情景练习等辅助环节，各环节力求结合实际，增强学生的感性认识，以达到便于理解、快速掌握的目的。

4. **教学资源多**

本书配有丰富的教学资源，实用性强。在多年的教学经验和教材编写经验的积累过程中，笔者沉淀了丰富的课程资源，包括视频、习题、案例、实训等种类齐全的各类教学及学习资源，表现形式直观、生动，可满足广大教师和学习者的需要。

本书由闫钰炜（泰山学院）、孙俊科（温州职业技术学院）、武瑾（浙江科贸职业技术学院）担任主编；刘兴民（辽宁现代服务职业技术学院）、黄芝花（湖南理工职业技术学院）、付冬梅（温州职业技术学院）、岳颖（唐山科技职业技术学院）担任副主编；李佳（岳阳职业技术学院）、尹丽娟（湖南有色金属职业技术学院）、刘双平（娄底职业技术学院）、李爱军（邯郸工业学校）、龙晔景（长沙职业技术学院）参与了本书的编写工作。

本书在编写过程中，参考了许多财务会计类专著、教材、期刊，以及网上的相关资料，在此一并向其作者表示感谢。

由于编者水平有限，书中难免存在疏漏和不足之处，敬请广大读者批评、指正。

编　者

# 目　录

# 1 管理会计概述

## ——管理会计是一门什么样的学科

CFO 导语

**作为一个企业的财务管理者要知道**

管理会计的实质是什么

管理会计的要素是什么

货币的时间价值

### 本项目架构

- 管理会计的概念
- 管理会计的要素
- 货币的时间价值

# 1.1 管理会计的概念
## ——认识管理会计

**cfo 要求你知道**

1. 什么是管理会计——管理会计的概念
2. 管理会计与财务会计在企业财务活动中各自承担什么样的职责——管理会计与财务会计的区别
3. 通过管理会计活动推动单位实现战略规划——管理会计的目标
4. 管理会计活动是有章可循的——管理会计的应用原则

**关键术语**

管理会计（Managerial Accounting）

1-1

### 1.1.1 什么是管理会计

**1. 概念**

管理会计是企业为加强内部管理，实现在当前条件下的最大利润目标，科学地运用多种方法，收集、存储、加工及阐明企业管理者为合理地计划和有效地控制生产经营过程所需要的信息，围绕成本、利润和资本3个中心，分析过去、控制现在和规划未来的一个会计分支。管理会计与财务会计是现代企业会计的两个重要领域。在我国，由于对企业内部管理的重视，管理会计也愈来愈受到国家和企业的重视。

**提示**

有的学者认为现代企业会计有两大分支：财务会计与管理会计；也有学者认为现代企业会计有三大分支：财务会计、管理会计和税务会计。

管理会计是适应社会进步、社会经济发展和企业现代化管理的要求，逐渐形成和发展起来的一门科学。经济的发展直接促进了企业会计的发展。而管理会计作为会计的一个分支，其产生是会计学科不断发展的必然结果。

**2. 管理会计与财务会计的联系与区别**

管理会计与财务会计是现代企业会计的两个重要分支，二者既相互依存，又有各自独立的体系。

1）管理会计与财务会计的联系

① 服务对象上的联系

随着会计理论的发展和普及，会计信息系统包含若干分支，其中和管理会计密切相关的是财务会计。管理会计由成本会计发展而来，并与财务会计关系密切，但它并不局限于成本会计和财务会计。

财务会计沿袭传统会计的基本模式，通过对企业经营活动的确认、计量、记录汇总和编制会计报表，向企业外部的有关利益集团或个人提供会计信息。财务会计信息的使用者包括现有和潜在的股东、贷款人、投资分析家、工会、消费者及政府部门等。

管理会计是企业管理信息系统的重要组成部分，主要为公司内部使用者提供信息。因此，管理会计可称为对内会计，其确认、收集、计量和报告的信息有助于公司内部使用者进行计划、控制和决策。

管理会计信息和财务会计信息都利用组织系统的资料。例如，产品成本数据通常用于帮助管理者制定价格，管理会计要使用。然而，产品成本数据也被用来确定制造商资产负债表上的存货成本，因此在财务会计中也不可忽视。

② 基本信息来源上的联系

管理会计和财务会计都以企业的经营信息作为主要信息，因此，它们所用的原始资料来源是相同的。管理会计经常利用财务会计所提供的信息资料进行分析研究，或进行加工与延伸，使之有效地为企业内部经营管理服务。例如，为进行某产品生产决策分析所需的变动成本、固定成本及贡献毛益等数据，为有效控制存货而收集材料消耗、存货费用及历史存货量等数据，以及为进行长期投资决策而收集的机器设备的购置成本等。凡管理会计需要的成本数据，都可以从财务会计的账簿记录和财务会计报告中取得，财务会计也常把某些属于管理会计内部报告的数据资料列为对外报告的补充资料。例如，1973 年 3 月起，美国会计准则委员会（APB）正式把原属于企业内部管理需要，用于分析资金情况的管理用报表“财务状况变动表”列入对外报表体系之中。因此可以说，财务会计和管理会计在基本信息上是同源分流的。

③ 职能目标上的联系

财务会计的基本职能是对企业过去的生产经营活动进行事后的反映和监督，管理会计的基本职能是对企业未来的生产经营活动进行事前的规划和控制。两者从不同的角度，以不同的方式发挥着各自的职能作用。然而，它们的职能所要达到的目标是相同的，都是为了实现企业的最佳经济效益，为企业的有关部门和有关方面提供咨询服务。

财务会计反映和监督的主要目标是为企业外部的投资人、债权人及政府有关部门如实提供会计信息，以便为其充分了解企业财务状况和经营成果提供服务，并对其投资、放款等活动施加某种影响，同时也有利于企业筹集资金，组织生产经营活动并获得外部条件的改善。

管理会计规划和控制的基本职能目标是为企业内部管理者、决策人正确制定决策，以及有效地组织企业经营活动提供咨询服务，对正在实施和未来即将进行的规划和控制活动施加某种影响，有利于企业严格按照预期目标组织和筹划经济活动。

不论财务会计和管理会计的基本职能对企业施加影响的侧重面多么不同，两者基本职能的目标最终都是为提高企业的经济效益而服务。因此可以说，财务会计和管理会计在基本职能目标上的联系是紧密、不可分割的。

2）管理会计与财务会计的区别

管理会计和财务会计毕竟是两大会计分支，它们的服务对象、基本职能和核算内容等方面都具有很大的差异。二者的主要区别如下：

（1）信息使用者。管理会计提供企业内部使用者所需信息，财务会计则集中为外部使用者提供信息。

（2）对数据处理的约束。管理会计不需要遵守公认会计原则，没有任何官方团体对其数据选择、输入、处理和报告等方面制定必须遵守的规则。经理可以自由地选择他们所需要的任何信息，只要信息符合成本效益原则即可。而财务会计则不同，国际、国内的会计管理部门和协会制定了编制财务报告所必须遵循的会计程序和规则。财务会计人员必须按照会计准则的规定输入、处理和输出财务信息。

（3）信息的类型。财务会计的有关限制使其能提供较客观并可验证的财务信息。管理会计提供的信息可以是财务性的，也可以是非财务性的，在性质上存在一定的主观性。

（4）时间导向。财务会计以历史为导向，记录和报告已发生的事项。管理会计同样也记录和报告一些已经发生的事项，但同时，它还非常强调未来事项的有关信息。例如，管理当局可能不仅仅想知道一件产品的现有成本，更想知道将来生产一件产品的成本。因为了解产品的未来成本有助于规划材料的购买、制定销售价格等。因此，管理会计更重要的是以未来为导向。

（5）聚合程度。管理会计可提供一些指标和内部报告，以用于评价各个主体、产品、部门和经理的业绩。而财务会计着眼于公司的整体业绩，提供的是聚合程度较高的信息。

（6）广度。管理会计涉及的内容比财务会计更广泛，其涉及管理经济学、工业工程学、管理科学和其他许多学科。

## 1.1.2 管理会计的目标和应用原则

### 1. 管理会计的目标

管理会计的目标是通过运用管理会计工具方法，参与单位规划、决策、控制、评价活动并为之提供有用信息，推动单位实现战略规划。

提示

管理会计活动是企业管理活动的重要组成部分，管理会计目标服从企业目标，要从企业整体战略出发落实管理会计目标。

管理会计是对内报告会计，它通过参与单位规划、决策、控制、评价活动和提供与管理相关的信息来实现其目标。

管理会计的目标是通过运用管理会计工具方法来实现的。

**2. 管理会计的应用原则**

单位应用管理会计应遵循下列原则：

（1）战略导向原则。管理会计的应用应以战略规划为导向，以持续创造价值为核心，促进单位可持续发展。

（2）融合性原则。管理会计应嵌入单位相关领域、层次、环节，以业务流程为基础，利用管理会计工具方法，将财务和业务等进行有机融合。

（3）适应性原则。管理会计的应用应与单位应用环境和自身特征相适应。单位自身特征包括单位性质、规模、发展阶段、管理模式、治理水平等。

（4）成本效益原则。管理会计的应用应权衡实施成本和预期效益，合理、有效地推进管理会计应用。

## 1.2 管理会计的要素
## ——管理会计的构成

**cfo 要求你知道**

1. 管理会计应用基础——管理会计环境
2. 管理会计的应用——管理会计活动
3. 管理会计的具体手段——工具方法
4. 管理会计的输出——信息与报告

**关键术语**

决策（Decision-making）
控制（Control）
评价（Appraisement）

1-2

单位应用管理会计，应包括管理会计环境、管理会计活动、工具方法、信息与报告四要素。

## 1.2.1 管理会计环境

单位应用管理会计，应充分了解和分析其应用环境。管理会计应用环境是单位应用管理会计的基础，包括内部环境和外部环境。

### 1. 管理会计的内部环境

内部环境主要包括与管理会计建设和实施相关的价值创造模式、组织架构、管理模式、资源保障、信息系统等因素。

（1）价值创造模式。单位应准确分析和把握价值创造模式，推动财务与业务等的有机融合。

（2）组织架构。单位应根据组织架构的特点，建立健全的、能够满足管理会计活动所需的、由财务和业务等相关人员组成的管理会计组织体系。有条件的单位可以设置管理会计机构，组织开展管理会计工作。

（3）管理模式。单位应根据管理模式确定责任主体，明确各层级及各层级内的部门、岗位之间的管理会计责任权限，制定管理会计实施方案，以落实管理会计责任。

（4）资源保障。单位应从人力、财力、物力等方面做好资源保障工作，加强资源整合，提高资源利用效率，确保管理会计工作顺利开展。单位应注重管理会计理念、知识培训，加强管理会计人才培养。

（5）信息系统。单位应将管理会计信息化需求纳入信息系统规划，通过信息系统整合、改造或新建等途径，及时、高效地提供和管理相关信息，推进管理会计实施。

### 2. 管理会计的外部环境

外部环境主要包括国内外经济环境、市场环境、法律环境、行业状况等因素。

（1）经济环境。经济环境一般包括经济体制、经济周期、通货膨胀、经济政策等。

（2）市场环境。企业所处的市场环境通常包括完全垄断市场、完全竞争市场、不完全竞争市场和寡头垄断市场 4 种。

（3）法律环境。企业所处的法律环境包括企业组织法律法规、企业经营法律法规、税收法律法规和证券法律法规等。

（4）行业状况。行业状况包括企业所处的行业是朝阳产业还是夕阳产业，是国家鼓励发展的产业还是限制、禁止的产业等。

## 1.2.2 管理会计活动

管理会计活动是单位利用管理会计信息，运用管理会计工具方法，在规划、决策、控制、评价等方面服务于单位管理需要的相关活动。

### 1. 规划

单位应用管理会计，应做好相关信息支持，参与战略规划拟定，从支持其定位、目标设定、实施方案选择等方面，为单位合理制定战略规划提供支撑。

2. 决策

单位应用管理会计，应融合财务和业务等活动，及时、充分提供和利用相关信息，支持单位各层级根据战略规划做出决策。

3. 控制

单位应用管理会计，应设定定量、定性标准，强化分析、沟通、协调、反馈等控制机制，支持和引导单位持续高质、高效地实施单位战略规划。

4. 评价

单位应用管理会计，应合理设计评价体系，基于管理会计信息等，评价单位战略规划实施情况，并以此为基础进行考核，完善激励机制；同时，对管理会计活动进行评估和完善，以持续改进管理会计应用。

### 1.2.3 工具方法

管理会计工具方法是实现管理会计目标的具体手段，是单位应用管理会计时所采用的战略地图、滚动预算管理、作业成本管理、本量利分析、平衡计分卡等模型、技术、流程的统称。管理会计工具方法具有开放性，随着实践发展不断丰富、完善。

管理会计工具方法主要应用于以下领域：战略管理、预算管理、成本管理、营运管理、投融资管理、绩效管理、风险管理等。

（1）战略管理领域应用的管理会计工具方法包括但不限于战略地图、价值链管理等。

（2）预算管理领域应用的管理会计工具方法包括但不限于全面预算管理、滚动预算管理、作业预算管理、零基预算管理、弹性预算管理等。

（3）成本管理领域应用的管理会计工具方法包括但不限于目标成本管理、标准成本管理、变动成本管理、作业成本管理、生命周期成本管理等。

（4）营运管理领域应用的管理会计工具方法包括但不限于本量利分析、敏感性分析、边际分析、标杆管理等。

（5）投融资管理领域应用的管理会计工具方法包括但不限于贴现现金流法、项目管理、资本成本分析等。

（6）绩效管理领域应用的管理会计工具方法包括但不限于关键指标法、经济增加值、平衡计分卡等。

（7）风险管理领域应用的管理会计工具方法包括但不限于单位风险管理框架、风险矩阵模型等。

单位应用管理会计，应结合自身实际情况，根据管理特点和实践需要选择适用的管理会计工具方法，并加强管理会计工具方法的系统化、集成化应用。

### 1.2.4 信息与报告

管理会计信息包括管理会计应用过程中所使用和生成的财务信息和非财务信息。单位应充分利用内外部各种渠道，通过采集、转换等多种方式，获得相关、可靠的管理会计基础信息。单位应有效利用现代信息技术，对管理会计基础信息进行加工、整理、分析和传递，以满足管理会计应用需要。单位生成的管理会计信息应相关、可靠、及时、可理解。

管理会计报告是管理会计活动成果的重要表现形式，旨在为报告使用者提供满足管理需要的信息。管理会计报告按期间可以分为定期报告和不定期报告；按内容可以分为综合性报告和专项报告等类别。单位可以根据管理需要和管理会计活动性质设定报告期间。一般应以公历期间作为报告期间，也可以根据特定需要设定报告期间。

# 1.3 货币的时间价值
## ——利息是如何计算的

**cfo 要求你知道**

1. 货币的增值——货币的时间价值
2. 货币增值的计算——复利、年金

**关键术语**

时间价值（Time Value）
复利（Compound Interest）
年金（Annuity）
普通年金（Ordinary Annuity）
预付年金（Prepaid Annuity）
递延年金（Deferred Annuity）
永续年金（Perpetual Annuity）

### 1.3.1 概念

传统的财务会计信息不能直接用于科学的决策分析。其缺陷在于：传统的财务会计信息提供的是历史数据，不能反映货币的时间价值。因此，只有充分反映货币的时间价值这一因素，并据此对传统的会计信息进行科学的整理加工，才能做出正确的决策。

货币的时间价值是指随着时间的推移，一定货币所发生的增值。从投资者的角度来看，目前投资一定数额的货币，其价值一定大于数年后同等数量的货币。即使不考虑通货膨胀因素的影响，货币的时间价值也不同。它有两种表现形式，即绝对数（利息）和相对数（利率）。例如，某人在家中放置现金10 000元，面值总保持不变（不考虑通货膨胀因素）。但存放在银行中的话，按5%的利率计息，一年后可得10 500元，增加的500元为10 000元在银行中存一年所获得的价值。

货币的时间价值实际是使用货币的时间价值。货币闲置不会给持有者带来增值，但将其用于生产经营活动，或由银行代替使用，则会带来增值，即可带来利润。

提示

货币的时间价值可以按照单利或复利方式进行计算，一般情况下按复利方式计算。

## 1.3.2 复利

复利（也称“利滚利”）是指不仅本金要计息，而且利息也要计息的情况。复利在每期的期末结息一次，随即将利息加入本金作为下一期计算利息的基础，逐期滚算。资金的时间价值通常按复利计算。按照复利计息的方法计算出的终值和现值分别被称为复利终值和复利现值。

### 1. 复利终值的计算

复利终值指一定量的货币，按复利计算若干期后的本利总和。复利终值的计算公式如下：

$$F=P(1+i)^n$$

式中，$(1+i)^n$ 为复利终值系数（参见附表一），记作 $(F/P, i, n, )$；$n$ 为计息期。

【情景 1-1】华信食品股份有限公司拟出资1 100 000元开发某项目，从首期投资后一年起开始连年收益，年利润率为6%，且该公司每年均将年收益额再投入该项目。计算6年后公司在该项目中的投资额是多少？

该问题是求本利和，即求复利终值。计算如下：

利用复利终值公式

$$F=P(1+i)^n=P(1+6\%)^6$$

查1元的复利终值系数 $(1+6\%)^6=1.418\ 5$。

$$F=P(1+i)^n=1\ 100\ 000\times(F/P, 6\%, 6)=1\ 100\ 000\times1.418\ 5=1\ 560\ 350\text{（元）}$$

### 2. 复利现值的计算

复利现值是指未来某期的一定量的货币，按复利计算现在的价值。复利现值的计算公式如下：

$$P=F/(1+i)^n$$

式中，$1/(1+i)^n$ 为复利现值系数（参见附表二），记作 $(P/F, i, n)$；$n$ 为计息期。

【情景 1-2】华信食品股份有限公司期望通过一项投资在5年后获得25 000 000元，已知投资的复利年利率为5%，计算现在需投资多少款项？

该问题是求一次性投资额，即求复利现值。计算如下：

利用复利现值公式

$$P=\frac{F}{(1+i)^n}=\frac{25\ 000\ 000}{(1+5\%)^5}=F\ (P/F, 5\%, 5)$$

查1元的复利现值系数 $(P/F,5\%,5)=0.783\ 5$。

$$P=\frac{F}{(1+i)^n}=25\,000\,000\times(P/F,5\%,5)=25\,000\,000\times0.783\,5=19\,587\,500\text{（元）}$$

## 1.3.3 年金

年金是指每隔相同时期收入或支出一系列相等金额的收付款项，如定期收入或支出的保险费、利息、折旧费、租金等都表示为年金的形式。年金包括年金终值和年金现值两种。

年金是复利的一种特殊形式，其计算方法也建立在复利计算的基础之上。按照收入或支出形式的不同，年金通常分为普通年金、预付年金、递延年金和永续年金4种。普通年金又称后付年金，指凡在每期期末等额收入或支出的款项。预付年金又称先付年金，指在一定时期内，每期期初等额的系列收付款项。递延年金指在最初若干期没有发生收付款项的情况下，后面若干期的等额系列收付款项。永续年金指无限期收入或支出相等金额款项的年金。在实际工作中，最常使用的是普通年金和预付年金。

**1. 普通年金**

1）普通年金终值的计算

普通年金终值是指在一定时期内每期期末收入或支出等额款项的复利终值之和。每期期末等额收入或支出的款项称为期款。普通年金终值的计算实际上就是已知年金 $A$，求终值 $F_A$。

根据复利终值的计算方法，计算年金终值的公式为：

$$F_A=A+A(1+i)+A(1+i)^2+A(1+i)^3+\cdots+A(1+i)^{n-1}$$

将两边同时乘以 $(1+i)$ 得：

$$F_A(1+i)=A(1+i)+A(1+i)^2+A(1+i)^3+A(1+i)^4+\cdots+A(1+i)^n$$

整理得：

$$F_A=A\sum_{t=1}^{n}(1+i)^{t-1}$$

根据等比公式整理得：

$$F_A=A\times\frac{(1+i)^n-1}{i}$$
$$=A(F/A,i,n)$$

式中，$\frac{(1+i)^n-1}{i}$称为“年金终值系数”或“1元年金终值系数”，记为 $(F/A,i,n)$，表示年金为1元、利率为 $i$、经过 $n$ 期的年金终值是多少，可直接查年金终值系数表（参见附表三）。

【情景 1-3】华信食品股份有限公司拟建立两个经营网点，并计划为此连续筹资6年。每年筹资额为2 200 000元，假设银行在此期间复利利率为8%，问6年后共筹资多少？

利用普通年金终值计算公式

$$F_A=A(F/A,i,n)$$

查年金终值系数表可知，6年期、利率为8%的年金终值系数为7.335 9，代入上式得：

$$F_A=A(F/A,8\%,6)=2\,200\,000\times7.335\,9=16\,138\,980\text{（元）}$$

即6年后华信食品股份有限公司共筹资16 138 980元。

2）年偿债基金的计算

计算年金终值，一般是已知年金，求终值。有时也会遇到已知年金终值，反过来求每年支付的年金数额的问题，这是年金终值的逆运算，称为年偿债基金的计算。其计算公式为：

$$A=F_A\times\frac{i}{(1+i)^n-1}$$

式中，$\frac{i}{(1+i)^n-1}$称作“偿债基金系数”，记为$(A/F,i,n)$，可查偿债基金系数表，也可根据年金终值系数的倒数求得，即：

$$A=F_A\div(F/A,i,n)$$

【情景 1-4】华信食品股份有限公司 3 年后需现金 120 000 元，若年利率为 5%，则从现在开始每年年末需等额存入银行多少钱，3 年后才能达到所需钱数？

从现在开始每年需存入的钱数（$A$）$=120\ 000\div(F/A,5\%,3)=120\ 000\div3.152\ 5\approx38\ 065$（元）

由上述计算可知：（1）年偿债基金和普通年金终值互为逆运算；（2）年偿债基金系数$\frac{i}{(1+i)^n-1}$和普通年金终值系数$\frac{(1+i)^n-1}{i}$互为倒数。

3）普通年金现值的计算

普通年金现值指一定期间内每期期末等额的系列收付款项的复利现值之和。例如，年金为每期期末等额的取款数，年金现值则相当于目前需存入的本金。普通年金现值的计算实际上就是已知年金 $A$，求现值 $P_A$。其计算公式如下：

$$P_A=A(1+i)^{-1}+A(1+i)^{-2}+A(1+i)^{-3}+\cdots+A(1+i)^{-n}$$

整理得：

$$P_A=A\sum_{t=1}^{n}\frac{1}{(1+i)^t}$$

根据等比公式整理得

$$PA=A\times\frac{1-(1+i)^{-n}}{i}$$

式中，$\frac{1-(1+i)^{-n}}{i}$称为“年金现值系数”或“1 元年金现值系数”，记作$(P/A,i,n)$，表示年金为 1 元、利率为 $i$、经过 $n$ 期的年金现值是多少，可查年金现值系数表（参见附表四）。

【情景 1-5】华信食品股份有限公司计划在银行存入一笔款项，预备在未来 4 年中，每年年末取出 500 000 元用于发放奖金。假设银行存款利率为 8%，问现在一次需存入银行多少款项？

查年金现值系数表可知，4 年期、利率为 8% 的年金现值系数为 3.312 1。将其代入普通年金现值的计算公式得：

$$P_A=A\times(P/A,8\%,4)=500\ 000\times3.312\ 1=1\ 656\ 050\text{（元）}$$

华信食品股份有限公司一次存入 1 656 050 元，可在今后 4 年内，每年年末得到 500 000 元用于发放奖金。

4）年资本回收额的计算

在已知年金的条件下，可以计算年金的现值；反过来，在已知年金现值的条件下，也可求年金，是普通年金现值的逆运算，称为年资本回收额的计算。其计算公式为：

$$A=P_A\times\frac{i}{1-(1+i)^{-n}}$$
$$=P_A\,(A/P,i,n)$$

式中，$\frac{i}{1-(1+i)^{-n}}$称为“资本回收系数”，记作 $(A/P,i,n)$，是年金现值系数的倒数。

【情景 1-6】华信食品股份有限公司现在从银行借款 2 000 000 元，年利率为 6%，那么在未来连续 10 年内每年年末应等额偿还多少钱？

10 年内每年年末应偿还的金额（$P_A$）$=2\,000\,000\div(P/A,6\%,10)=2\,000\,000\div7.360\,1\approx271\,735$（元）

### 2. 预付年金

1）预付年金终值的计算

预付年金终值是指在复利计息的条件下，每期期初发生的等额款项金额的终值之和。它与普通年金的区别仅在于支付期不同，即支付期比普通年金提前了一期。预付年金终值的计算公式为：

$$F_A=A(1+i)+A(1+i)^2+A(1+i)^3+\cdots+A(1+i)^n$$

整理得：

$$F_A=A\times\frac{(1+i)^{-n}-1}{i}\times(1+i)$$
$$=A(F/A,i,n)(1+i)$$

或者：

$$F_A=A[(F/A,i,n+1)-1]$$

【情景 1-7】华信食品股份有限公司于未来 3 年内，每年年初存入银行 1 000 000 元，若复利利率为 10%，计算期满本利和是多少？

查年金终值系数表可知，3 年期、利率为 10% 的年金终值系数为 3.310 0。将其代入预付年金终值计算公式得：

$$F_A=A(F/A,10\%,3)(1+10\%)=1\,000\,000\times3.310\,0\times1.1=3\,641\,000\text{（元）}$$

华信食品股份有限公司期满可得资金 3 641 000 元。

2）预付年金现值的计算

预付年金现值是指在复利计息的情况下，将在一定时期内按相同时间间隔在每期期初收付的相等金额折算到第一期期初的现值之和。预付年金现值的计算公式如下：

$$P_A=A+A(1+i)^{-1}+A(1+i)^{-2}+A(1+i)^{-3}+\cdots+A(1+i)^{-(n-1)}$$

整理得：

$$P_A=A\times\frac{1-(1+i)^{-n}}{i}\times(1+i)$$
$$=A(P/A,i,n)(1+i)$$
$$=A[(P/A,i,n-1)+1]$$

【情景 1-8】华信食品股份有限公司计划在银行存入一笔款项，预备在未来 6 年中，每年年初取出 400 000 元用于发放奖金。假设银行存款利率为 8%，问现在一次需存入银行多少款项？

$$P_A=A\times\frac{1-(1+i)^{-n}}{i}\times(1+i)=A(P/A,i,n)(1+i)=A[(P/A,i,n-1)+1]$$

查年金现值系数表可知，6 年期、利率为 8% 的年金现值系数为 4.622 9。将其代入上式得：

$$P_A=A(P/A,8\%,6)(1+8\%)=400\ 000\times4.622\ 9\times1.08=1\ 997\ 092.8\text{（元）}$$

华信食品股份有限公司在第一年年初存入 1 997 092.8 元，可在今后 6 年内每年年初得到 400 000 元用于发放奖金。

**3. 递延年金**

1）递延年金终值的计算

递延年金终值的计算与普通年金终值的计算一样，计算公式如下：

$$F_A=A(F/A,i,n)$$

2）递延年金现值的计算

递延年金指在最初若干期没有发生收付款项的情况下，后面若干期的等额系列收付款项。设 $m$ 为递延期数，$n$ 为等额收付款项连续收支的期数。最初有 $m$ 期未发生收付款项，后面 $n$ 期有等额的收付款项，则递延年金的现值应为后 $n$ 期年金贴现至 $m$ 期期初的现值。递延年金现值的计算方法有如下 3 种。

（1）先将递延年金视为 $n$ 期普通年金，求出递延期期末的普通年金现值，再折算到现在，即第 0 期价值：

$$P_A=A(P/A,i,n)(P/F,i,m)$$

式中，$m$ 为递延期；$n$ 为连续收支期数，即年金期。

（2）先计算 $m+n$ 期年金现值，再减去 $m$ 期年金现值：

$$P_A=A[(P/A,i,m+n)-(P/A,i,m)]$$

（3）先求递延年金终值，再折现为现值：

$$P_A=A(F/A,i,n)(P/F,i,m+n)$$

【情景 1-9】华信食品股份有限公司预备购置一台机器。合同约定，前 3 年不付款，从第 4 年年末开始分 3 年等额还本付息 120 000 元。公司要求的最低报酬率为 8%，问付款的现值是多少？

查年金现值系数表和复利现值系数表可知，连续还本付息 3 年期、利率为 8% 的年金现值系数为 2.577 1；递延 3 年期、利率为 8% 的复利现值系数为 0.793 8。

付款的现值（$P_A$）$=A(P/A,i,n)(P/F,i,m)=120\ 000\times(P/A,8\%,3)\times(P/F,8\%,3)=120\ 000\times2.577\ 1\times0.793\ 8=$ 245 484.237 6（元）

**4. 永续年金**

永续年金指无限期定额定期支付的年金。永续年金没有终止时间，期限趋于无穷，也就没有终值，因此永续年金的现值可以看成 $n$ 为无穷大的普通年金的现值。例如，商业银行中的“存本取息”类存款、优先股股利等就属于永续年金。普通年金的特点是每期首付款项在期末；预付年金的特点是每期首付款项在期初；递延年金的特点是最初若干期没有发生收付款项，后面若干期有等额系列收付款项；而永续年金的期限趋于无穷，也就没有终值，只有现值。永续年金现值的计算公式如下：

$$P_A(n\to\infty)=A\times\frac{1-(1+i)^{-n}}{i}$$
$$=\frac{A}{i}$$

当 $n$ 趋于无穷大时，由于 $A$、$i$ 都是有界量，$(1+i)^{-n}$ 趋于无穷小，因此 $P_A(n\to\infty)=A\times\frac{1-(1+i)^{-n}}{i}$ 趋于 $A/i$。

【情景 1-10】华信食品股份有限公司投资于某公司，拟用这笔资金建立奖励基金，希望于每年年末拿出 360 000 元奖励公司内部有特殊贡献的员工。假设预计投资回报率为 12%，计算一次投资多少钱才能满足每年的奖励需要？

$$P_A=\frac{A}{i}=\frac{360\ 000}{12\%}=3\ 000\ 000\text{（元）}$$

## 1.3.4 利率的计算

### 1. 插值法

在此前计算终值和现值时，均假定利率为已知，但在财务活动过程中，经常会遇到已知终值、现值和计息期数，求利率的问题。一般情况下，可以按照以下步骤计算利率：

（1）求出换算系数。

（2）根据换算系数和有关系数表求利率。

在复利计息方式下，利率与现值（或终值）系数之间存在一定的数量关系。已知现值（或终值）系数，则可以通过插值法计算对应的利率。

$$i=i_1+\frac{B-B_1}{B_2-B_1}\times(i_2-i_1)$$

式中，$i$ 为所求利率；$B$ 为对应的现值或终值系数；$B_1$、$B_2$ 分别为现值（或终值）系数表中与 $B$ 相邻的系数；$i_1$、$i_2$ 分别为对应的利率。

（1）若已知复利现值（或终值）系数 B 及期数 $n$，则可通过复利现值（或终值）系数表找出与已知复利现值（或终值）系数相邻的两个系数及其对应的利率，用插值法计算利率。

【情景 1-11】华信食品股份有限公司的出纳孙佳颖下岗获得 45 000 元现金补助，她决定趁现在还有劳动能力，先找工作糊口，将款项存起来。孙女士预计，如果 20 年后这笔款项连本带利能达到 225 000 元，就可以解决自己的养老问题。问银行存款的年利率为多少，孙女士的预计才能变成现实？

$$45\ 000\times(F/P,i,20)=225\ 000$$

$(F/P,i,20)=5$，即 $(1+i)^{20}=5$。

可采用逐次测试法（也称为试误法）计算：

当 $i$=8% 时，$(F/P,8\%,20)=4.661\ 0$。

当 $i$=9% 时，$(F/P,9\%,20)=5.604\ 4$。

因此，$i$ 在 8% 和 9% 之间。

运用插值法有：

$$i = i_1 + \frac{B - B_1}{B_2 - B_1} \times (i_2 - i_1) = 8\% + \frac{5-4.661\ 0}{5.604\ 4-4.661\ 0} \times (9\% - 8\%) \approx 8.36\%$$

这说明，当银行存款的年利率为 8.36% 时，孙女士的预计才能变成现实。

（2）若已知年金现值（或终值）系数 $B$ 及期数 $n$，则可通过年金现值（或终值）系数表找出与已知年金现值（或终值）系数相邻的两个系数及其对应的利率，用插值法计算利率。

（3）永续年金的利率可以通过公式 $i=A/P_A$ 计算。

【情景 1-12】华信食品股份有限公司某一职工吴先生存入银行 1 500 000 元，每年奖励高考的文理科状元各 15 000 元，奖学金每年发放一次。问银行存款年利率为多少时才可以设定成永久性奖励基金？

由于每年都要拿出 30 000 元，因此奖学金的性质是一项永续年金，其现值应为 1 500 000 元。

$$i = \frac{30\ 000}{1\ 500\ 000} = 2\%$$

也就是说，银行存款年利率不低于 2% 才能保证奖学金制度的正常运行。

**提示**

年金是复利在特殊情况（每隔相同的时间出现相等的金额）下的特殊计算方式。

2. **名义利率与实际利率**

1）一年多次计息时的名义利率与实际利率

如果以“年”作为基本计息期，每年计算一次复利，那么这种情况下的实际利率等于名义利率。如果按照短于一年的计息期计算复利，那么这种情况下的实际利率高于名义利率。名义利率与实际利率的换算关系如下：

$$i=(1+r/m)^m-1$$

式中，$i$ 为实际利率，$r$ 为名义利率，$m$ 为每年复利计息次数。

【情景 1-13】年利率为 10%，按季复利计息，试求实际利率。

$$i=(1+r/m)^m-1=(1+10\%/4)^4-1 \approx 10.38\%$$

2）通货膨胀情况下的名义利率与实际利率

名义利率是指央行或其他提供资金借贷的机构所公布的未调整通货膨胀因素的利率，即利息（报酬）的货币额与本金的货币额的比率，其包括补偿通货膨胀风险的利率。实际利率是指剔除通货膨胀率后储户或投资者得到利息回报的真实利率。

名义利率与实际利率之间的关系为：

1+ 名义利率 =(1+ 实际利率 )×(1+ 通货膨胀率 )

所以，实际利率的计算公式为：

$$实际利率 = \frac{1+名义利率}{1+通货膨胀率} - 1$$

【情景 1-14】我国商业银行的一年期存款年利率为 4%，假设通货膨胀率为 3%，则实际利率为多少？

$$实际利率 = \frac{1+4\%}{1+3\%} - 1 = 0.97\%$$

# 2 企业战略管理

## ——从全局为企业谋划

CFO 导语

**作为一个管理者应当清楚**

战略管理的重要性

战略管理的应用环境

战略管理的应用程序

通过战略地图进行战略管理

**本项目架构**

- 战略管理概述
- 战略管理原则及其应用环境
- 战略管理的应用程序
- 战略地图

# 2.1 战略管理概述

——了解战略管理

**cfo 要求你知道**

1. 战略管理的重要性
2. 战略管理的内涵

**关键术语**

战略目标（Strategic Target）

2-1

## 2.1.1 战略管理的概念和重要性

### 1. 战略管理的概念

战略管理是指对企业全局的、长远的发展方向、目标、任务和政策，以及资源配置做出决策和管理的过程战略，是指企业从全局考虑做出的长远性的谋划。

**提示** 一般来说，企业的目的是生存、发展和盈利。

### 2. 战略管理的重要性

制定和实现战略目标是现代管理的重要特征。海因茨·韦里克等所著的经典管理教材中对"战略"是这样定义的：确定企业的基本长期目标，制定行动方案和配备必需的资源以实现目标。战略强调的是长期目标。爱德华·布洛克等著的《战略成本管理》一书中将"战略"定义为：企业为长期成功发展所设计的一整套政策、程序和方法，同样强调长期性。黄丹（上海交通大学 MBA、EMBA 核心教授，素有"交大四大才子"之一之称）等认为什么是战略，至今仍无一个公认的定义，如何从一个更长远的视角帮助企业实现与环境的和谐发展，在社会分工大系统中将自身的优势充分发挥出来，或系统地、有计划地培育企业在某一方面的竞争优势，实现企业价值的最大化，这就是“战略”这一令人着迷的概念的最终使命。可见，所谓战略就是要实现长期的竞争优势，体现了企业管理的基本要求就是生存与发展。战略涉及企业管理的方方面面，进取是战略，乘胜追击是战略，局部退缩甚至关闭企业均为企业战略，只有站在“战略的高度”看待企业的发展，才不会导致盲人摸象的结果。

## 2.1.2 战略管理的内涵

将战略思想运用于企业管理以适应愈演愈烈的市场竞争，使企业决策者关注的重点由短期利益转向未来持续发展的竞争优势，从而更为有效地配置企业资源。传统管理会计所提供的信息已经无法满足战略决策的需要，因此，战略管理会计应运而生。

战略管理会计（Strategic Management Accounting，SMA）是为适应战略管理的需要而逐渐形成的，它服从于企业的战略选择，通过报告战略的成功与否来对战略管理产生影响。夏宽云在《战略管理会计——用数字指导战略》一书中分析战略管理会计的内涵时使用了以下 3 个公式：

（1）SMA=S+MA。

（2）SMA=SM+A。

（3）SMA=SM+MA。

其中，S 代表“Strategic”，即战略；M 代表“Management”，即管理；A 代表“Accounting”，即会计。

公式（1）可以理解为在传统管理会计的基础上加入战略的元素，即在利用传统管理会计信息进行经营决策时，应当充分结合企业战略。比如，在进行长期投资决策时，根据传统的长期投资决策的模型进行投资测算时，在选择各种方案时要考虑企业战略，删除不符合公司战略的备选方案。一旦加入了战略的元素，传统管理会计就带上了战略的视点，也就有了全新的决策结果，从而使管理会计信息服务于企业战略。

公式（2）可以理解为在战略管理过程中，决策者充分运用管理会计的信息。比如，通过对竞争对手的各种财务和非财务指标的分析，评估竞争对手的战略、实力、优势和劣势，从而制定出针对对手的竞争方案。

公式（3）可以理解为在公司战略管理的各个阶段都运用管理会计的信息与方法，分析、构建、执行和评价企业战略，从而保证企业战略的实现。比如，企业在制定企业战略前需要分析外部环境和内部资源及能力，确定企业总体战略、业务单元战略和职能战略，在此过程中需要战略管理会计去收集、整理并提供所需信息；在执行战略的过程中，需要战略管理会计提供与关键业绩指标（KPD）相关的财务信息，评价战略的执行情况，指出执行中存在的偏差，为战略调整提供信息。

上述 3 个公式反映了对战略管理会计的 3 种理解。总的来说，战略管理会计就是适应战略管理的需要，从战略的高度根据企业内外部环境的变化，运用专门的方法提供企业本身及其竞争对手的分析资料，提供与材料采购、产品生产及销售、顾客服务等一系列作业活动有关的、准确的和决策相关的信息，并进行分析与考核，帮助管理者形成和评价企业战略，以使企业建立和保持长久的竞争优势。战略管理会计是对传统管理会计的发展，是现代企业战略管理系统的重要子系统。

# 2.2 战略管理原则及其应用环境

## ——战略管理是一定条件下的战略管理

**cfo 要求你知道**

1. 战略管理的外部环境
2. 战略管理的内部环境

**关键术语**

政治环境（Political Environment)
经济环境（Economic Environment）
技术环境（Technology Environment）
企业资源（Resources of the Enterprise）
企业能力（Company Capability）

2-2

### 2.2.1 战略管理原则

企业进行战略管理，一般应遵循以下原则：

（1）目标可行原则。战略目标的设定应具有一定的前瞻性和适当的挑战性，使战略目标通过一定的努力可以实现，并能够使长期目标与短期目标有效衔接。

（2）资源匹配原则。企业应根据各业务部门与战略目标的匹配程度进行资源配置。

（3）责任落实原则。企业应将战略目标落实到具体的责任中心和责任人，构成不同层级彼此相连的战略目标责任圈。

（4）协同管理原则。企业应以实现战略目标为核心，考虑不同责任中心业务目标之间的有效协同，加强各部门之间的协同管理，有效提高资源使用的效率和效果。

## 2.2.2 战略管理的应用环境

企业战略管理的应用环境包括外部环境和内部环境。

**1. 外部环境**

企业应关注宏观环境、产业环境、竞争环境等对其影响长远的外部环境因素，尤其是可能发生重大变化的外部环境因素，确认企业所面临的机遇和挑战。

1）宏观环境

一般来说，宏观环境因素可以概括为5类，即政治环境、法律环境、经济环境、社会和文化环境与技术环境。

① 政治环境

政治环境是指那些制约和影响企业的政治要素及其运行状态，包括企业所在国家和地区的政局稳定状况、政府行为、执政党政策及各政治集团的博弈。

**理解**

政局指企业营销所处的国家或地区的政治稳定状况。一个国家的政局稳定与否会给企业带来重大的影响。如果政局稳定，生产发展，人民安居乐业，就会给企业营造良好的环境。相反，如果政局不稳，社会矛盾尖锐，社会秩序混乱，就可能会对企业产生不利影响。

② 法律环境

法律环境包括国家制定的法律、法规、法令及国家的执法机构等因素。法律是政府管理企业的一种手段，和政治因素一样，法律因素是保障企业生产经营活动的基本条件。

**提示**

法律的保障作用主要体现为它能保护企业，反对不正当竞争；保护消费者的合法权益；保护员工的合法权益；保护公众权益免受不合理企业行为的损害。

③ 经济环境

经济环境是指构成企业生存和发展的社会经济状况及国家的经济政策，包括社会经济结构、经济发展水平、经济体制、宏观经济政策、当前经济状况和其他一般经济条件等要素。

**提示**

与政治、法律环境相比，经济环境对企业生产经营的影响更直接、更具体。

④ 社会和文化环境

社会和文化环境是指企业所处的社会结构、社会风俗和习惯、信仰和价值观念、行为规范、生活方式、文化传统、人口规模与地理分布、人口流动性、民族等因素的形成和变动。

**理·解**

企业所在地居民的地理分布及密度、年龄、受教育水平、生活方式，甚至是出生率、结婚率及离婚率，均会对消费需求产生重大影响。

⑤ 技术环境

技术环境是指企业所处的环境中的科技要素及与该要素直接相关的各种社会现象的集合，包括国家科技体制、科技政策、科技水平和科技发展趋势等。

**理·解**

数据处理技术的进步使企业能对市场及客户进行更有效的分析，制定适宜的战略。

2）产业环境

产业是生产产品、提供服务的集合体，企业制定战略必须清楚其所处的产业。有人把产业分为朝阳产业和夕阳产业，实际上产业是存在生命周期的。

产业要经过 4 个阶段，即导入期、成长期、成熟期和衰退期。这些阶段是以产业销售额增长率曲线的拐点划分的。产业的增长与衰退随新产品的创新和推广过程而呈“S”形，如图 2-1 所示。产业每个阶段的特点如表 2-1 所示。

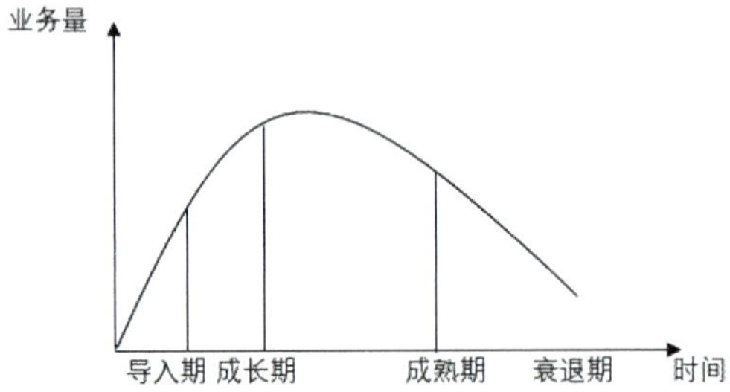


图 2-1　产业的 4 个阶段

表 2-1　产业每个阶段的特点

| 周　期 | 特　点 |
| --- | --- |
| 导入期 | 用户少、质量不太可靠、广告费用高、单位生产成本高、有可能失败 |
| 成长期 | 用户多、质量稳定、广告费用较高、单位生产成本较高、竞争者涌入 |
| 成熟期 | 市场饱和、竞争者大量涌入、单位成本较低、盈利稳定、价格战出现 |
| 衰退期 | 客户精明、竞争者多、产能严重过剩、利润低 |

### 2. 内部环境

企业应关注自身的历史及现行战略、资源、能力、核心竞争力等内部环境因素，确认企业具有的优势和劣势。企业内部环境决定企业能做什么、做到什么程度。

1）企业资源

企业资源是为企业产能所输入有效要素的总和，是企业生存、发展和获利的内部条件。企业资源分为内部资源和外部资源，它们可以以有形和无形两种形态存在，如表 2-2 所示。

**表 2-2　内部资源和外部资源**

| 资源种类 | 资　源 | 资源内容 |
|---|---|---|
| 内部资源 | 人力资源 | 主要是员工素质及数量，以及备用资源 |
| | 财力资源 | 现金流量的质量与数量，包括货币资金、有价证券、应收款项及可获取现金的能力 |
| | 物力资源 | 固定资产、土地、原材料等 |
| | 信息资源 | 企业现有信息储备及对信息获取、处理和运用的能力 |
| | 技术资源 | 生产工艺技术、设备维修技术、财务管理技术、信息收集和分析技术等 |
| | 管理资源 | 企业管理制度、组织机构、企业管理策略 |
| | 其他资源 | 品牌、技术、专利、商标、企业文化、组织士气、组织经验、企业形象、企业声誉、企业凝聚力、管理风格 |
| 外部资源 | 行业资源 | 业内知名度及人脉 |
| | 市场资源 | 主要是客户及供应商资源 |
| | 外部环境 | 与政府、社区、金融机构等个人或组织之间良好的关系 |

以上除财力及物力资源外，其他基本都是无形资源。

2）企业能力

企业能力，是指企业配置资源，发挥其生产和竞争作用的能力。企业能力来源于企业内部资源和外部资源的有机整合，是企业各种资源有机组合的结果。企业能力主要由研发能力、管理能力、营销能力和财务能力组成。

① 研发能力

市场需求的不断变化和科学技术的迅猛发展，使研发能力成为企业保持竞争力的关键因素。产品更新换代、提高质量、降低成本都倚仗企业的研发能力。

② 管理能力

管理能力是指企业制订计划、组织经营生产、协调控制等能力，它是企业正常运营的保障。

③ 营销能力

企业的营销能力是指企业引导消费以占领市场、获取利润的产品竞争能力、销售活动能力和市场决策能力。

④ 财务能力

企业的财务能力主要是指筹集资金、运用资金、收回资金的能力，保障企业资金的正常运转。

3）企业的核心能力

20世纪80年代，核心能力的提法进入人们的视野，“核心能力”“核心业务”成为流行的术语，使更多的企业开始重视自身的优势。

① 核心能力的概念

核心能力是企业在市场上与其对手竞争时占优势的特殊能力。它可以表现为完成工作的技术、技能、资源和管理能力，还可以表现为营销渠道及其他特殊能力。核心能力是单个资源的整合结果，植于企业各种能力之中，是压倒竞争对手的重要法宝。

② 核心能力的辨别

一般来说，通过以下3个关键性测试可以辨别核心能力：

- 它对顾客是否有价值？
- 它与企业竞争对手相比是否有优势？
- 它是否很难被模仿或复制？

**提示**

企业的核心能力有时很难满足上述3个关键性测试，在这种情况下，还需要运用其他辨别方法，如功能分析、资源分析及过程系统分析。

③ 核心能力的评价

企业必须进行核心能力评价，只有当产品与服务的优势大大高于竞争对手且这种能力很难被竞争对手模仿时，才具有战略价值。以下是进行核心能力评价的几种方法，如表2-3所示。

表2-3　核心能力评价方法

| | |
|---|---|
| 企业自我评价 | 企业自己收集信息进行评价，其特点是经济、快捷，但客观性差 |
| 产业内部比较 | 收集这个产业内企业的某些数据并进行企业间的比较，如市场份额、成本结构、关键成本及顾客满意度等。 |
| 基准分析 | 企业比较自己和竞争对手的业绩 |
| 成本驱动力和作业成本法 | 企业使用作业成本法以找出企业的成本驱动力，提供具体、有用的信息 |
| 收集竞争对手的信息 | 企业收集竞争对手的信息并进行比较 |

**理解**

基准分析是企业之间进行业绩比较的一种重要方法，其目的是发现竞争对手的优点和不足。针对竞争对手的优点，补己之短；根据竞争对手的不足，选择突破口，从而帮助企业从竞争对手的表现中获得思路和经验，冲出竞争者的包围，超越竞争对手。

# 2.3 战略管理的应用程序

## ——企业战略制定过程及其应用方法

**cfo 要求你知道**

1. PEST 分析法
2. 波特五力分析法
3. 波士顿矩阵分析法
4. 态势分析法
5. 价值链分析法
6. 战略的种类及其选择

**关键术语**

市场渗透（Market Penetration）
市场开发（Market Development）
产品开发（Product Development）
多元化经营（Diversification）
外部发展（External Development）
内部发展（Internal Development）
战略联盟（Strategic Alliance）
战略实施（Strategic Implementation）
战略评价和控制（Strategic Evaluation and Control）
战略调整（Strategic Adjustment）

2-3

### 2.3.1 战略分析

战略分析包括外部环境分析和内部环境分析。企业进行环境分析时，可应用 PEST 分析法、波特五力分析法、波士顿矩阵分析法、态势分析法（Strength, Weakness, Opportunity, Threat, SWOT 分析法）等方法，分析企业的发展机会和竞争力，以及各业务流程在价值创造中的优势和劣势，并对每一业务流程按照其优势强弱划分等级，为制定战略目标奠定基础。

1. PEST 分析法

PEST 分析法主要用于宏观环境分析。一般来说，宏观环境因素可以概括为以下 4 类：

（1）政治和法律因素 (Political Factors）。

（2）经济因素（Economical Factors）。

（3）社会和文化因素（Social Factors）。

（4）技术因素 (Technological Factors）。

这 4 个因素的英文的首字母组合起来是“PEST”，所以宏观环境分析也被称为 PEST 分析。

案例

## 食品业 PEST 分析

1. 政治和法律因素

（1）作为农副水产品深加工产业的食品工业是消费品工业的主体产业，食品工业的发展与人民的生活息息相关，由此足以引起政府的高度重视和鼎力支持。

（2）国家大力鼓励和支持开展关系国计民生的与食品安全有关的基础研究和应用研究，并且鼓励食品生产、经营者采用先进技术和先进管理规范，提高我国食品安全水平。为了提高我国食品安全的科技攻关能力，国家通过鼓励和支持与食品安全有关的基础研究和应用研究，为我国食品安全提供强有力的政策支持。例如，国务院颁布的《国家中长期科学和技术发展纲要》将食品安全列入了公共安全领域优先主题，为加强食品安全科技攻关提供了政策保障。

（3）制定了与食品相关的诸多法律，除《产品质量法》《不正当竞争法》《广告法》《商标法》等外，还必须遵守《食品卫生法》和食品行业规范及强制性的国家标准，如《标签标准》《食品理化指标检测标准》《食品卫生指标检测标准》《包装材料卫生指标标准》等；带有功能性的特殊食品，如保健食品、婴幼儿食品，必须执行更为严格的产品规范；出口食品必须符合世界卫生组织及 FDA（美国食品与药品管理局）的注册要求，建立符合国际食品法典要求的食品控制体系。

2. 经济因素

改革开放以来，中国国民经济保持稳定、持续的增长状态。从相关报告中可以了解到，中国国民经济持续、快速健康发展，综合国力进一步增强，人均主要工农业产品产量位居世界前列，商品短缺状况基本结束；粮食等主要农产品生产能力明显提高，实现了农产品供给由长期短缺到总量基本平衡，丰年有余的历史性转变；人民生活水平持续改善，总体上达到小康水平。随着中央关于发展农村经济有关政策的出台，食品加工工业的产值将有一个大的提升。

3. 技术因素

随着科学技术的迅猛发展，新的食品原料加工工艺、加工设备不断涌现，食品企业纷纷加大对研究开发的投入，把先进的科学技术运用到食品的生产、加工中来。因此，食品企业应关注信息技术、生物工程纳米技术、微波技术、自动化控制技术等高新技术的发展及对现有食品加工技术的影响。在坚持传统、发扬特色的基础上，实施创新战略，生产制造出科技含量更高的产品，跟上时代前进的步伐。

4. 社会和文化因素

食品企业的社会和文化因素可以从以下3个方面来展开分析。

1）生活方式

人们的生活方式影响了食品的总需求量和需求结构，由此要求食品企业开发生产适合人们生活方式的食品品种。食品企业要及时认识到人们生活方式的变化及其规律，并且主动迎合这一变化，甚至以自己的核心产品来主动引导变化，使自己长期处于市场领导地位。

2）风味偏好

不同地区的消费者对食品的需求结构会有明显的不同，尤其表现在风味偏好方面，因此食品企业应针对不同的细分市场来执行不同的产品战略，重点是针对特定消费者的风味习惯来提供特色食品。例如，肯德基在国内的快餐食品中添加了茴香、胡椒粉、红辣椒等中国传统风味调料，以迎合中国人的口味。

3）时代潮流

20世纪90年代以来，人们的消费方式出现了“四化”：

（1）多样化。主副食趋向多样化，食品的消费除满足生理需要外，还应满足人们的精神需求，在闲暇时间给人们带来美好享受，所以食品企业必须在经营中不断创新求变，才能赢得顾客和市场。

（2）方便化。方便，是现代人加快生活节奏、适应社会发展的要求，因此如今方便食品、熟食十分畅销，快餐业更是火爆。随着饮食方式进一步转向“走着吃”，休闲食品在食品总量中所占的比例也越来越大。

（3）多功能化。人们不但要求食品营养丰富、美味可口，而且要求其具有多种有益功效。用维生素和矿物质等来强化食品，或者在休闲食品配方中加入水果和蔬菜，食品企业也要顺应国内外的新潮流。

（4）高转化率化。近年来，居民膳食结构中肉类食品急剧增加，但食品加工方法改良却很滞后，从而造就了一大批肥胖症、高血压症等患者。因此，人们开始追求转化率高、能被人体迅速吸收的低盐和低糖食品。从保健、防病的角度研制新的食品，也是食品企业不可忽略的发展方向。

综合以上分析可以看出，政府产业政策为食品企业的发展提供了坚定的政策支持，经济环境有利于食品企业长远、健康、快速发展，政治和法律环境要求食品企业必须遵守相关的法律和行业规范及强制性国家标准，科学技术日新月异的发展要求食品企业实施产品创新战略，社会和文化环境要求食品企业根据消费者的不同需求来制定相应的发展战略。

2. 波特五力分析法

波特五力分析法是产业环境分析的有效方法，它是将供应者和购买者的讨价还价能力、潜在进入者的进入威胁、替代品的替代威胁、产业内现有企业的竞争作为竞争主要来源的一种竞争力分析方法。波特五力分析法如图2-2所示。

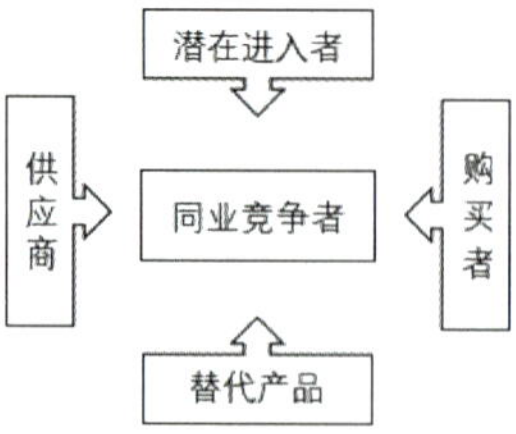


图 2-2　波特五力分析法

1）潜在进入者的进入威胁

利润经常导致潜在进入者进入市场。潜在进入者将在两个方面减少现有厂商的利润：第一，瓜分市场，减少利润；第二，激发竞争，减少利润。竞争性进入威胁的严重程度取决于两方面的因素，即结构性障碍和行为性障碍。

① 结构性障碍

结构性障碍是指进入新领域的障碍大小。波特指出存在 7 种主要障碍，即规模经济、产品差异、资金需求、转换成本、分销渠道、其他优势及政府政策。

**理解**

规模经济是指在一定时期内，企业所生产的产品或劳务的绝对量增加时，其单位成本趋于下降。当产业规模经济很显著时，处于最小有效规模（MES）或者超过最小有效规模经营的老企业对于较小的新进入者就有成本优势，从而构成进入障碍。此外，顾客或用户对企业产品的质量或商标信誉的忠实程度会影响新的竞争者进入；政府的政策、法规和法令都会在某些产业中限制新的加入者或者清除一些不合格者，这就为在位企业造就了强有力的进入障碍。

② 行为性障碍

行为性障碍（或战略性障碍）是指现有企业对进入者实施报复手段所形成的进入障碍。报复手段主要有限制进入定价和进入对方领域两类。

**理解**

限制进入定价是指现有企业试图通过低价来告诉进入者自己是低成本的，其进入后将会无利可图。进入对方领域是一种报复行为，其目的是扰乱对方。

综上所述，新企业进入一个行业的可能性大小，取决于进入者主观估计进入所能带来的潜在利益、所需花费的代价与所要承担的风险这三者的相对大小情况。

2）替代品的替代威胁

替代有两类，一类是直接产品替代，另一类是间接产品替代。直接产品替代，即某一种产品直接取代另一种产品；间接产品替代，即由能起到相同作用的产品非直接地取代另外一些产品。

替代品往往采用新技术、新材料，较老产品性价比高并更能满足社会新需求。特别是老产品进入成熟期或衰退期时，替代品对老产品的威胁更大。

**理解**

替代品的替代威胁并不一定意味着新产品对老产品最终的取代，几种替代品长期共存也是很常见的情况。例如，在运输工具中，汽车、火车、飞机、轮船长期共存，在城市交通中公共汽车、地铁、出租汽车长期共存等。但是，替代品之间的竞争仍然是不变的。

3）供应者和购买者的讨价还价能力

五种竞争力模型的水平方向是对产业价值链的描述。在这个产业链上，上游与下游、购买双方是相对的。产业链上每个环节都具有双重身份：对其上游单位，它是购买者；对其下游单位，它是供应者。作为购买者，希望购买到的产品物美价廉；作为供应者，则希望提供的产品质廉价高。己方利润取决于价格的高低，而价格的高低取决于双方讨价还价的能力。购买者和供应者讨价还价的能力大小，取决于各自以下几个方面的实力。

① 买方（或卖方）的集中程度或业务量的大小

买方集中或单笔业务量大，买方相对占优势；卖方集中或买方交易量小，卖方占优势。

② 产品差异化程度与资产专用性程度

当供应者的产品存在差异化或资产专业程度高时，供应者讨价还价的能力就会增强；反之，会增加购买者讨价还价的能力。

③ 纵向一体化程度

双方哪一方实行了部分一体化或存在后向一体化的现实威胁，在讨价还价中就处于能迫使对方让步的有利地位。

④ 信息掌握的程度

双方哪一方充分了解了需求、实际市场价格等信息，哪一方在竞争谈判时就占据了有利地位。

4）产业内现有企业的竞争

产业内企业相互之间的竞争为市场占有率的竞争，其目标在于使得自己的企业获得相对于竞争对手的优势。现有企业之间的竞争常常表现在价格、广告、产品介绍、售后服务等方面，其竞争强度与许多因素有关。产业内现有企业的竞争在下面几种情况下可能是很激烈的：

（1）产业内有众多的或势均力敌的竞争对手。

（2）产业发展缓慢。

（3）顾客认为所有的商品都是同质的。

（4）产业中存在过剩的生产能力。

（5）产业进入障碍低而退出障碍高。

5）对付五种竞争力的战略

对付五种竞争力的战略总结如表 2-4 所示。

表 2-4　对付五种竞争力的战略

| 行业内的五种竞争力 | 一般战略 | | |
|---|---|---|---|
| | 成本领先战略 | 产品差异化战略 | 集中战略 |
| 潜在进入者的进入威胁 | 具备杀价能力以防止潜在者的进入 | 培育顾客忠诚度以打击潜在竞争者的信心 | 建立核心能力以阻止潜在竞争者的进入 |
| 购买者的讨价还价能力 | 具备向大买家出更低价格的能力 | 因为选择范围小而削弱了买家的谈判能力 | 因为没有选择范围而使买家丧失谈判能力 |
| 供应者的讨价还价能力 | 更好地抑制大卖家的砍价能力 | 更好地将供应者的涨价部分转移到顾客 | 进货量低，供应者的砍价能力就高 |
| 替代品的替代威胁 | 能够利用低价抵御替代品 | 顾客习惯了一种产品或服务能够降低替代品的威胁 | 特殊的产品和核心能力能够降低替代品的威胁 |
| 产业内现有企业的竞争 | 能更好地进行价格竞争 | 品牌忠诚度能使顾客不理睬竞争对手 | 竞争对手无法满足集中差异化的顾客 |

### 3. 波士顿矩阵分析法

波士顿矩阵分析法，又称市场增长率—相对市场份额矩阵、波士顿咨询集团法、四象限分析法、产品系列结构管理法等，是一种用来分析和规划企业产品组合的方法。这种方法的核心是确定企业的产品品种及其结构以适应市场需求的变化，将企业有限的资源有效地分配到合理的产品结构中去，以保证企业收益，是企业在激烈竞争中能否取胜的关键。该方法是企业内部环境分析的有效方法。

1）波士顿矩阵图

波士顿矩阵图是指在坐标图上，以纵轴表示市场增长率，横轴表示相对市场占有率，将坐标图划分为 4 个象限，依次为明星业务（★）、问题业务（？）、现金牛业务（￥）、瘦狗业务（×），如图 2-3 所示。

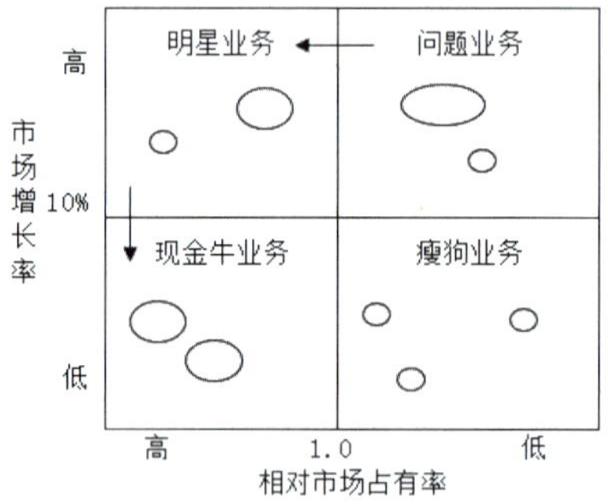


图 2-3　波士顿矩阵图

（1）明星业务。这类业务处于迅速增长的市场中，具有很大的市场份额。在企业的全部业务中，明星业务的增长和获利有着极好的长期机会，但它们是企业资源的主要消费者，需要大量的投资。

（2）问题业务。这类业务通常处于最差的现金流量状态。一方面，其所在产业的市场增长率高，需要企业大量投资以支持其生产经营活动；另一面，其相对市场占有率低，能够生成的资金很少。

（3）现金牛业务。这类业务处于成熟的、低速增长的市场中，市场地位有利，盈利率高，本身不需要投资，反而能为企业提供大量资金，用以支持其他业务的发展。这一象限内的大多数产品的市场增长率的下跌已成不可阻挡之势。

（4）瘦狗业务。这类业务处于饱和的市场中，竞争激烈，可获得的利润很低，不能成为企业资金的来源。

2）4 种战略

通常有 4 种战略分别适用于不同的业务。

（1）发展：继续大量投资，目的是扩大战略业务单位的市场份额。

（2）维持：投资维持现状，目标是保持业务单位现有的市场份额。

（3）收获：实质上是一种榨取，目标是在短期内尽可能地得到最大限度的现金收入。

（4）放弃：目标在于出售和清理某些业务，将资源转移到更有利的领域。

这 4 种战略的应用如表 2-5 所示。

**表 2-5　4 种战略的应用**

| 战　略 | 适 用 业 务 |
|---|---|
| 发展 | 主要针对有发展前途的问题业务和明星业务中的恒星业务 |
| 维持 | 主要针对强大、稳定的现金牛业务 |
| 收获 | 主要针对处境不佳的现金牛业务及没有发展前途的问题业务和瘦狗业务 |
| 放弃 | 主要针对无利可图的瘦狗业务和问题业务 |

### 4. 价值链分析法

1）价值链的概念及价值链作业

价值链（Value Chain）是由美国哈佛大学商学院教授迈克尔·波特提出的，他认为公司通过完成一系列作业而产生价值。一个公司产生的最终价值是通过顾客愿意为其产品或劳务所支付的货币量来计量的，如果这种价值超过了完成所有要求的作业总成本，该公司就有利可图。公司与其上下游各有其价值链，彼此相互关联，组成价值系统（Value System）。公司从事价值链活动，一方面创造顾客认为有价值的产品或劳务；另一方面也须负担各项价值链活动所产生的成本。公司经营的主要目标在于，尽量增加顾客对产品或劳务所愿意支付的价格与价值链活动所消耗的成本之间的差距（利润）。价值链如图 2-4 所示。

企业内部的价值链作业（活动）可以分为两大类，即基本作业（活动）和支持作业（活动）。

企业的基本作业包括内部后勤、生产经营、外部后勤、市场销售及服务 5 种。

（1）内部后勤主要包括与原料的验收、储存、整理、存货控制等相关的作业。

（2）生产经营主要包括将原材料转换成最终产品的作业，如机械加工、包装、装配、设备维修、检测和生产排程等作业。

（3）外部后勤主要包括产品生产出来到送到用户手中之间的作业，包括产品的归集、储存、配销和发运等作业。

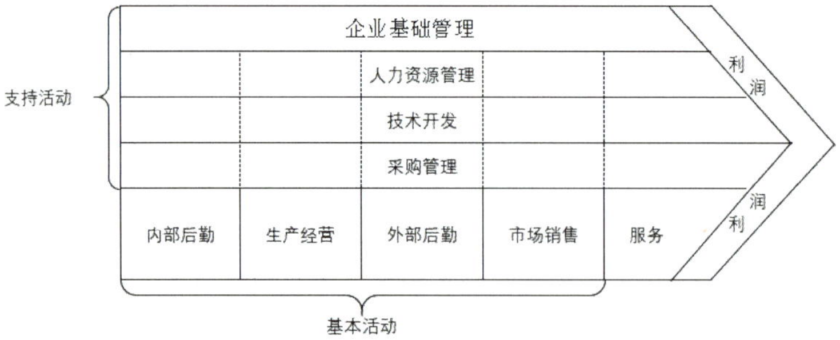


图 2-4　价值链

（4）市场销售是指如何使消费者获知产品或劳务的特征并赋予其价值，进而购买该产品或劳务的作业，通常包括广告、促销销售、定价、报价、渠道选择、渠道关系的建立等作业。

（5）服务是指提供服务以加强或维持产品的价值的作业，如产品安装、调试、维修、零件供应等作业。

企业的支持作业包括 4 项，即采购管理、技术开发、人力资源管理及企业基础管理。

（1）采购管理是指购入企业价值链作业的投入要素的活动。投入要素除原材料外，还包括机械设备、实验仪器、办公设备及建筑物等。

（2）技术开发贯穿于企业产品，涉及价值链形成过程中各种创造及改良活动，包括增加产品和劳务的质量、提高作业效率及新产品开发等活动。

（3）人力资源管理包括对企业各级人员的招聘、录用、训练、发展及报酬等项目。人力资源管理涵盖基本作业及支持作业，贯穿整个价值链活动。

（4）企业基础管理包括企业的一般管理活动，如战略的形成、建立政策，以及从事法律、行政、财务、会计、质量管理等企业职能。本活动与上述人力资源管理活动是一系列支持整体价值链的活动，而非个别的活动。

2）价值链分析

每种最终产品从其最初的原材料投入到到达最终用户手中，都要经过无数个相互联系的作业环节，这就是作业链。价值链分析法将从基本的原材料到最终用户之间的价值链分解成与战略相关的活动，以便理解成本的性质和差异产生的原因，是确定竞争对手成本的工具，也是 SCM 制定本公司竞争策略的基础。我们可以从内部、纵向和横向 3 个角度展开分析。

① 内部价值链分析

这是企业进行价值链分析的起点。企业内部可分解为许多单元价值链，商品在企业内部价值链上的转移完成了价值的逐步积累与转移。每个单元价值链上都要消耗成本并产生价值，而且它们有着广泛的联系，如生产经营和内部后勤的联系、质量控制与售后服务的联系、基本生产与维修活动的联系等。深入分析这些联系可减少那些不增加价值的作业，并通过协调和最优化两种策略的融洽配合，提高运作效率、降低成本，同时也为纵向和横向价值链分析奠定基础。

② 纵向价值链分析

它反映了企业与供应商、销售商之间的相互依存关系，这为企业增强其竞争优势提供了机会。企业通过分析上游企业的产品或服务特点及其与本企业价值链的其他连接点，往往可以十分显著地影响自身成本，甚至使企业与其上下游企业共同降低成本，提高这些相关企业的整体竞争优势。

如果从更广阔的视野进行纵向价值链分析，那么就是产业结构的分析，这对企业进入某一市场时如何选择人口及占有哪些部分，以及现有市场中外包、并购、整合等策略的制定都有极其重大的指导作用。

③ 横向价值链分析

这是企业确定竞争对手成本的基本工具，也是公司进行战略定位的基础。

比如，通过对企业自身各经营环节的成本测算，不同成本额的公司可采用不同的竞争方式，面对成本较高但实力雄厚的竞争对手，可采用低成本策略，扬长避短，争取成本优势，使得规模小、资金实力相对较弱的小公司在主干公司的压力下能够求得生存与发展；而相对于成本较低的竞争对手，可运用差异性战略，注重提高质量，以优质服务吸引顾客，而非盲目地进行价格战，使自身在面临价格低廉的小公司的挑战时仍能立于不败之地，保持自己的竞争优势。

**5. 态势分析法**

1）基本原理

态势分析法，即 SWOT 分析法，就是将与研究对象密切相关的各种主要内部优势、劣势和外部的机会、威胁等，通过调查列举出来，并依照矩阵形式排列，然后用系统分析的思想，把各种因素相互匹配起来加以分析，从中得出一系列相应的结论，而结论通常带有一定的决策性。SWOT 分析法是一种综合考虑企业内部条件和外部环境的各种因素，并进行系统评价，从而选择最佳经营战略的方法。这里，“S”指企业内部的优势（Strengths），“W”指企业内部的劣势（Weakness），“O”指企业外部环境的机会（Opportunities），“T”指企业外部环境的威胁（Threats）。

企业内部的优势和劣势是相对于竞争对手而言的，一般表现在企业的资金、技术设备、员工素质、产品、市场、管理技能等方面。判断企业内部的优势和劣势一般有两项标准：一是单项的优势和劣势。例如，企业资金雄厚，则在资金上占优势；市场占有率低，则在市场上处于劣势。二是综合的优势和劣势。为了评估企业的综合优势和劣势，应选定一些重要因素，并加以评价打分，然后根据其重要程度按加权平均法加以确定。

企业外部环境的机会是指环境中对企业有利的因素，如政府支持、高新技术的应用、与购买者和供应者关系良好等。企业外部环境的威胁是指环境中对企业不利的因素，如新竞争对手的出现、市场增长缓慢、购买者和供应者讨价还价能力增强、技术老化等。

运用这种方法，可以对研究对象所处的情景进行全面、系统、准确的研究，从而根据研究结果制订相应的发展战略、计划及对策等。

2）SWOT 分析法的特点

SWOT 分析法从某种意义上来说隶属于企业内部分析方法，即根据企业自身的条件在既定范围内进行分析。SWOT 分析法有其形成的基础。著名的竞争战略专家迈克尔·波特提出的竞争理论从产业结构入手，对一个企业“可能做的”方面进行了透彻的分析和说明；而能力学派管理学家则运用价值链解构企业的价值创造过程，注重对公司的资源和能力的分析。

SWOT 分析法在综合前面两者的基础上，以资源学派学者为代表，将公司的内部分析（20 世纪 80 年代中期管理学界“权威们”所关注的研究取向）与以能力学派为代表的产业竞争环境的外部分析（更早期战略研究所关注的中心主题，以安德鲁斯与迈克尔·波特为代表）结合起来，形成了自己结构化的平衡系统分析体系。与其他的分析方法相比较，SWOT 分析法从一开始就具有显著的结构化和系统性的特征。就结构化而言，首先，在形式上，SWOT 分析法表现为构造 SWOT 结构矩阵，并对矩阵的不同区域赋予了不同分析意义；其次，在内容上，SWOT 分析法的主要理论基础也强调从结构分析入手，对企业的外部环境和内部资源进行分析。

3）分析模型

① 优势与劣势分析（SW）

由于企业是一个整体，并且由于竞争优势来源的广泛性，所以，在做优势与劣势分析时必须在整个价值链的每个环节上，将企业与竞争对手做详细对比，如产品是否新颖、制造工艺是否复杂、销售渠道是否畅通，以及价格是否具有竞争性等。如果一个企业在某一方面或几个方面的优势正是该行业企业应具备的关键成功要素，那么该企业的综合竞争优势就会强一些。需要指出的是，衡量一个企业及其产品是否具有竞争优势，只能站在现有潜在用户的角度上，而不能站在企业的角度上。

② 机会与威胁分析（OT）

随着经济、社会、科技等诸多方面的迅速发展，特别是世界经济全球化、一体化过程的加快，全球信息网络的建立和消费需求的多样化，使企业所处的环境更为开放和动荡。这种变化几乎对所有企业都产生了深刻的影响。正因为如此，环境分析成为一种日益重要的企业职能。

环境发展趋势分为两大类：一类表示环境威胁，另一类表示环境机会。环境威胁指的是环境中一种不利的发展趋势所形成的挑战，如果不采取果断的战略行为，那么这种不利趋势将导致企业的竞争地位受到削弱。环境机会就是对企业行为富有吸引力的领域，在这一领域中，该企业将拥有竞争优势。

③ 整体分析

从整体上看，SWOT 分析法可以分为两部分：一部分为 SW，主要用来分析内部条件；另一部分为 OT，主要用来分析外部条件。利用这种方法可以从中找出对自己有利的、值得发扬的因素，以及对自己不利的、要避开的因素，发现存在的问题，找出解决办法，并明确以后的发展方向。根据该分析方法，可以将问题按轻重缓急分类，明确哪些是需要快速解决的问题，哪些是可以稍微拖后一点儿的事情，哪些属于战略目标上的障碍，哪些属于战术上的问题，并将这些研究对象列举出来，依照矩阵形式排列，然后用系统分析的思想，把各种因素相互匹配起来加以分析，从而得出一系列相应的结论。而结论通常带有一定的决策性，有利于领导者和管理者做出较正确的决策和规划。

4）SWOT 分析法的应用

SWOT 分析法常常被用于制定集团发展战略和分析竞争对手的情况，该方法在战略分析中是常用的方法之一。进行 SWOT 分析时，主要有以下几个方面的内容。

① 分析环境因素

运用各种调查研究方法，分析公司所处的各种环境因素，即外部环境因素和内部环境因素。外部环境因素包括机会因素和威胁因素，它们是外部环境对公司的发展直接产生影响的有利和不利因素，属于客观因素。内部环境因素包括优势因素和劣势因素，它们是公司在其发展中自身存在的积极和消极因素，属于主观因素。在调查分析这些因素时，不仅要考虑历史与现状，而且还要考虑未来发展问题。

优势，是组织机构的内部因素，具体包括有利的竞争态势、充足的财政来源、良好的企业形象、技术力量、规模经济、产品质量、市场份额、成本优势、广告攻势等。

劣势，也是组织机构的内部因素，具体包括设备老化、管理混乱、缺少关键技术、研究开发落后、资金短缺、经营不善、产品积压、竞争力差等。

机会，是组织机构的外部因素，具体包括新产品、新市场、新需求、外国市场壁垒解除、竞争对手失误等。

威胁，也是组织机构的外部因素，具体包括新的竞争对手、替代产品增多、市场紧缩、行业政策变化、经济衰退、客户偏好改变、突发事件等。

SWOT 分析法的优点在于考虑问题全面，是一种系统思维，而且可以把对问题的“诊断”和“开处方”紧密结合在一起，条理清楚，便于检验。

② 构造 SWOT 矩阵

根据轻重缓急或影响程度等排序方式，用调查得出的各种因素构造SWOT矩阵。在此过程中，将那些对公司发展有直接、重要、迫切、久远影响的因素优先排列出来，而将那些对公司发展有间接、次要、少许、短暂影响的因素排列在后面。

③ 制订行动计划

在完成环境因素分析和 SWOT 矩阵的构造后，就可以制订相应的行动计划。制订行动计划的基本思路是：发挥优势因素，克服劣势因素，利用机会因素，化解威胁因素；考虑过去，立足当前，着眼未来。运用系统分析的综合分析方法，将排列与考虑的各种环境因素相互匹配并加以组合，得出一系列公司未来发展的可选择对策。

## 2.3.2 战略制定

战略制定，是指企业根据确定的愿景、使命和环境分析情况，选择和设定战略目标的过程。企业可根据对整体目标的保障、对员工积极性的发挥及企业各部门战略方案的协调等实际需要，选择自上而下、自下而上或上下结合的方法制定战略目标。企业设定战略目标后，各部门需要结合企业战略目标设定本部门战略目标，并将其具体化为一套关键财务及非财务指标的预测值。为各关键指标设定的目标（预测）值，应与本企业的可利用资源相匹配，并有利于执行人积极有效地实现既定目标。

### 1. 战略的种类

企业战略一般分为 3 个层次，包括选择可竞争的经营领域的总体战略、某经营领域具体竞争策略的业务单位战略（也称竞争战略）和涉及各职能部门的职能战略。

1）总体战略

总体战略（公司层战略）是企业最高层次的战略，是指为实现企业总体目标，对企业未来发展做出的长期性和总体性战略。总体战略常常涉及整个企业的财务结构和组织结构方面的问题。

总体战略的开发方向如表 2-6 所示。

表 2-6 总体战略的开发方向

<table>
<tr><td rowspan="10">总体（公司层）战略</td><td rowspan="8">发展战略</td><td rowspan="2">一体化战略</td><td>纵向一体化战略</td></tr>
<tr><td>横向一体化战略</td></tr>
<tr><td rowspan="4">密集型战略</td><td>市场渗透</td></tr>
<tr><td>市场开发</td></tr>
<tr><td>产品开发</td></tr>
<tr><td>多元化经营</td></tr>
<tr><td rowspan="2">多元化战略</td><td>相关多元化</td></tr>
<tr><td>非相关多元化</td></tr>
<tr><td colspan="3">稳定战略</td></tr>
<tr><td colspan="3">收缩战略</td></tr>
</table>

（1）发展战略。企业发展战略谋求企业在现有的基础上向更高一级的方向发展。发展战略主要包括 3 种基本类型，即一体化战略、密集型战略和多元化战略。

一体化战略是指企业沿其经营链条的纵向或横向拓展业务的深度和广度，扩大经营规模，实现企业成长的战略。一体化战略按照业务拓展的方向可以分为纵向一体化战略和横向一体化战略。其中，纵向一体化战略是指企业沿着产品或业务链向前或向后延伸和拓展企业现有业务的战略；横向一体化战略是指企业向产业价值链相同阶段方向扩张的战略。

密集型战略是指企业在原有业务范围内，充分利用在产品和市场方面的潜力来求得成长的战略。研究企业密集型战略的基本框架是安索夫的“产品—市场战略组合”矩阵，如图 2-5 所示。

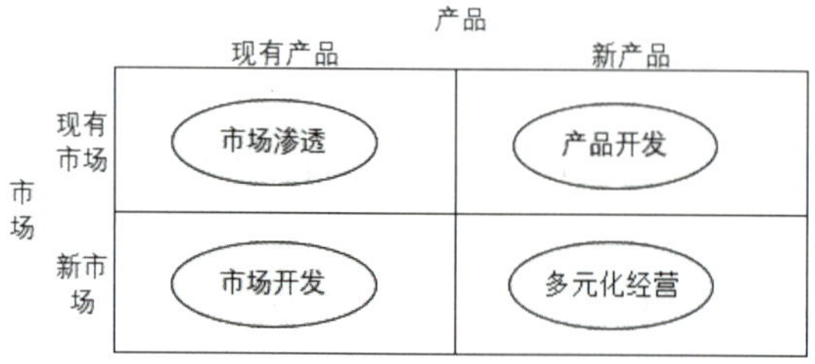


图 2-5 “产品—市场战略组合”矩阵

- 市场渗透：以现有的产品面对现有的顾客，以其目前的产品市场组合为发展焦点，力求增大产品的市场占有率。采取市场渗透的策略，借由促销或提升服务品质等方式来说服消费者改用不同品牌的产品，或者说服消费者改变使用习惯、增加购买量等。
- 市场开发：提供现有产品开拓新市场，企业必须在不同的市场上找到具有相同产品需求的顾客，其中往往产品定位和销售方法会有所调整，但产品本身的核心技术不必改变。
- 产品开发：推出新产品给现有顾客，采取产品延伸的策略，利用现有的顾客关系来借力使力。通常以扩大现有产品的深度和广度来推出新一代或相关的产品给现有顾客，提高该厂商在消费者荷包中的占有率。

- 多元化经营：提供新产品给新市场，此处由于企业的既有专业知识能力可能派不上用场，因此是最冒险的多元化策略。

多元化战略可以分为两种，即相关多元化和非相关多元化。

- 相关多元化也称同心多元化，是指企业以现有业务或市场为基础进入相关产业或市场的战略。
- 非相关多元化也称离心多元化，是指企业进入与当前产业和市场均不相关的领域的战略。

（2）稳定战略。稳定战略又称维持战略，是指企业在战略期所期望达到的经营状况基本保持在战略起点的范围和水平上的战略。采用稳定战略的企业不需要改变自己的宗旨和目标，而只需要集中资源用于原有的经营范围和产品，以增加其竞争优势。

（3）收缩战略。收缩战略也称撤退战略，是指企业缩小原有经营范围和规模的战略。

2）业务单位战略

业务单位战略也称竞争战略，涉及各业务单位的主管及辅助人员。这些人员的主要任务是将公司战略所包括的企业目标、发展方向和措施具体化，形成本业务单位具体的竞争与经营战略。竞争战略主要有 3 种模式：成本领先战略、差异化战略和集中化战略。

（1）成本领先战略。成本领先战略是指企业通过在内部加强成本控制，在研究开发、生产、销售、服务和广告等领域把成本降到最低限度，成为产业中的成本领先者的战略。成本领先战略应该体现为产品相对于竞争对手而言的低价格。

企业采用成本领先战略可以形成进入障碍、增强讨价还价能力、降低替代品的威胁和保持领先的竞争地位。但并不是所有企业都能采用此战略，企业采用此战略的前提是必须具备相应的市场、资源、技术和管理条件。

（2）差异化战略。差异化战略是指企业在产业范围内向顾客提供独具特色的产品和服务，这种特色可以给产品带来额外的收益，使企业获得竞争优势。企业采用差异化战略，可以形成进入障碍、降低顾客敏感程度、增强讨价还价能力和抵御替代品的威胁。

实施差异化战略的前提是市场是差异化的市场，同时企业应具有强大的研发能力、产品设计能力和市场营销能力，以适应市场的变化。

（3）集中化战略。集中化战略是指针对某一特定购买群体、产品细分市场或区域市场，采用成本领先战略或差异化战略来获取竞争优势的战略。集中化战略一般是中小型企业采用的战略，可分为两类：集中成本领先战略和集中差异化战略。对于一些力量还不足以与实力雄厚的大公司抗衡的中小型企业来说，集中化战略的实施可以增强它们相对的竞争优势。

集中化战略的实施条件是购买者群体之间在需求上存在差异；企业资源和能力有限，难以在整个产业中实现成本领先或差异化，只能选定个别细分市场。

3）职能战略

职能战略又称职能层战略，主要涉及企业内各职能部门，如营销、财务、生产、研发、人力资源、信息技术等。其目的是解决如何更好地配置企业内部资源，为各级战略服务，提高组织效率。

（1）营销战略。营销战略是企业市场营销部门根据公司总体战略与业务单位战略规划，在综合考虑外部市场机会及内部资源状况等因素的基础上，确定目标市场，选择相应的市场营销策略组合，并予以有效实施和控制的过程。

（2）财务战略。财务战略是主要涉及财务性质的战略，属于财务管理的范畴。财务战略主要考虑资金的使用和管理的战略问题，并以此与其他性质的战略相区别。

（3）生产战略。生产战略是企业根据目标市场和产品特点构造其生产运营系统时所遵循的指导思想，以及在这种指导思想下的一系列决策规划、内容和程序。

（4）研发战略。研究与开发（简称研发）被定义为组织层面的企业创新。研究可以是基础研究、应用型研究和开发型研究，其目的在于改良产品或改良流程。基础研究是取得新的科学技术知识的初始研究，没有明显的商业用途或实际目的。应用型研究是指具有明显的商业用途或实际目的的研究。开发型研究是指在开始商业生产运作之前利用现有的科学技术知识来生产新产品或研发新系统。

（5）人力资源战略。人力资源战略是取得、开发、管理和激发企业的关键资源的一种战略性和一贯性方法，企业借此实现可持续竞争优势的目标。任何战略的关键成功因素就是确保在适当的时间、适当的地点有可利用的适当的人力资源。为了发挥人力资源战略的有效作用，人力资源管理应具有清晰一致的政策并鼓励所有员工为企业目标的实现付出努力。人力资源策略必须具有灵活性，能够对内外变化做出回应；能在约束条件与机遇的框架内发挥作用，为实现企业的整体目标做出贡献。

**2. 战略选择**

发展战略一般可以选择 3 种途径，即外部发展（并购）、内部发展（新建）与战略联盟。

1）外部发展

外部发展是指企业通过取得外部经营资源谋求发展的战略。外部发展的狭义内涵是并购，并购包括收购与合并。收购指一个企业（收购者）购买和吸纳了另一个企业（被收购者）的股权。合并指两个或两个以上的企业之间的重新组合。

2）内部发展

内部发展是指企业利用自身内部资源谋求发展的战略。内部发展的狭义内涵是新建，新建与并购相对应，是指建立一个新的企业。

3）战略联盟

战略联盟是指两个或两个以上经营实体之间为了达到某种战略目的而建立的一种合作关系。从交易费用经济学角度看，并购方式的实质是运用“统一规制”方式实现企业一体化，即以企业组织形态取代市场组织形态；而新建方式的实质则是运用“市场规制”实现企业的市场交易，即以市场组织形态取代企业组织形态。企业战略联盟是这两种组织形态的一种中间形态。

在诸多的发展战略之中，并购是最主要的方式，因此我们着重介绍一下并购战略。

① 并购的类型

企业并购有许多具体形式，这些形式可以从不同的角度加以分类。

（1）按并购双方所处的产业分类。

按并购方与被并购方所处的产业相同与否，可以分为横向并购、纵向并购和多元化并购 3 种。

横向并购，是指并购方与被并购方处于同一产业。横向并购可以消除重复设施，提供系列产品或服务，实现优势互补，扩大市场份额。例如，一家外资饮料企业收购了中国一家大型饮料企业，就属于横向并购。

纵向并购，是指在经营对象上有密切联系，但处于不同产销阶段的企业之间的并购。按照产品实体流动的方向，纵向并购可分为前向并购与后向并购。前向并购是指沿着产品实体流动方向所发生的并购，如产品原料生产企业并购加工企业、销售商或最终客户，或者加工企业并购销售企业等；后向并购是指沿着产品实体流动的反方向所发生的并购，如加工企业并购原料供应商，或销售企业并购原料供应企业、加工企业等。例如，一家汽车制造商并购一家出租汽车公司，就属于纵向并购。

多元化并购，是指处于不同产业、在经营上也无密切联系的企业之间的并购。例如，一家生产家用电器的企业收购一家旅行社，就属于多元化并购。

（2）按被并购方的态度分类。

按被并购方对并购所持态度不同，可分为友善并购和敌意并购。

友善并购，通常是指并购方与被并购方通过友好协商确定并购条件，在双方意见基本一致的情况下实现产权转让的一类并购。此种并购一般先由并购方选择被并购方，并主动与对方的管理当局接洽，商讨并购事宜。经过双方充分磋商签订并购协议，履行必要的手续后完成并购。在某些时候，也有被并购方主动请求并购方接管本企业的情形。

敌意并购，又叫恶意并购，通常是指当友好协商遭到拒绝后，并购方不顾被并购方的意愿采取强制手段，强行收购对方企业的一类并购。敌意并购也可能采取不与被并购方进行任何接触，而在股票市场上收购被并购方股票，从而实现对被并购方控股或兼并的形式。由于种种原因，并购往往不能通过友好协商达成协议，被并购方从自身的利益出发，拒不接受并购方的并购条件，并可能采取一切抵制并购的措施加以反抗。在这种情形下，敌意并购就有可能发生。

（3）按并购方的身份分类。

按照并购方的不同身份，可以分为产业资本并购和金融资本并购。

产业资本并购，一般由非金融企业进行，即非金融企业作为并购方，通过一定程序和渠道取得目标企业全部或部分资产所有权的并购行为。并购的具体过程是从证券市场上取得目标企业的股权证券，或者向目标企业直接投资，以分享目标企业的产业利润。因此，产业资本并购往往表现出针锋相对、寸利必争的态势，谈判时间长，条件苛刻。

金融资本并购，一般由投资银行或非银行金融机构（如金融投资企业、私募基金、风险投资基金等）进行。金融资本并购有两种形式：第一种是金融资本直接与目标企业谈判，以一定的条件购买目标企业的所有权，或当目标企业增资扩股时，以一定的价格购买其股权；第二种是由金融资本在证券市场上收购目标企业的股票，从而达到控股的目的。金融资本与产业资本不同，它是一种寄生性资本，既无先进技术，也无须直接管理收购的企业。金融资本一般并不以谋求产业利润为首要目的，而是靠购入并售出企业的所有权来获得投资利润。因此，金融资本并购具有较大的风险性。

（4）按收购资金来源分类。

按收购资金来源渠道的不同，可分为杠杆收购和非杠杆收购。无论以何种形式实现企业收购，收购方总要为取得目标企业的部分或全部所有权而支出一定数量的资金。收购方在实施收购时，如果其主体资金来源是对外负债，即是在银行贷款或金融市场借贷的支持下完成的，就称为杠杆收购。相应地，如果收购方的主体资金来源是自有资金，则称为非杠杆收购。

杠杆收购的一般做法是由收购企业委托专门从事企业收购的经纪企业，派有经验的专家负责分析市场，发现和研究那些经营业绩不佳却很有发展前途的企业。确定收购目标后，再以收购企业的名义向外借债，通过股市或向股东发出要约的方式，收购目标企业的股权，取得目标企业的经营控制权。

杠杆收购的突出特点是收购者不需要投入全部资本即可完成收购。一般而言，在收购所需要的全部资本构成中，收购者自有资本大约只占收购资本总额的 10% ～ 15%，银行贷款占收购资本总额的 50% ～ 70%，发行债券筹资占收购资本总额的 20% ～ 40%（一般资本结构稳健的企业，债务资本不会超过总资本的 2/3，而举借高利贷收购的企业，其债务资本则远远超过其自有资本，往往占总资本的 90% ～ 95%）。由于这种做法只需较少的资本代价即可完成收购，即利用“财务杠杆”原理进行收购，故而被称为杠杆收购。显然，只有企业的全部资产收益大于借贷资本的平均成本，杠杆才能产生正效应。因此，杠杆收购是一种风险很高的企业并购方式。杠杆收购在 20 世纪 60 年代出现于美国，其后得到较快发展，20 世纪 80 年代曾风行于美国和欧洲。

② 并购的动机

如前所述，企业实施发展战略的途径有多种选择，为什么要选择并购战略？以下将着重分析并购战略不同于新建战略的动机。

（1）避开进入壁垒，迅速进入，争取市场机会，规避各种风险。

企业并购将目标领域中的一个企业合并过来，不存在重新进入和进入障碍的问题。对制造业来说，并购方式还可以省掉建厂的时间，迅速获得现成的管理人员、技术人员和生产设备，可以在新的领域中迅速建立产销据点。因此，并购方式有利于企业迅速做出反应，抓住市场机会。

（2）获得协同效应。

与新建方式相比，并购是一种合并，成功的合并可以获得协同效应。协同效应产生于互补资源，通常通过技术转移或经营活动共享来得以实现。

用系统理论剖析这种协同效应，可以分为 3 个层次：第一，并购后的两个企业的“作用力”的时空排列得到有序化和优化，从而使企业获得“聚焦效应”。第二，并购后的企业内部不同“作用力”发生转移、扩散、互补，从而改变了公司的整体功能状况。第三，并购后两个企业内的“作用力”发生耦合、反馈、互激振荡，改变了作用力的性质和力量。

（3）克服企业负外部性，减少竞争，增强对市场的控制力。

微观经济学理论表明，企业负外部性的一种表现是“个体理性导致集体非理性”。两个独立企业的竞争表现了这种外部性。竞争的结果往往是两败俱伤。而并购战略不仅可以减少残酷的竞争，还能够增强对其他竞争对手的竞争优势。

③ 并购失败的原因

并购的失败率是很高的，在企业并购的实践中，许多企业并没有达到预期的目标，甚至遭到了失败。造成并购失败的主要原因有以下几种：

（1）决策不当。企业在并购前没有认真地分析目标企业的潜在成本和效益，并购过于草率，结果无法对被并购企业进行合理的管理；或者高估并购对象所在产业的吸引力和自己对被并购企业的管理能力，从而高估并购带来的潜在经济效益，结果遭到失败。

（2）并购后不能很好地进行企业整合。企业在通过并购进入一个新的经营领域时，并购行为的结束只代表成功了一半，并购后的整合状况将最终决定并购战略的实施是否有利于企业的发展。企业完成并购后面临着战略、组织、制度、业务和文化等多方面的整合。其中，企业文化的整合是最基本、最核心，也是最困难的工作。企业文化能否融为一体影响着企业生产运营的各个方面。如果并购企业与被并购企业在企业文化上存在很大的差异，企业并购以后，被并购企业的员工不接受并购企业的文化，那么并购后的企业很难管理，并且企业效益会受到严重影响。

（3）支付过高的并购费用。不论是否通过股票市场，价值评估都是并购战略中被并购方与并购方较量的焦点。如果不能对被并购企业进行准确的价值评估，并购方就可能承担支付过高的并购费用的风险。当企业想以收购股票的方式并购上市公司时，对方往往会抬高股票价格，尤其是在被收购公司拒绝被收购时，会为收购企业设置种种障碍，增加收购方收购的代价。另外，企业在采用竞标方式进行并购时，支付的价格往往要高于标的价格才能成功。这种高代价并购会增加企业的财务负担，使企业从并购的一开始就面临效益的挑战。

（4）跨国并购面临政治风险。对于跨国并购而言，规避政治风险日益成为企业国际化经营必须重视的首要问题。跨国公司在东道国遭遇政治风险由来已久。近年来，中国跨国公司也遭遇到越来越多的东道国的政治风险。

### 2.3.3 战略实施

战略实施，是指将企业的战略目标变成现实的管理过程。企业应加强战略管控，结合使用战略地图、价值链管理等多种管理会计工具方法，将战略实施的关键业务流程化，并落实到企业现有的业务流程中，确保企业高效率和高效益地实现战略目标。

战略实施的关键在于战略组织，而组织的核心是分工与协作。

### 2.3.4 战略评价和控制

战略评价和控制，是指企业在战略实施过程中，通过检测战略实施进展情况，评价战略执行效果，审视战略的科学性和有效性，不断调整战略举措，以达到预期目标。企业主要应从以下几个方面进行战略评价：战略是否适应企业的内外部环境；战略是否达到有效的资源配置；战略涉及的风险程度是否可以接受；战略实施的时间和进度是否恰当。

### 2.3.5 战略调整

战略调整，是指根据企业情况的发展变化和战略评价结果，对所制定的战略及时进行调整，以保证战略有效指导企业经营管理活动。战略调整一般包括调整企业的愿景、长期发展方向、战略目标及其战略举措等。

## 2.4 战略地图
——一种有效的企业战略管理方法

**cfo 要求你知道**

1. 战略地图的概念
2. 战略地图的设计
3. 战略地图的实施

**关键术语**

财务（Finance）
报告（Report）

2-4

#### 1. 战略地图的概念

战略地图，是指为描述企业各维度战略目标之间的因果关系而绘制的可视化的战略因果关系图。

战略地图通常以财务、客户、内部业务流程、学习与成长 4 个维度为主要内容，通过分析各维度的相互关系，绘制战略因果关系图。企业可根据自身情况对各维度的名称、内容等进行修改和调整。

企业应用战略地图，应注重通过战略地图的有关路径设计，有效使用有形资源和无形资源，高效实现价值创造；应通过战略地图实施将战略目标与执行有效绑定，引导各责任中心按照战略目标持续提升业绩，服务企业战略实施。

企业应用战略地图，应遵循战略管理中对应用环境的一般要求。

企业应用战略地图，一般按照战略地图设计和战略地图实施等程序进行。

**2. 战略地图的设计**

企业设计战略地图，一般按照设定战略目标、确定业务改善路径、定位客户价值、确定内部业务流程优化主题、确定学习与成长主题、进行资源配置、绘制战略地图等程序进行。

1）设定战略目标

企业进行战略目标设定，应具有一定的前瞻性和适当的挑战性，使战略目标通过一定的努力可以实现，并能够使长期目标与短期目标有效衔接。

2）确定业务改善路径

企业应根据已设定的战略目标，对现有客户（服务对象）和可能的新客户及新产品（新服务）进行深入分析，寻求业务改善和增长的最佳路径，提取业务和财务融合发展的战略主题。

在财务维度，战略主题一般可划分为两个层次：第一层次一般包括生产率提升和营业收入增长等；第二层次一般包括创造成本优势、提高资产利用率、增加客户机会和提高客户价值等。

3）定位客户价值

企业应对现有客户进行分析，从产品（服务）质量、技术领先、售后服务和稳定标准等方面确定、调整客户价值定位。 在客户价值定位维度，企业一般可设置客户体验、双赢营销关系、品牌形象提升等战略主题。

4）确定内部业务流程优化主题

企业应根据业务提升路径和服务定位，梳理业务流程及其关键增值（提升服务形象）活动，分析行业关键成功要素和内部营运矩阵，从内部业务流程的管理流程、创新流程、客户管理流程、遵循法规流程等角度确定战略主题，并将业务战略主题进行分类归纳，制定战略方案。

5）确定学习与成长主题

企业应根据业务提升路径和服务定位，分析创新和人力资本等无形资源在价值创造中的作用，识别学习与成长维度的关键要素，并相应确立激励制度创新、信息系统创新和智力资本利用创新等战略主题，为财务、客户、内部业务流程维度的战略主题和关键业绩指标（Key Performance Indicator，KPI）提供有力支撑。

6）进行资源配置

根据各维度战略主题，企业应分析其有形资源和无形资源的战略匹配度，对各主题进行战略资源配置。同时应关注企业人力资源、信息资源、组织资源等在资源配置中的定位和价值创造中的作用。

7）绘制战略地图

企业可应用平衡计分卡的四维度划分绘制战略地图，以图形方式展示企业的战略目标及实现战略目标的关键路径。具体绘制流程如下：

（1）确立战略地图的总体主题。总体主题是对企业整体战略目标的描述，应清晰表达企业愿景和战略目标，并与财务维度的战略主题和 KPI 对接。

（2）根据企业的需要，确定四维度的名称。把确定的四维度战略主题对应画入各自战略地图内，每一主题可以通过若干 KPI 进行描述。

（3）将各个战略主题和 KPI 用路径线链接，形成战略主题和 KPI 相连的战略地图。在绘制过程中，企业应将战略总目标（财务维度）、客户价值定位（客户维度）、内部业务流程优化主题（内部流程维度）和学习与成长维度与战略 KPI 链接，形成战略地图。企业所属的各责任中心的战略主题、KPI 相应的战略举措、资源配置等信息一般无法都绘制到一张图上，一般采用绘制对应关系表或另外绘制下一层级责任中心的战略地图等方式来展现其战略因果关系。战略地图如图 2-6 所示。

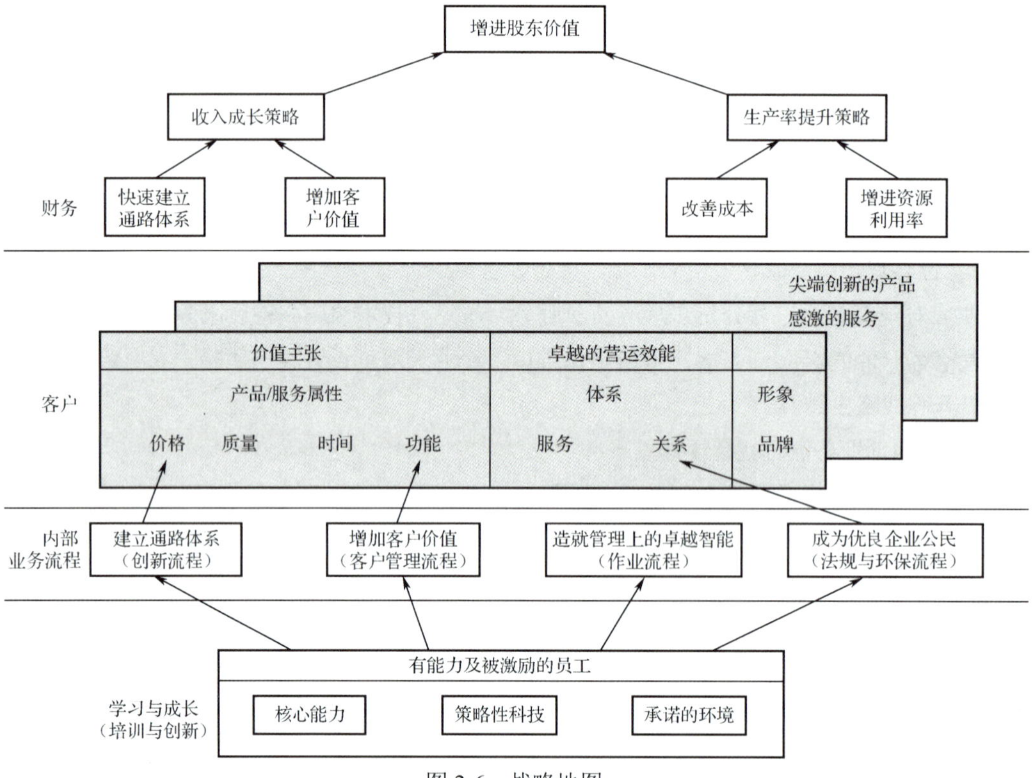


图 2-6　战略地图

### 3. 战略地图的实施

战略地图实施，是指企业利用管理会计工具方法，确保企业实现既定战略目标的过程。战略地图的实施一般按照战略 KPI 设计、战略 KPI 责任落实、战略执行、执行报告、持续改善、评价激励等程序进行。

1）战略 KPI 设计

企业应用战略地图，应设计一套可以使各部门主管明确自身责任与战略目标相联系的考核指标，即进行战略 KPI 设计。

2）战略 KPI 责任落实

企业应对战略 KPI 进行分解，落实责任并签订责任书。具体可按以下流程进行：

（1）将战略 KPI 分解为责任部门的 KPI。企业应从高层开始，将战略 KPI 分解到各责任部门，再分解到责任团队。每一责任部门、责任团队或责任人都有对应的 KPI，且每一 KPI 都能找到对应的具体战略举措。企业可编制责任表，描述 KPI 中的权、责、利和战略举措的对应关系，以便实施战略管控和形成相应的报告。每一责任部门的负责人可根据上述责任表，将 KPI 在本部门进行进一步分解和责任落实，层层建立战略实施责任制度。

（2）签订责任书。企业应在分解、明确各责任部门 KPI 的基础上，签订责任书，以督促各执行部门落实责任。责任书一般由企业领导班子（或董事会）与执行层的各部门签订。责任书应明确规定一定时期内（一般为一个年度）要实现的 KPI 任务、相应的战略举措及相应的奖惩机制。

3）战略执行

企业应以责任书中所签任务为基础，按责任部门的具体人员和团队情况对任务和 KPI 进行进一步分解，并制定相应的执行责任书，进行自我管控和自我评价。同时，以各部门责任书和职责分工为基础，确定不同执行过程的负责人及协调人，并按照设定的战略目标实现日期，确定不同的执行指引表，采取有效战略举措，保障 KPI 实现。

4）执行报告

企业应编制战略执行报告，反映各责任部门的战略执行情况，分析偏差原因，提出具体的管控措施。

（1）每一层级责任部门应向上一层级责任部门提交战略执行报告，以反映战略执行情况，制定下一步战略实施举措。

（2）战略执行报告一般可分为以下 3 个层级：

- 战略层（如董事会）报告，包括战略总体目标的完成情况和原因分析。
- 经营层报告，包括责任人的战略执行方案中相关指标的执行情况和原因分析。
- 业务层报告，包括战略执行方案下具体任务的完成情况和原因分析。

（3）企业应根据战略执行报告，分析责任人战略执行情况与既定目标是否存在偏差，并对偏差进行原因分析，形成纠偏建议，作为责任人绩效评价的重要依据。

5）持续改善

企业应在对战略执行情况进行分析的基础上进行持续改善，不断提升战略管控水平。

（1）与既定目标相比，发现问题并进行改善。企业应根据战略执行报告，将战略执行情况与管控目标进行对比，分析偏差，及时发现问题，提出解决问题的具体措施和改善方案，并采取必要措施。

企业在进行偏差分析时，一般应关注以下问题：所产生的偏差是否为临时性波动；战略 KPI 分解与执行是否有误；外部环境是否发生重大变化，从而导致原定战略目标脱离实际情况。企业应在分析这些问题的基础上找出发生偏差的根源所在，并及时进行纠正。

（2）达成既定目标时，考虑如何提升。达成战略地图上所列的战略目标时，企业一般可考虑适当增加执行难度，提升目标水平，按持续改善的策略与方法进入新的循环。

6）评价激励

企业应对战略实施情况进行评价和激励，引导责任人自觉地、持续地积极工作，有效利用企业资源，提高企业绩效，实现企业战略目标。

**4. 战略地图的优点和缺点**

（1）战略地图的主要优点：战略地图能够将企业的战略目标清晰化、可视化，并与战略 KPI 和战略举措建立明确联系，为企业战略实施提供了有力的可视化工具。

（2）战略地图的缺点：需要多维度、多部门的协调，实施成本高，并且需要与战略管控相融合才能真正实现战略实施。

# 3 成本管理

## ——通过对广义成本的控制增加企业利润

### CFO 导语

“成本”是管理中非常重要的概念，这里所说的“成本”包括机会成本、差量成本、边际成本、相关成本等管理成本。通过成本进行方案选择，控制支出，达到效益最大化。

### 本项目架构

- 成本管理概述
- 目标成本法
- 变动成本法
- 作业成本法
- 标准成本法

# 3.1 成本管理概述
## ——成本不只是资产的耗用

**cfo 要求你知道**

1. 成本的含义
2. 广义成本的内容
3. 成本性态
4. 成本管理的程序

**关键术语**

成本管理（Cost Management）
差量成本（Differential Cost）
边际成本（Marginal Cost）
机会成本（Opportunity Cost）
付现成本（Out-of-Pocket Cost）
沉没成本（Sunk Cost）
重置成本（Replacement Cost）
变动成本（Variable Cost）
固定成本（Fixed Cost）
混合成本（Mixed Cost）
高低点法（High-Low Poins Method）
账户分析法（Account Analysis Approach）
技术测定法（Technical Measurement Method）
合同确认法（Contract Confirmation Method）
成本决策（Cost Decision）
成本计划（Cost Plan）
成本核算（Cost Accounting）

3-1

关键术语

成本分析（Cost Analysis）
成本考核（Cost Assessment）
成本预测（Cost Forecast）

## 3.1.1 成本及成本管理的概念、分类和内容

### 1. 成本的相关概念

成本是企业生产经营管理中的重要指标，其含义在不同的社会形态下是不同的，有狭义和广义之分。

狭义的成本通常是指产品成本。从会计核算角度看，产品成本是企业为生产和销售产品、提供劳务等而发生的各种耗费。为了实现有效经营，尽可能提高经济效益，在计划、决策和日常控制的各环节，企业必须对成本问题进行认真的分析研究。

广义的成本通常包括差量成本、边际成本、机会成本、估算成本、付现成本、沉没成本、重置成本、可避免成本与不可避免成本、可递延成本与不可递延成本、专属成本与共同成本、相关成本与无关成本等。

提示

相对狭义成本，广义成本增加的是决策成本，主要为判定方案取舍服务。

1）差量成本

差量成本（又称“差别成本”或“差额成本”）是指根据不同备选方案计算出来的成本差异，是经营决策上广泛应用的重要的成本概念。广义的差量成本是指两个备选方案的预期成本之间的差异数。不同方案的经济效益可以通过差量成本的计算反映出来。计算差量成本，有利于决策者进行决策分析，确定最优方案。

差量成本除可以反映企业现有生产能力的变动情况外，还可以用于其他方面，如产品零部件自制或外购的决策、是否应接受某些特殊订货或增减某种产品的生产等。假设企业需要零件甲，现有两个方案可选用，方案 A 是在不增加机器设备的条件下自制，其单位成本为 18 元；方案 B 是外购，零件的购进单价为 22 元，且零件外购时机器闲置。相比之下，自制零件成本较外购零件成本少支出 4 元。同时，机器设备在这一特定的情况下，无论是否使用，均应提取折旧，故自制零件的方案较外购方案更优。之所以得出这一结论，是因为两个方案出现了差量成本。

狭义的差量成本是指由于生产能力利用程度不同而形成的成本差别，或者说同一方案中产品产量的增减变动所引起的总成本的差别。

2）边际成本

边际成本指在生产能量的相关范围内，每增加或减少一个单位产量所引起的成本变动额，是生产者每多生产一个单位产量的产品所支付的追加成本。换言之，边际成本是产品成本对产品产量无限小的一种变动分析。在生产能量的相关范围内，边际成本等于变动成本，单位变动成本和差量成本是边际成本的具体表现形式。

在决策分析中，边际成本可以用来判断产量在经济上是否合算。当企业的生产能力没有得到充分利用时，任何增加产量的产品只要其销售单价高于单位边际成本，企业都会增加盈利或减少亏损。即使此时的销售单价低于总的平均单位成本，但因固定成本总额不发生变动，所以企业仍可保持盈利的态势。

3）机会成本

“机会成本”是企业经营决策中时常使用的一个成本概念，它是指企业在决策分析中选取最优方案而放弃次优方案所丧失的潜在利益，也被称为“机会损失”。可以说，机会成本是选用某一方案所付出的代价，是用丧失价值的多少来评价的，其意义在于能够权衡对比方案的真正优劣。

由于各项资产一般都有多种用途，但在使用时又不可能多功能兼用，有“所得”必有“所失”，而“所得”正是因“所失”放弃的“机会”得到的。企业的资金在短期内是一定的，选用某一方案时，必然有一些方案被放弃，但它们可能取得的收益应从入选方案的“所得”中得到补偿，这样才能对备选方案可能取得的经济利益做出全面、合理的评价，此时被放弃方案可能取得的经济利益就成为已选定方案的机会成本。例如，某公司的资金可以用于设备投资，扩大企业生产经营规模，也可以将其存入银行取得利息收入。当公司将该项资金用于设备投资时，它就自动放弃了取得利息收入的机会，此时存款利息就成为设备投资方案的机会成本。当然，一项资产只能用于完成一项职能，当没有其他选择余地时，该项资产的机会成本等于零。

会计记录中不能反映机会成本，虽然机会成本不构成企业的实际支出，但是企业进行决策分析时必须要认真考虑的因素。如果不考虑机会成本，就有可能使决策出现失误，以致失去决策应有的效果。例如，某公司购进原材料 100 吨，可以直接外销，每吨单价为 8 000 元，也可以送去加工制成成品后出售。假设加工这批成品的加工费为 100 000 元，成品单价为 13 000 元，分析哪种销售方案对公司更为有利。

4）估算成本

估算成本指需要通过估计、推算才能确定的成本，是机会成本的特殊形态。在决策分析中，一般的机会成本比较容易计量，不需要进行特别的计算，但在某些情况下，机会成本也并非一目了然，而需要进行预计或估算才能确定。此时的成本虽然没有实际发生，但却与企业的经营活动有直接的关联。因此，就要将这一因素估算到成本中，所以这一成本也被称为“假计成本”或“视同成本”。在生产经营活动中，企业的利息就是最常见的需要估计的机会成本。比如企业使用的流动资金，无论是借入资金还是自有资金，都必须把利息作为使用资金的机会成本进行估算，而不管其是否实际发生；否则就不能保证在同等条件下资金的合理使用。

5）付现成本

付现成本指那些由于某项决策而引起的需要在未来动用现金支付的成本。在短期经营决策中，当资金来源较为困难时，决策者不仅要考虑未来支出的“总成本”，更重要的是看“付现成本”的高低，并通过对比，选择付现成本最低的方案来取代总成本最低的方案。原因在于，当企业资金拮据、筹措不易时，对付现成本的考虑比对总成本更低的考虑更加重要。例如，某公司购入急需材料，如果采用一次付清货款的方式，则需支付 800 000 元；如果采用分期付款的方式分三期支付货款，则需支付 850 000 元，协议第一、第二个月各付 300 000 元，最后一个月付 250 000 元。现该公司资金紧张，一次性付款困难，决策者必须考虑公司有无现款，现款不足的话供货方是否允许赊购，是否能够接受对方提出的赊购条件，可否向银行借款，银行提供借款的利率能否接受，预计未来收入与包括借款利息在内的销售成本相比有无收入；还要考虑销货合同等其他客观因素。所以，该公司选择分期付款的方式。

从资金总量上看，采用分期付款的方式虽然比采用一次性付款的方式多付了 50 000 元，但近期的现金支出成本比一次性付款所支付的现金要少，而这笔多付的款项可以从公司销售收入中尽快得到补偿。同时，如果出现违反合同不能及时交货的情况，就会造成更大的损失。所以，该公司宁愿多付款，也要采用分期付款的方式。

6）沉没成本

沉没成本也称沉入成本或旁置成本，指由于过去的决策所引起，并已支付过款项，且目前无法改变的成本。这类成本一般都是过去发生的，现在或将来的任何决策都无法改变其使用数量及金额，与企业当前决策无关。因此，企业在进行经营决策时，不需要考虑这部分成本。但这项成本如果为固定资产支出，则其残值或变现价值与企业的决策分析有关，应予以计入。例如，某企业在设备更新决策中，涉及沉没成本问题：一台旧设备的原值为 500 000 元，已提折旧 300 000 元，未提取固定资产减值准备，账面净值为 200 000 元。预计该设备可再使用 5 年，假定设备报废后无残值。现有一台新设备，价格为 400 000 元，也可以使用 5 年。使用新设备后，每年产品的变动成本要比使用旧设备节约 100 000 元，决策者应判断更新设备对企业是否有利。

7）重置成本

重置成本也称现时成本，是指目前从市场上购买同一资产所需支付的成本。实际上，重置成本是指企业在日常生产经营过程中，为得到具有同等经营条件或生产能力的新资产所需支付的最低金额。在市场价格不断变化的情况下，计算产品的生产成本、确定产品的销售价格等，都必须把重置成本作为考察的重点内容。

在企业会计核算中，各项资产都按照历史成本（实际成本）计价，但在决策分析中，各项资产均按照现行价格计算。计算方法的差异，使账面价格与实际价格出现了不一致。因此，需要重新对资产进行估价，以保证企业的各项资产都尽可能地接近实际价格。例如，某公司经销机电产品，某批产品的原单位进价为 15 000 元，按现行市场价格计算，这批产品的单位进价为 19 000 元。如果按历史成本计价，原进价 15 000 元加上 10% 的流转费用，销售单价为 16 500 元。按照 16 500 元出售产品后，公司再购入同样的单位产品就应支付 19 000 元。计算结果表明，公司不仅不能获利，反而需要多支付 2 500 元（19 000−16 500），出现了公司账面盈利而实际亏损的情况。由此可知，重置成本在定价决策中是不可忽视的重要因素。

8）可避免成本与不可避免成本

在决策分析中，有些成本支出的发生取决于决策。比如，某一项成本开支与采用某一方案直接有关，若不采用这一方案，该项成本就不会发生。这些与决策方案有直接关系的支出，或者说，通过管理当局的决策行动可以改变其数额的成本被称为可避免成本，如广告费、员工培训费等都属于可避免成本。再如，企业为生产某产品所支付的直接材料费、直接人工费等支出，若不生产该产品，则成本不会发生，因此这也属于可避免成本。反之，通过管理当局的决策行动不能改变其数额的成本被称为不可避免成本，如固定资产的折旧费、管理人员的薪酬等并不因某种产品的产量增减而变化，是目前已存在的成本。当考虑新方案时，其预计支出与不可避免成本无关。

9）可递延成本与不可递延成本

可递延成本又称可延缓成本，也是和某一特定方案有直接关系的成本。在企业财力负担有限的情况下，对已决定选用的某一方案推迟执行，但又不致影响企业的大局，那么与这一方案有关的成本就称为可递延成本。比如，企业原预备上马某项工程，现因资金紧张，决定延缓工程建设，与工程建设有关的材料费、人工费等支出都属于可递延成本。对已决定选用的某一方案，即使在企业财力负担有限的情况下，也不能推迟执行，否则会影响企业大局，那么与该方案有关的成本就称为不可递延成本。对于成本的可递延与不可递延的划分，有利于正确区分资金使用上的轻重缓急，促使企业现有资金得到充分利用。

10）专属成本与共同成本

专属成本也称特定成本，指可以明确归属某种、某批或某个部门的固定成本。共同成本指需由几种、几批或有关部门共同分担的固定成本。

11）相关成本与无关成本

相关成本指与决策有关联的各种形式的未来成本。无关成本指过去已经发生，或虽未发生，但对未来决策没有影响的成本。管理会计在为决策分析提供有关的成本资料时，必须明确哪些是相关成本，哪些是无关成本，然后才能在此基础上进行正确的决策分析。企业在接受订货的过程中，如果需要增加专属设备，那么这些设备的投资与决策相关，而在接受订货的决策中，设备的投资与产品的变动成本支出都是相关成本，应该进行计算分析。

决策的中心内容不同，相关成本的内容也不同。例如，企业接受客户订货时，如果该项订货在企业的生产能力范围内，那么此时增加产品产量的决策问题一般与产品的变动成本有关，而与企业的固定成本无关，即变动成本为相关成本，固定成本为无关成本。由于企业实际要解决的问题千差万别，虽然不能简单地将成本划分为相关成本与无关成本，但大体上，变动成本、付现成本、机会成本、估算成本、可避免成本、可递延成本和专属成本都属于相关成本，而沉没成本、历史成本、不可避免成本、不可递延成本、共同成本及各备选方案中项目相同、金额相等的未来成本都属于无关成本。

**2. 成本性态及混合成本的分解**

1）成本性态

成本性态也称为成本习性，是指成本与业务量之间的相互依存关系。按照成本性态，成本可划分为变动成本、固定成本和混合成本。

① 变动成本

变动成本，是指在一定范围内，其总额随业务量变动发生相应的正比例变动，而单位成本保持不变的成本。

【情景 3-1】华信食品股份有限公司生产面包，其原材料费用和产量之间的关系如表 3-1 所示。

表 3-1　产量对变动成本的影响

| 产量（箱） | 变动成本总额（原材料费用）（元） | 单位变动成本（元） |
|---|---|---|
| 80 | 640 | 8 |
| 150 | 1 200 | 8 |
| 200 | 1 600 | 8 |
| 250 | 2 000 | 8 |
| 400 | 3 200 | 8 |

可见，当产量从 80 箱增加到 400 箱时，产量增加 5 倍，变动成本总额随之从 640 元增加到 3 200 元，也以 5 倍的幅度增加，即无论产量如何变化，单位变动成本都是 8 元。这说明产量与原材料费用之间存在正比例关系，原材料费用是产品的变动成本，这一正比例关系可以用函数 $y=8x$ 表示，也可以用图 3-1 表示。

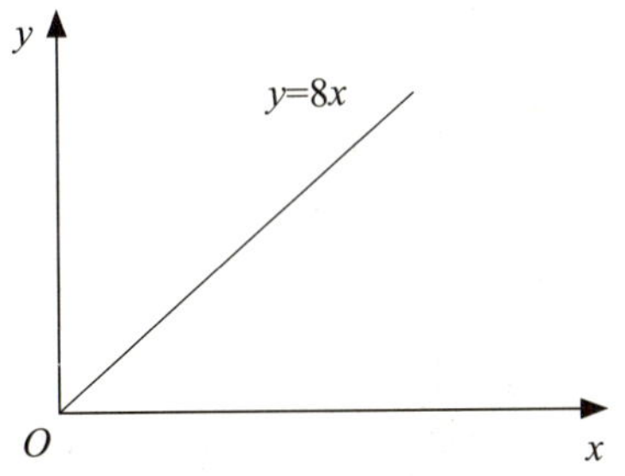


图 3-1　变动成本总额与产量的关系

② 固定成本

固定成本，是指在一定范围内，其总额不随业务量变动而增减变动，但单位成本随业务量增加而相对减少的成本。

【情景 3-2】华信食品股份有限公司生产所用的冲床是向租赁公司租用的，每月租金为 15 000 元。该冲床每月最大生产能力为 200 箱，则企业每月的产量在 200 箱以内时，租金总成本不随产量的变动而变动，因而冲床租金是一项固定成本。租金和产量的关系如表 3-2 所示。

表 3-2　产量对固定成本的影响

| 产量（箱） | 固定成本总额（租金）（元） | 单位固定成本（元） |
|---|---|---|
| 100 | 15 000 | 150 |
| 125 | 15 000 | 120 |
| 150 | 15 000 | 100 |

从表 3-2 中可以看出，企业冲床的产量由 100 箱增加到 150 箱，增加了 50%，但月租金仍然是 15 000 元。该租金并没有因为产量的增加而增加，这一关系可表示为 $y$=15 000，如图 3-2 所示。

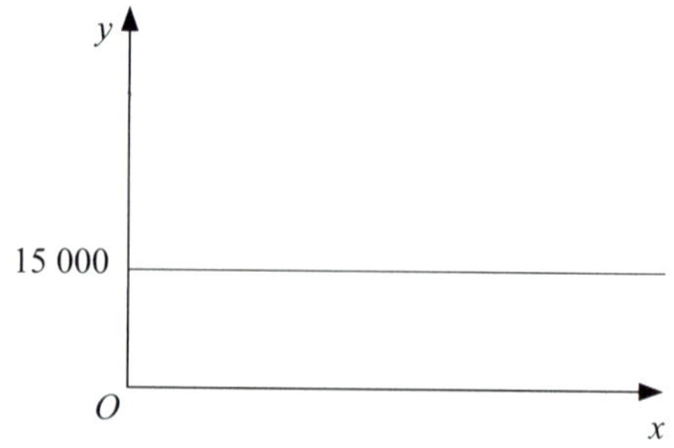


图 3-2　固定成本总额与产量的关系

③ 混合成本

混合成本，是指总额随业务量变动但不成正比例变动的成本。

2）混合成本的分解

混合成本的分解方法主要包括高低点法、回归分析法、账户分析法（也称会计分析法）、技术测定法（也称工业工程法）和合同确认法，前 2 种方法需要借助数学方法进行分解，后 3 种方法可通过直接分析认定。

① 高低点法

企业以过去某一会计期间的总成本和业务量资料为依据，从中选取业务量高点和业务量低点，将总成本进行分解，得出成本模型。计算公式如下：

$$\text{单位变动成本}(b)=\frac{\text{最高点业务量总成本}-\text{最低点业务量总成本}}{\text{最高点业务量}-\text{最低点业务量}}=\frac{Y_H-Y_L}{X_H-X_L}$$

$$\text{固定成本}(a)=\text{最高（低）点业务量总成本}-\text{最高（低）点业务量}\times\text{单位变动成本}$$
$$=Y_H-bX_H=Y_L-bX_L$$

【情景 3-3】华信食品股份有限公司是一家大型的制造企业，最近连续 4 期的面包成本与业务量资料如表 3-3 所示。

表 3-3　面包成本与业务量资料

| 会计期间 | 生产量（业务量）（箱） | 全部成本（元） |
|---|---|---|
| 1 | 15 000 | 2 400 000 |
| 2 | 20 000 | 2 800 000 |
| 3 | 25 000 | 3 200 000 |
| 4 | 30 000 | 3 600 000 |

从表 3-3 中可以看出，第 4 期的业务量最高，第 1 期的业务量最低，因此这两期就是业务量的最高点和最低点。把最高点和最低点的业务量和相应的成本代入高低点法计算公式，即可求得：

$$b=\frac{Y_H-Y_L}{X_H-X_L}=(3\ 600\ 000-2\ 400\ 000)\div(30\ 000-15\ 000)=80\text{（元）}$$

或者

$$a=Y_H-bX_H=3\ 600\ 000-80\times30\ 000=1\ 200\ 000（元）$$

$$a=Y_L-bX_L=2\ 400\ 000-80\times15\ 000=1\ 200\ 000（元）$$

把 $a$ 和 $b$ 代入总成本公式，即得 $Y=1\ 200\ 000+80X$。

这一公式显示总成本由以下两部分组成：

- $a=1\ 200\ 000$，说明该产品的固定成本为 1 200 000 元。
- $b=80$，表示单位变动成本为 80 元。它与业务量 $X$ 的乘积就是该产品的变动成本。

**提示**

高低点法计算较为简单，但结果代表性较差。选择高低点时，应以业务量为依据，而不是以混合成本的高低作为选择的依据。

② 回归分析法

回归分析法是指企业根据过去一定期间的业务量和混合成本的历史资料，应用最小二乘法原理，计算能代表业务量与混合成本关系的回归直线，借以确定混合成本中固定成本和变动成本的方法。设 $y$ 表示总成本，$a$ 表示固定成本总额，$b$ 表示单位变动成本，$x$ 表示产品产量。其中，$a$、$b$ 可按下列公式计算：

$$b=\frac{n\sum xy-\sum x\sum y}{n\sum x^2-\left(\sum x\right)^2}$$

$$a=\frac{\sum y-b\sum x}{n}$$

假设混合成本符合总成本模型，则

$$y=a+bx$$

式中，$a$ 为固定成本；$b$ 为单位变动成本。

【情景 3-4】沿用表 3-3 的数据，说明回归分析法的应用。

（1）根据回归分析法的要求，对数据进行加工，如表 3-4 所示。

**表 3-4 回归直线分析数据**

| $n$ | $x$（箱） | $y$（元） | $xy$ | $x^2$ | $y^2$ |
|---|---|---|---|---|---|
| 1 | 15 000 | 2 400 000 | 36 000 000 000 | 225 000 000 | 5 760 000 000 000 |
| 2 | 20 000 | 2 800 000 | 56 000 000 000 | 400 000 000 | 7 840 000 000 000 |
| 3 | 25 000 | 3 200 000 | 80 000 000 000 | 625 000 000 | 10 240 000 000 000 |
| 4 | 30 000 | 3 600 000 | 108 000 000 000 | 900 000 000 | 12 960 000 000 000 |
| 合计 | 90 000 | 12 000 000 | 280 000 000 000 | 2 150 000 000 | 36 800 000 000 000 |

（2）计算 $a$ 和 $b$ 的值。

$$b=\frac{n\sum xy-\sum x\sum y}{n\sum x^2-\left(\sum x\right)^2}=(4\times280\ 000\ 000\ 000-90\ 000\times12\ 000\ 000)\div(4\times2\ 150\ 000\ 000-90\ 000^2)$$

$$=40\ 000\ 000\ 000\div500\ 000\ 000=80（元）$$

$$a=\frac{\sum y-b\sum x}{n}=(12\ 000\ 000-80\times 90\ 000)\div 4=1\ 200\ 000\text{（元）}$$

（3）把 $a$ 和 $b$ 代入总成本公式，即

$$y=1\ 200\ 000+80x$$

提示

回归分析法一般适用于成本增减变动趋势较大的企业。

③ 账户分析法

账户分析法指企业根据有关成本账户及其明细账的内容，结合其与产量的依存关系，判断其比较接近的成本类别，将其视为该类成本。账户分析法较为简便易行，但比较粗糙且带有主观判断。

④ 技术测定法

技术测定法指企业根据生产过程中各种材料和人工成本消耗量的技术测定来划分固定成本和变动成本。技术测定法仅适用于投入成本和产出数量之间有规律性联系的成本分解。

⑤ 合同确认法

合同确认法指企业根据订立的经济合同或协议中关于支付费用的规定，来确认并估算哪些项目属于变动成本，哪些项目属于固定成本。合同确认法一般要配合账户分析法使用。

### 3. 成本管理的概念和分类

1）成本管理的概念

成本管理，是指企业在营运过程中实施成本预测、成本决策、成本计划、成本管理、成本核算、成本分析和成本考核等一系列管理活动的总称。它在成本形成过程中，对影响成本的各因素加强管理，使各项具体的及全部的生产耗费严格控制在原制定的成本目标范围，发现偏差，分析出现偏差的原因，采取有效措施及时予以纠正，保证实现既定成本目标。

2）成本管理的分类

成本管理可以按多种标准进行分类，管理会计中经常使用的分类方法有以下几种。

① 按成本管理的阶段分类

成本管理阶段与成本的生命周期相适应，一般分为设计阶段的成本管理、生产阶段的成本管理和销售及售后服务阶段的成本管理。

设计阶段的成本管理属于事前成本管理，在产品投产之前，通过价值工程分析确定成本，作为成本管理的依据。这一阶段的成本管理是降低成本最有效的途径。生产阶段的成本管理和销售及售后服务阶段的成本管理均属于日常成本管理，在产品生产、销售或售后服务的过程中，按照目标成本的要求控制实际成本的支出，若两者存在偏差，则该偏差就是一项重要的成本管理信息，应该对此进行详细分析，找出偏差的原因，以便采取适当的控制措施。

② 按控制的原理分类

成本管理按控制的原理可分为前馈控制、事中控制和反馈控制。前馈控制主要对产品设计、试制阶段进行成本管理；事中控制主要在产品生产和销售过程中采取控制措施控制成本支出；反馈控制通过对成本差异的分析，寻找发生偏差的原因和预防偏差的途径，为将来减少偏差提供信息支持。

③ 按控制内容分类

成本管理按控制内容分为产品成本管理和质量成本管理两大类。产品成本管理是对产品生产过程实施的成本管理。质量成本管理是质量与成本管理在产品生产中的结合，是在企业质量管理实践中逐步形成和发展起来的。质量成本是企业为保证和提高产品质量而耗费的资源。质量成本管理就是在满足一定质量要求的情况下采取控制措施，尽量减少质量成本。

## 3.1.2 成本管理的工具方法

成本管理领域应用的管理会计工具方法一般包括目标成本法、标准成本法、变动成本法及作业成本法等。

企业应结合自身的成本管理目标和实际情况，在保证产品的功能和质量的前提下，选择应用适合企业的成本管理工具方法或综合应用不同的成本管理工具方法，以更好地实现成本管理的目标。综合应用不同的成本管理工具方法时，应以各成本管理工具方法具体目标的兼容性、资源的共享性、适用对象的差异性、方法的协调性和互补性为前提，通过综合运用成本管理的工具方法实现最大效益。

企业应根据其内外部环境选择合适的成本管理工具方法。

## 3.1.3 成本管理制度

企业应建立健全的成本管理制度体系，一般包括费用申报制度、定额管理制度、责任成本制度等。

企业应建立健全的成本相关原始记录，加强和完善成本数据的收集、记录、传递、汇总和整理工作，确保成本基础信息记录真实、完整。

企业应加强存货的计量验收管理，建立存货的计量、验收、领退及清查制度。

## 3.1.4 成本管理的程序

企业应用成本管理工具方法，一般按照事前成本管理、事中成本管理、事后成本管理的程序进行。

**1. 事前成本管理阶段**

事前成本管理阶段主要对未来的成本水平及其发展趋势进行预测与规划，一般包括成本预测、成本决策和成本计划等步骤。

1）成本预测

成本预测是以现有条件为前提，在历史成本资料的基础上，根据未来可能发生的变化，利用科学的方法，对未来的成本水平及其发展趋势进行描述和判断的成本管理活动。成本预测的方法有高低点法和回归分析法。

2）成本决策

成本决策是在成本预测及有关成本资料的基础上，综合经济效益、质量、效率和规模等指标，运用定性和定量的方法对各个成本方案进行分析并选择最优方案的成本管理活动。

3）成本计划

成本计划是以营运计划和有关成本数据、资料为基础，根据成本决策所确定的目标，通过一定的程序，运用一定的方法，针对计划期企业的生产耗费和成本水平进行的具有约束力的成本筹划管理活动。

**2. 事中成本管理阶段**

事中成本管理阶段主要对营运过程中发生的成本进行监督和控制，并根据实际情况对成本预算进行必要的修正，即成本控制步骤。成本控制是成本管理者根据预定的目标，对成本的发生和形成过程及影响成本的各种因素条件施加主动影响或干预，把实际成本控制在预期目标内的成本管理活动。

**3. 事后成本管理阶段**

事后成本管理阶段主要在成本发生之后进行核算、分析和考核，一般包括成本核算、成本分析和成本考核等步骤。

1）成本核算

成本核算是根据成本核算对象，按照国家统一的会计制度和企业管理要求，对营运过程中实际发生的各种耗费按照规定的成本项目进行归集、分配和结转，取得不同成本核算对象的总成本和单位成本，向有关使用者提供成本信息的成本管理活动。

2）成本分析

成本分析是利用成本核算提供的成本信息及其他有关资料，分析成本水平与构成的变动情况，查明影响成本变动的各种因素和产生的原因，并采取有效措施控制成本的成本管理活动。

3）成本考核

成本考核是对成本计划及其有关指标实际完成情况进行定期总结和评价，并根据考核结果和责任制的落实情况，进行相应奖励和惩罚，以监督和促进企业加强成本管理责任制，提高成本管理水平的成本管理活动。

## 3.2 目标成本法
### ——每个部门、每个单位甚至每个人都是降低成本的责任人

**cfo 要求你知道**

1. 目标成本法的概念
2. 目标成本法的应用程序
3. 目标成本法的优点及缺点

关键术语

目标成本法（Target Cost Method）
计划成本（Planned Cost）
定额成本（Norm Cost）
标准成本（Standard Cost）

## 3.2.1 目标成本法概述

### 1. 目标成本法的概念

目标成本法是指企业以市场为导向，以目标售价和目标利润为基础确定产品的目标成本，从产品设计阶段开始，通过各部门、各环节，乃至与供应商的通力合作，共同实现目标成本的成本管理方法。目标成本法一般适用于制造业企业的成本管理，也可在物流、建筑、服务等行业应用。

理解

目标成本实质上也是一种预算（计划），由于它是企业在一定时期内通过成本规划所确定的，而且是必须经过努力才能实现的成本目标，所以被称作目标成本。

### 2. 目标成本法的应用环境

（1）企业应用目标成本法，要求处于比较成熟的买方市场环境，且产品的设计、性能、质量、价值等呈现出较为明显的多样化特征。

（2）企业应以创造和提升客户价值为前提，以成本降低或成本优化为主要手段，谋求竞争中的成本优势，保证目标利润的实现。

（3）企业应成立由研究与开发、工程、供应、生产、营销、财务、信息等有关部门组成的跨部门团队，负责目标成本的制定、计划、分解、下达与考核，并建立相应的工作机制，有效协调有关部门之间的分工与合作。

（4）企业能及时、准确地取得目标成本计算所需的产品售价、成本、利润，以及性能、质量、工艺、流程、技术等方面的各类财务和非财务信息。

## 3.2.2 目标成本法的应用程序

应用目标成本法一般需经过目标成本的设定、分解、达成及再设定、再分解、再达成多重循环，以持续改进产品方案。企业应用目标成本法一般按照确定应用对象、成立跨部门团队、收集相关信息、计算市场容许成本、设定目标成本、分解可实现目标成本、落实目标成本责任、考核成本管理业绩及持续改善等程序进行。

1. 确定应用对象

企业应根据目标成本法的应用目标及其应用环境和条件，综合考虑产品的产销量和盈利能力等因素，确定应用对象。

提示

企业一般应将拟开发的新产品作为目标成本法的应用对象，或选择那些功能与设计存在较大的弹性空间、产销量较大且处于亏损状态或盈利水平较低、对企业经营业绩具有重大影响的老产品作为目标成本法的应用对象。

2. 成立跨部门团队

在企业负责目标成本管理的跨部门团队之下，可以建立成本规划、成本设计、成本确认、成本实施等小组，各小组根据管理层授权协同合作完成相关工作。

（1）成本规划小组由业务及财务人员组成，负责设定目标利润、制定新产品开发或老产品改进方案、考虑目标成本等。该小组的职责主要是收集相关信息、计算市场驱动产品成本等。

（2）成本设计小组由技术及财务人员组成，负责确定产品的技术性能、规格，对比各种成本因素，考虑工程价值，在设计图上进行成本降低或成本优化的预演等。该小组的职责主要是可实现目标成本的设定和分解等。

（3）成本确认小组由有关部门负责人、技术及财务人员组成，负责分析设计方案或试制品评价的结果，确认目标成本，进行生产准备、设备投资等。该小组的职责主要是可实现目标成本设定与分解的评价和确认等。

（4）成本实施小组由有关部门负责人及财务人员组成，负责确认实现成本策划的各种措施，分析成本控制中出现的差异，并提出对策，对整个生产过程进行分析、评价等。该小组的职责主要是落实目标成本责任、考核成本管理业绩等。

3. 收集相关信息

目标成本法的应用需要企业的研究与开发、工程、供应、生产、营销、财务和信息等部门收集与应用对象相关的信息。这些信息一般包括：（1）产品成本构成及料、工、费等财务和非财务信息；（2）产品功能及其设计、生产流程与工艺等技术信息；（3）材料的主要供应商、供求状况、市场价格及其变动趋势等信息；（4）产品的主要消费者群体、分销方式和渠道、市场价格及其变动趋势等信息；（5）本企业及同行业标杆企业产品盈利水平等信息；（6）其他相关信息。

4. 计算市场容许成本

市场容许成本，是指目标售价减去目标利润之后的余额。目标售价的设定应综合考虑客户感知的产品价值、竞争产品的预期相对功能和售价，以及企业针对该产品的战略目标等因素。目标利润的设定应综合考虑利润预期、历史数据、竞争地位分析等因素。

5. 设定目标成本

企业应将容许成本与新产品设计成本或老产品当前成本进行比较，确定差异及成因，设定可实现的目标成本。企业一般采取价值工程、拆装分析、流程再造、全面质量管理、供应链全程成本管理等措施和手段，寻求消除当前成本或设计成本偏离容许成本差异的措施，使容许成本转化为可实现的目标成本。

1）目标成本的类型

目标成本通常有以下几种类型。

① 计划成本

计划成本是指根据计划期各项平均先进消耗定额和当期费用计划及其他有关资料计算的成本。

提示 计划成本是企业降低成本的奋斗目标。

工业企业的计划成本指标一般有主要产品单位成本计划、各主要可比产品总成本计划和全部不可比产品成本计划。

② 定额成本

定额成本是指根据现行的工艺流程和各种消耗定额计算所得的成本。

提示 定额成本反映了企业在现有生产条件下应该达到的成本水平。

对于采用定额法计算产品成本的企业，定额成本是计算实际成本的基础，也是企业制订成本计划、控制实际成本支出及检查成本脱离定额差异的主要依据。定额成本的编制范围与编制方法应与其相应的实际成本的口径保持一致，以便考核分析。

③ 标准成本

标准成本是指根据精确的调查和技术测定，以及对过去成本资料的分析计算，确定的在今后产品生产中作为对比基准的预计成本，包括标准用量与标准价格等。

提示 标准成本是目标成本最典型的表现形式。

实施标准成本，要对形成标准成本的差异进行分析，找出增减变动的原因，从而把成本控制在“理想的标准”范围之内。

2）目标成本的制定方法

制定目标成本的方法主要有以下几种。

① 对比法

对比法指通过比较本企业的成本水平与先进企业的成本水平来确定目标成本，主要用于老产品。对比的标准可以是国内外同种产品的先进成本水平或本企业历史最好的成本水平，也可以是按平均先进水平制定的标准成本、定额成本。

② 回归分析法

这种方法适用于系列产品目标成本的确定。系列产品中各规格产品的成本与某种功能特性或技术参数有一定的线性关系。根据线性关系，可以预测出新产品的成本，然后根据功能设计予以修正，就可以确定其目标成本。

其基本原理是：在 $y=a+bx$ 中，只要确定单位变动成本 $b$ 和固定成本 $a$，那么在一定业务量 $x$ 下的目标成本 $y$ 就可以计算出来。$a$ 和 $b$ 的计算公式为：

$$a=\frac{\sum y-b\sum x}{n}$$

$$b=\frac{n\sum xy-\sum x\sum y}{n\sum x^2-\left(\sum x\right)^2}$$

③ 公式法

公式法指根据目标成本的计算公式确定目标成本，一般用于新产品目标成本的制定。由于消费者可以接受的价格及销售数量不可能预测得十分准确，所以用公式法制定目标成本应把目标成本与产品的设计成本联系起来，用目标成本校正设计成本，用设计成本调整目标成本。公式法用于产品目标成本制定时，可采用以下公式：

目标成本 =(有竞争力的市场价格 ÷ 销售单价)× 实际成本

④ 加算法

加算法指以基准成本为出发点，加上为追加新功能所必需的成本，减去可除去功能及可消除作业涉及的成本，从而得到新产品可能达成的成本。所谓“基准成本”，是指企业根据其拥有的技术水平和作业能力估算达到的成本。在应用加算法时，什么因素将导致成本上升、上升数额等都要进行估算。这种方法的特征是，依据设计思路的特征及其采纳的可能性，对产品各个功能分区域制定的目标成本进行累计加总，再据以设定。需要说明的是，设定时不仅要考虑企业的技术水平、生产设备、交货期等，也应结合企业的经营战略对目标成本进行预测和估算。

⑤ 倒算法

倒算法是以产品销售收入减去产品销售税金及附加和目标利润来制定目标成本的方法。其公式如下：

目标成本 = 产品销售收入 – 税金 – 目标利润

单位产品目标成本 =[ 产品销售单价 ×(1– 产品税率 )– 目标利润 ]÷ 销售数量

**6. 分解可实现目标成本**

企业应按主要功能对可实现的目标成本进行分解，确定产品所包含的每一零部件的目标成本。在分解时，首先应确定主要功能的目标成本，然后寻求实现这种功能的方法，并把主要功能和主要功能级的目标成本分配给零部件，形成零部件级目标成本。同时，企业应将零部件级目标成本转化为供应商的目标售价。

**7. 落实目标成本责任**

企业应将设定的可实现目标成本、功能级目标成本、零部件级目标成本和供应商目标售价进一步量化为可控制的财务和非财务指标，落实到各责任中心，形成各责任中心的责任成本和成本控制标准，并辅之以相应的权限，将达成的可实现目标成本落到实处。

8. **考核成本管理业绩**

企业应依据各责任中心的责任成本和成本控制标准，按照业绩考核制度和办法，定期进行成本管理业绩的考核与评价，为各责任中心和人员的激励奠定基础。

9. **持续改善**

企业应定期将产品实际成本与设定的可实现目标成本进行对比，确定其差异及其性质，分析差异的成因，提出消除各种重要不利差异的可行途径和措施，进行可实现目标成本的重新设定、再达成，推动成本管理的持续优化。

### 3.2.3 目标成本法的优点和缺点

1. **目标成本法的优点**

目标成本法的主要优点如下：

（1）突出从原材料到产品出货全过程成本管理，有助于提高成本管理的效率和效果。

（2）强调产品寿命周期成本的全过程和全员管理，有助于提高客户价值和产品市场竞争力。

（3）谋求成本规划与利润规划活动的有机统一，有助于提升产品的综合竞争力。

2. **目标成本法的缺点**

目标成本法的主要缺点是：其应用不仅要求企业拥有各类所需要的人才，更需要各有关部门和人员的通力合作，对管理水平要求较高。

## 3.3 变动成本法

——一种揭示销售量、成本和利润之间的依存关系的方法

**cfo 要求你知道**

1. 变动成本法的概念及应用环境
2. 贡献式损益表的编制

关键术语

变动成本法（Variable Costing Method）

成本性态（Cost Behavior）

边际贡献总额（Contribution Pool）

## 3.3.1 变动成本法的概念及应用环境

### 1. 变动成本法的概念

变动成本法，是指企业以成本性态分析为前提条件，仅将生产过程中消耗的变动生产成本作为产品成本的构成内容，而将固定生产成本和非生产成本作为期间成本，直接由当期收益予以补偿的一种成本管理方法。成本性态，是指成本与业务量之间的相互依存关系。按照成本性态，成本可划分为固定成本、变动成本和混合成本，相关概念在前面的内容中已做详细介绍，这里不再赘述。

变动成本法通常用于分析各种产品的盈利能力，为正确制定经营决策、科学进行成本计划、成本控制和成本评价与考核等工作提供有用信息。

变动成本法一般适用于同时具备以下特征的企业：

（1）企业固定成本比重较大，当产品更新换代的速度较快时，分摊计入产品成本中的固定成本比重大，采用变动成本法可以正确反映产品的盈利状况。

（2）企业规模大，产品或服务的种类多，固定成本分摊存在较大困难。

（3）企业作业保持相对稳定。

### 2. 变动成本法的应用环境

变动成本法的应用环境包括外部环境和内部环境。

1）外部环境

企业应用变动成本法所处的外部环境，一般应具备以下特点：

（1）市场竞争环境激烈，需要频繁进行短期经营决策。

（2）市场相对稳定，产品差异化程度不大，以利于企业进行价格等短期决策。

2）内部环境

（1）企业应保证成本基础信息记录完整，财务会计核算基础工作完善。

（2）企业应建立较好的成本性态分析基础，具有划分固定成本与变动成本的科学标准，以及划分标准的使用流程与规范。

（3）企业能够及时、全面、准确地收集与提供有关产量、成本、利润及成本性态等方面的信息。

## 3.3.2 贡献式损益表的编制

在变动成本法下，利润的计算通常采用贡献式损益表。该表一般应包括营业收入、变动成本、边际贡献、固定成本、利润等项目。其中，变动成本包括变动生产成本和变动非生产成本两部分，固定成本包括固定生产成本和固定非生产成本两部分。贡献式损益表中损益计算包括以下两个步骤。

1. **计算边际贡献总额**

边际贡献总额 = 营业收入总额 − 变动成本总额
= 销售单价 × 销售量 − 单位变动成本 × 销售量
= ( 销售单价 − 单位变动成本 )× 销售量
= 单位边际贡献 × 销售量

2. **计算当期利润**

利润 = 边际贡献总额 − 固定成本总额

【情景 3-5】华信食品股份有限公司产销蛋糕，连续 3 年的产销情况和成本资料如表 3-5 所示。

**表 3-5　连续 3 年的产销情况和成本资料**

| 项目 | 第一年 | 第二年 | 第三年 |
|---|---|---|---|
| 期初存货（箱） | – | 500 | 500 |
| 本期生产（箱） | 8 000 | 8 000 | 8 000 |
| 本期销售（箱） | 7 500 | 8 000 | 8 500 |
| 期末存货（箱） | 500 | 500 | – |
| 销售单价（元） | 120 | 120 | 120 |
| 制造成本： | | | |
| 单位变动成本（元） | 31 | 31 | 31 |
| 固定成本总额（元） | 12 000 | 12 000 | 12 000 |
| 固定销售和管理费用（元） | 4 000 | 4 000 | 4 000 |

根据上述资料，按照变动成本法编制贡献式损益表，如表 3-6 所示。

**表 3-6　贡献式损益表**

单位：元

| 项目 | 第一年 | 第二年 | 第三年 |
|---|---|---|---|
| 销售收入 | 900 000 | 960 000 | 1 020 000 |
| 变动成本 | 232 500 | 248 000 | 263 500 |
| 边际贡献 | 667 500 | 712 000 | 756 500 |
| 减：固定制造成本 | 12 000 | 12 000 | 12 000 |
| 固定销售和管理费用 | 4 000 | 4 000 | 4 000 |
| 期间成本总额 | 16 000 | 16 000 | 16 000 |
| 税前利润 | 651 500 | 696 000 | 740 500 |

## 3.3.3　变动成本法的优点和缺点

1. **变动成本法的优点**

变动成本法的主要优点如下：

（1）区分固定成本与变动成本，有利于明确企业产品盈利能力和划分成本责任。

（2）保持利润与销售量增减相一致，促进以销定产。

（3）揭示了销售量、成本和利润之间的依存关系，使当期利润真正反映企业经营状况，有利于企业经营预测和决策。

**2. 变动成本法的缺点**

变动成本法的主要缺点如下：

（1）计算的单位成本并不是完全成本，不能反映产品生产过程中发生的全部耗费。

（2）不能适应长期决策的需要。

## 3.4 作业成本法
### ——一种精准成本归集的方法

**cfo 要求你知道**

1. 什么是作业
2. 成本动因有哪些
3. 作业成本法的应用程序

**关键术语**

作业成本法（Activity-based Costing）
作业（Operation）
成本动因（Cost Driver）
资源动因（Resource Driver）
作业动因（Aactivity Driver）

3-4

## 3.4.1 作业成本法的概念、应用目标及应用环境

**1. 作业成本法的概念**

作业成本法，是指以“作业消耗资源、产出消耗作业”为原则，按照资源动因将资源费用追溯或分配至各项作业，计算出作业成本，然后再根据作业动因将作业成本追溯或分配至各成本对象，最终完成成本计算的成本管理方法。

**2. 作业成本法的应用目标**

作业成本法的应用目标包括：

（1）通过追踪所有资源费用到作业，然后再到流程、产品、分销渠道或客户等成本对象，提供全口径、多维度的更加准确的成本信息。

（2）通过作业认定、成本动因分析及对作业效率、质量和时间的计量，更真实地揭示资源、作业和成本之间的联动关系，为资源的合理配置及作业、流程和作业链（或价值链）的持续优化提供依据。

（3）通过作业成本法提供的信息及其分析，为企业更有效地开展规划、决策、控制、评价等各种管理活动奠定坚实基础。

**3. 作业成本法的应用环境**

1）作业成本法应用的外部环境

企业应用作业成本法所处的外部环境，一般应具备以下特点之一：一是客户个性化需求较高，市场竞争激烈；二是产品的需求弹性较大，价格敏感度高。

2）作业成本法适用的企业

作业成本法一般适用于具备以下特征的企业：作业类型较多且作业链较长；同一生产线生产多种产品；企业规模较大且管理层对产品成本准确性要求较高；产品、客户和生产过程多样化程度较高；间接或辅助资源费用所占比重较大等。

3）作业成本法的应用范围

企业应用作业成本法应基于作业观，即企业作为一个为最终满足客户需要而设计的一系列作业的集合体，进行业务组织和管理。

企业应成立由生产、技术、销售、财务、信息等部门的相关人员构成的设计和实施小组，负责作业成本系统的开发设计与组织实施工作。

企业应能够清晰地识别作业、作业链、资源动因和成本动因，为资源费用及作业成本的追溯或分配提供合理的依据。

企业应拥有先进的计算机及网络技术，配备完善的信息系统，能够及时、准确地提供各项资源、作业、成本动因等方面的信息。

## 3.4.2 作业成本法的基础概念

**1. 资源费用**

资源费用，是指企业在一定期间内开展经济活动所发生的各项资源耗费。资源费用既包括房

屋及建筑物、设备、材料、商品等有形资源的耗费，也包括信息、知识产权、土地使用权等各种无形资源的耗费，还包括人力资源耗费及其他各种税费支出等。

2. 作业

作业，是指企业基于特定目的重复执行的任务或活动，是连接资源和成本对象的桥梁。一项作业可以是一项非常具体的任务或活动，也可以泛指一类任务或活动。

作业贯穿企业经营活动的全过程，从产品设计到物料供应，从生产工艺流程的各个环节到质量检验直至发运销售。制造业中经常见到的作业有产品设计、订单处理、采购、储存、物料运输、机器调试、设备运行、质量检验、包装、销售、发货、装运、收账、售后服务和人员培训等。罗宾·库珀（1990年）按作业水平不同将作业分为单位水平作业、批次水平作业、产品水平作业和维持水平作业4类。

（1）单位水平作业是生产单位产品时所从事的作业，如直接材料和直接人工成本等。单位水平作业成本与产量成比例变动。

（2）批次水平作业是生产每批产品所从事的作业，如对每批产品所做的机器准备、订单处理、原料处理、检验等。批次水平作业成本与产品批数成比例变动。

（3）产品水平作业是为各种产品的生产而从事的作业，如编制材料清单、数控规划、处理各项工程变更、测试线路等，作业的目的是服务各项产品的生产和销售。产品水平作业成本与产量和批次无关，但与产品品种成比例变化。

（4）维持水平作业是为维持工厂生产而从事的作业，如工厂管理、厂房折旧等。这种作业的成本为全部生产产品的共同成本。

作业水平的分类为作业成本信息的使用者和核算者提供了帮助，因为作业水平与作业动因的选择有内在联系。

按消耗对象不同，作业还可分为主要作业和次要作业。主要作业是被产品、服务或客户等最终成本对象消耗的作业。次要作业是被原材料、主要作业等介于中间地位的成本对象消耗的作业。成本对象，是指企业追溯或分配资源费用、计算成本的对象物。成本对象可以是工艺、流程、零部件、产品、服务、分销渠道、客户、作业、作业链等需要计量和分配成本的项目。

3. 成本动因

成本动因，是指诱导成本发生的原因，是成本对象与其直接关联的作业和最终关联的资源之间的中介。按其在资源流动中所处的位置和作用，成本动因可分为资源动因和作业动因。

1）资源动因

资源动因是引起作业成本变动的驱动因素，反映作业量与耗费之间的因果关系。资源动因被用来计量各项作业对资源的耗用，根据资源动因可以将资源成本分配给各有关作业。按照作业成本计算法，作业量的多少决定着资源的耗用量，但资源耗用量的高低与最终的产品数量没有直接关系。

2）作业动因

作业动因是将各项作业中归集的成本费用分配到产品的标准，反映每类产品消耗作业的数量。

作业动因与作业分类有关，单位水平作业的作业动因是产量，批次水平作业的作业动因是产品批量。当作业动因计量的耗费等于或接近产品对作业的实际耗费时，产品成本就能得到准确的核算。作业动因是产品和作业的纽带。

3）资源动因与作业动因的区别和联系

资源动因是资源和作业的纽带，作业动因则是产品和作业的纽带。把资源分配到作业用的动因是资源动因，把作业成本分配到产品用的动因则是作业动因。比如，工资是企业的一种资源，把工资费用分配到作业“质量检验”的依据是质量检验部门的员工数，这个员工数就是资源动因；把作业“质量检验”的全部成本按产品检验的次数分配到产品，则检验次数就是作业动因。

当然，当作业和产品一致时，资源动因也就是作业动因。作业成本法模型如图 3-3 所示。

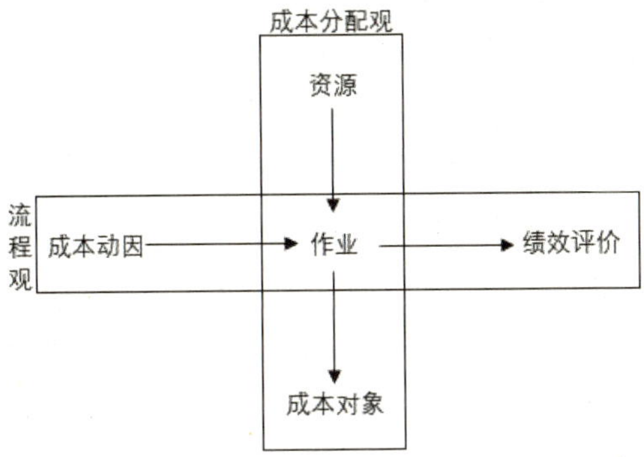


图 3-3　作业成本法模型

## 3.4.3　作业成本法的应用程序

企业应用作业成本法，一般按照资源识别及资源费用的确认与计量、成本对象选择、作业认定、作业中心设计、资源动因选择与计量、作业成本汇集、作业动因选择与计量、作业成本分配、作业成本信息报告等程序进行。

**1. 资源识别及资源费用的确认与计量**

资源识别及资源费用的确认与计量，是指识别出由企业拥有或控制的所有资源，遵循国家统一的会计制度，合理选择会计政策，确认和计量全部资源费用，编制资源费用清单，为资源费用的追溯或分配奠定基础。资源费用清单一般应分部门列示当期发生的所有资源费用，其内容要素一般包括发生部门、费用性质、所属类别、受益对象等。

资源识别及资源费用的确认与计量应由企业的财务部门负责，在基础设施管理、人力资源管理、研究与开发、采购、生产、技术、营销、服务、信息等部门的配合下完成。

**2. 成本对象选择**

在作业成本法下，企业应将当期所有的资源费用，遵循因果关系和受益原则，根据资源动因和作业动因，分项目经由作业追溯或分配至相关的成本对象，确定成本对象的成本。企业应根据国家统一的会计制度，并考虑预算控制、成本管理、营运管理、业绩评价及经济决策等方面的要求确定成本对象。

### 3. 作业认定

作业认定，是指企业识别由间接或辅助资源执行的作业集，确认每项作业完成的工作及执行该作业所耗费的资源费用，并据以编制作业清单的过程。

作业认定的内容主要包括对企业每项消耗资源的作业进行识别、定义和划分，确定每项作业在生产经营活动中的作用、同其他作业的区别及每项作业与耗用资源之间的关系。

作业认定一般包括以下两种形式：

（1）根据企业生产流程，自上而下进行分解。

（2）通过与企业每一部门负责人和一般员工进行交流，自下而上确定他们所做的工作，并逐一认定各项作业。企业一般应将两种方式相结合，以保证全面、准确地认定作业。

作业认定的具体方法一般包括调查表法和座谈法。调查表法，是指通过向企业全体员工发放调查表，并通过分析调查表来认定作业的方法。座谈法，是指通过与企业员工的面对面交谈来认定作业的方法。企业一般应将两种方法相结合，以保证全面、准确地认定全部作业。

企业对认定的作业应加以分析和归类，按顺序列出作业清单或编制出作业字典。作业清单或作业字典一般应当包括作业名称、作业内容、作业类别、所属作业中心等内容。

### 4. 作业中心设计

作业中心设计，是指企业将认定的所有作业按照一定的标准进行分类，形成不同的作业中心，作为资源费用追溯或分配对象的过程。作业中心可以是某一项具体的作业，也可以是由若干项相互联系的、能够实现某种特定功能的作业组成的集合。

企业可按照受益对象、层次和重要性，将作业分为以下5类，并分别设计相应的作业中心。

（1）产量级作业，是指明确地为个别产品（或服务）实施的、使单个产品（或服务）受益的作业。该类作业的数量与产品（或服务）的数量成正比例变动。该类作业包括产品加工、检验等。

（2）批别级作业，是指为一组（或一批）产品（或服务）实施的、使该组（或批）产品（或服务）受益的作业。该类作业的发生是由生产的批量数而不是单个产品（或服务）引起的，其数量与产品（或服务）的批量数成正比例变动。该类作业包括设备调试、生产准备等。

（3）品种级作业，是指为生产和销售某种产品（或服务）实施的、使该种产品（或服务）的每个单位都受益的作业。该类作业用于产品（或服务）的生产或销售，但独立于实际产量或批量，其数量与品种的多少成正比例变动。该类作业包括新产品设计、现有产品质量与功能改进、生产流程监控、工艺变换需要的流程设计、产品广告等。

（4）客户级作业，是指为服务特定客户所实施的作业。该类作业保证企业将产品（或服务）销售给个别客户，但作业本身与产品（或服务）数量独立。该类作业包括向个别客户提供的技术支持活动、咨询活动、独特包装等。

（5）设施级作业，是指为提供生产产品（或服务）的基本能力而实施的作业。该类作业是开展业务的基本条件，其使所有产品（或服务）都受益，但与产量或销量无关。该类作业包括管理作业、针对企业整体的广告活动等。

### 5. 资源动因选择与计量

资源动因是引起资源耗用的成本动因，反映了资源耗用与作业量之间的因果关系。资源动因选择与计量为将各项资源费用归集到作业中心提供了依据。

企业应识别当期发生的每一项资源消耗，分析资源耗用与作业中心作业量之间的因果关系，选择并计量资源动因。企业一般应选择那些与资源费用总额成正比例关系变动的资源动因作为资源费用分配的依据。

6. 作业成本汇集

作业成本归集，是指企业根据资源耗用与作业之间的因果关系，将所有的资源成本直接追溯或按资源动因分配至各作业中心，计算各作业总成本的过程。

作业成本汇集应遵循以下基本原则：

（1）对于为执行某种作业直接消耗的资源，应直接追溯至该作业中心。

（2）对于为执行两种或两种以上作业共同消耗的资源，应按照各作业中心的资源动因量比例分配至各作业中心。

为便于将资源费用直接追溯或分配至各作业中心，企业还可以按照资源与不同层次作业的关系将资源分为如下 5 类：

（1）产量级资源，包括为单个产品（或服务）所取得的原材料、零部件、人工、能源等。

（2）批别级资源，包括用于生产准备、机器调试的人工等。

（3）品种级资源，包括为生产某一种产品（或服务）所需要的专用化设备、软件或人力等。

（4）顾客级资源，包括为服务特定客户所需要的专门化设备、软件和人力等。

（5）设施级资源，包括土地使用权、房屋及建筑物，以及所保持的不受产量、批别、产品、服务和客户变化影响的人力资源等。

对于产量级资源费用，应直接追溯至各作业中心的产品等成本对象。对于其他级别的资源费用，应选择合理的资源动因，按照各作业中心的资源动因量比例分配至各作业中心。企业为执行每种作业所消耗的资源费用的总和，构成该种作业的总成本。

7. 作业动因选择与计量

作业动因是引起作业耗用的成本动因，反映了作业耗用与最终产出的因果关系，是将作业成本分配到流程、产品、分销渠道、客户等成本对象的依据。

在作业中心仅包含一项作业的情况下，所选择的作业动因应该是引起该作业耗用的成本动因；在作业中心由若干项作业集合而成的情况下，企业可采用回归分析法或分析判断法，分析比较各具体作业动因与该作业中心成本之间的相关关系，选择相关性最大的作业动因，即代表性作业动因，作为作业成本分配的基础。

作业动因需要在交易动因、持续时间动因和强度动因间进行选择。其中，交易动因是指用执行频率或次数计量的成本动因，包括接受或发出订单数、处理收据数等；持续时间动因是指用执行时间计量的成本动因，包括产品安装时间、检查小时数等；强度动因是指不易按照频率、次数或执行时间进行分配而需要直接衡量每次执行所需资源的成本动因，包括特别复杂产品的安装、质量检验等。企业如果每次执行所需要的资源数量相同或接近，则应选择交易动因；如果每次执行所需要的时间存在显著不同，则应选择持续时间动因；如果作业的执行比较特殊或复杂，则应选择强度动因。对于选择的作业动因，企业应采用相应的方法和手段进行计量，以取得作业动因量的可靠数据。

8. **作业成本分配**

作业成本分配，是指企业将各作业中心的作业成本按作业动因分配至产品等成本对象，并结合直接追溯的资源费用，计算出各成本对象的总成本和单位成本的过程。

作业成本分配一般按照以下两个程序进行：

（1）分配次要作业成本至主要作业，计算主要作业的总成本和单位成本。企业应按照各主要作业耗用每一次要作业的作业动因量，将次要作业的总成本分配至各主要作业，并结合直接追溯至次要作业的资源费用，计算各主要作业的总成本和单位成本。有关计算公式如下：

次要作业成本分配率 = 次要作业总成本 ÷ 该作业动因总量

某主要作业分配的次要作业成本 = 该主要作业耗用的次要作业动因量 × 该次要作业成本分配率

主要作业总成本＝直接追溯至该作业的资源费用 + 分配至该主要作业的次要作业成本之和

主要作业单位成本 = 主要作业总成本 ÷ 该主要作业动因总量

（2）分配主要作业成本至成本对象，计算各成本对象的总成本和单位成本。企业应按照各主要作业耗用每一次要作业的作业动因量，将次要作业成本分配至各主要作业，并结合直接追溯至成本对象的单位水平资源费用，计算各成本对象的总成本和单位成本。有关计算公式如下：

某成本对象分配的主要作业成本 = 该成本对象耗用的主要作业成本动因量 × 主要作业单位成本

某成本对象总成本 = 直接追溯至该成本对象的资源费用 + 分配至该成本对象的主要作业成本之和

某成本对象单位成本 = 该成本对象总成本 ÷ 该成本对象的产出量

9. **作业成本信息报告**

作业成本信息报告的目的是通过设计、编制和报送具有特定内容和格式要求的作业成本报表，向企业内部各有关部门和人员提供其所需要的作业成本及其他相关信息。

作业成本报表的内容和格式应根据企业内部管理需要确定。作业成本报表提供的信息一般应包括以下内容：

（1）企业拥有的资源及其分布，以及当期发生的资源费用总额及其具体构成的信息。

（2）每一成本对象总成本、单位成本及其消耗的作业类型、数量及单位作业成本的信息，以及产品营利性分析的信息。

（3）每一作业或作业中心的资源消耗及其数量、成本及作业总成本与单位成本的信息。

（4）与资源成本分配所依据的资源动因及作业成本分配所依据的作业动因相关的信息。

（5）资源费用、作业成本及成本对象成本预算完成情况及其原因分析的信息。

（6）有助于作业、流程、作业链（或价值链）持续优化的作业效率、时间和质量等方面的非财务信息。

（7）有助于促进客户价值创造的有关增值作业与非增值作业的成本信息及其他信息。

（8）有助于业绩评价与考核的作业成本信息及其他相关信息。

（9）上述各类信息的历史或同行业比较信息。

【情景 3-6】华信食品股份有限公司生产面包、蛋糕两种产品，有关资料如下。

（1）两种产品的基本资料如表 3-7 所示。

表 3-7　产品基本资料表

| 产品名称 | 年产量（箱） | 单位产品机器工时（小时） | 直接材料单位成本（元） | 直接人工单位成本（元） |
|---|---|---|---|---|
| 面包 | 20 000 | 10 | 40 | 20 |
| 蛋糕 | 40 000 | 10 | 30 | 20 |

（2）企业每年制造费用总额为 2 017 500 元，两种产品的复杂程度不一样，所耗用的作业量也不一样，依据作业动因设置 5 个成本库，有关资料如表 3-8 所示。

要求：分别用作业成本法与传统成本计算法计算上述两种产品的单位成本。

表 3-8　产品作业成本资料

| 作业名称 | 成本动因 | 作业成本（元） | 作业动因数（次或份） | | |
|---|---|---|---|---|---|
| | | | 面包 | 蛋糕 | 合计 |
| 机器调整 | 调整次数 | 550 000 | 3 500 | 2 000 | 5 500 |
| 质量检验 | 检验次数 | 552 500 | 4 200 | 4 300 | 8 500 |
| 生产订单 | 订单份数 | 140 000 | 220 | 480 | 700 |
| 机器维修 | 维修次数 | 550 000 | 400 | 600 | 1 000 |
| 材料验收 | 验收次数 | 225 000 | 150 | 350 | 500 |
| 合计 | | 2 017 500 | | | |

首先，用作业成本法计算各项作业的成本动因分配率，计算结果如表 3-9 所示。

表 3-9　作业成本动因分配率

| 作业名称 | 成本动因 | 作业成本（元） | 作业动因数（次或份） | | | 分配率 |
|---|---|---|---|---|---|---|
| | | | 面包 | 蛋糕 | 合计 | |
| 机器调整 | 调整次数 | 550 000 | 3 500 | 2 000 | 5 500 | 100 |
| 质量检验 | 检验次数 | 552 500 | 4 200 | 4 300 | 8 500 | 65 |
| 生产订单 | 订单份数 | 140 000 | 220 | 480 | 700 | 200 |
| 机器维修 | 维修次数 | 550 000 | 400 | 600 | 1 000 | 550 |
| 材料验收 | 验收次数 | 225 000 | 150 | 350 | 500 | 450 |
| 合计 | | 2 017 500 | | | | |

其次，计算作业成本法下两种产品的制造费用，计算结果如表 3-10 所示。

表 3-10　按作业成本法计算的制造费用

| 作业名称 | 作业成本（元） | 作业动因数（次或份） | | 分配率 | 分配的制造费用（元） | |
|---|---|---|---|---|---|---|
| | | 面包 | 蛋糕 | | 面包 | 蛋糕 |
| 机器调整 | 550 000 | 3 500 | 2 000 | 100 | 350 000 | 200 000 |
| 质量检验 | 552 500 | 4 200 | 4 300 | 65 | 273 000 | 279 500 |
| 生产订单 | 140 000 | 220 | 480 | 200 | 44 000 | 96 000 |
| 机器维修 | 550 000 | 400 | 600 | 550 | 220 000 | 330 000 |
| 材料验收 | 225 000 | 150 | 350 | 450 | 67 500 | 157 500 |
| 合计 | 2 017 500 | | | | 954 500 | 1 063 000 |

再次，使用传统成本计算法分别计算两种产品的制造费用。

面包、蛋糕两种产品的机器工时分别为 200 000 小时（20 000×10）和 400 000 小时（40 000×10），制造费用总额为 2 017 500 元。

制造费用分配率 =2 017 500÷(200 000+400 000)=3.362 5（元 / 小时）

面包制造费用 =200 000×3.362 5=672 500（元）

蛋糕制造费用 =400 000×3.362 5=1 345 000（元）

最后，比较两种成本计算方法下制造费用分配的结果，如表 3-11 所示。

表 3-11　两种成本计算方法下制造费用分配的结果

单位：元

| 项目 | 面包 | | | | 蛋糕 | | | |
|---|---|---|---|---|---|---|---|---|
| | 总成本 | | 单位成本 | | 总成本 | | 单位成本 | |
| | 传统 | 作业 | 传统 | 作业 | 传统 | 作业 | 传统 | 作业 |
| 直接材料 | 800 000 | 800 000 | 40 | 40 | 1 200 000 | 1 200 000 | 30 | 30 |
| 直接人工 | 400 000 | 400 000 | 20 | 20 | 800 000 | 800 000 | 20 | 20 |
| 制造费用 | 672 500 | 954 500 | 33.625 | 47.725 | 1 345 000 | 1 063 000 | 33.625 | 26.575 |
| 合计 | 1 872 500 | 2 154 500 | 93.625 | 107.725 | 3 345 000 | 3 063 000 | 83.625 | 76.575 |

从以上计算过程中可以看出，作业成本法更能科学地分配成本费用，准确反映产品的成本信息。

## 3.4.4　作业成本法的优点和缺点

### 1. 作业成本法的优点

作业成本法的主要优点如下：

（1）能够提供更加准确的各维度成本信息，有助于企业提高产品定价、作业与流程改进、客户服务等决策的准确性。

（2）改善和强化成本控制，促进绩效管理的改进和完善。

（3）推进作业基础预算，提高作业、流程、作业链（或价值链）管理的能力。

### 2. 作业成本法的缺点

作业成本法的主要缺点是：部分作业的识别、划分、合并与认定，成本动因的选择及成本动因计量方法的选择等均存在较大的主观性，操作较为复杂，开发和维护费用较高。

# 3.5 标准成本法
## ——一种具有控制功能的成本计算方法

**cfo 要求你知道**

1. 标准成本法的概念
2. 标准成本的确定
3. 通过标准成本法进行差异分析

**关键术语**

标准成本（Standard Cost）
成本差异（Cost Variance）
变动制造费用（Variable Factory Overhead）

## 3.5.1 标准成本法概述

### 1. 标准成本法及其相关概念

标准成本法，是指企业以预先制定的标准成本为基础，通过比较标准成本与实际成本，计算和分析成本差异、揭示成本差异动因，进而实施成本控制、评价经营业绩的一种成本管理方法。

在实际工作中，把生产过程中实际发生的成本区分为标准成本和成本差异两部分。

标准成本，是指在正常的生产技术水平和有效的经营管理条件下，企业经过努力应达到的产品成本水平。

**理解**

标准成本是指在一定的生产技术组织条件下，进行有效的经营管理应当实现的成本，是控制成本开支、评价实际成本、衡量责任人工作效率的依据及尺度的一种预定的目标成本。由于在目标成本中基本排除了不应该发生的“浪费”，所以标准成本被认为是一种“应该成本”。

成本差异，是指实际成本与相应标准成本之间的差额。当实际成本高于标准成本时，形成超支差异；当实际成本低于标准成本时，形成节约差异。

企业应用标准成本法的主要目标是通过标准成本与实际成本的比较，揭示与分析标准成本与实际成本之间的差异，并按照例外管理的原则，对不利差异予以纠正，以提高工作效率，不断改善产品成本。

**理解**

成本差异是因实际成本脱离预定“目标”而发生的信号，会督促决策人采取措施处理这种差异。

标准成本、差异分析和差异处理这三者构成了标准成本系统。

2. 标准成本法的应用范围

标准成本法一般适用于产品及其生产条件相对稳定，或生产流程与工艺标准化程度较高的企业。

企业应用标准成本法，要求处于较稳定的外部市场经营环境，且市场对产品的需求相对平稳。

企业应成立由采购、生产、技术、营销、财务、人力资源、信息等有关部门组成的跨部门团队，负责标准成本的制定、分解、下达、分析等。

企业能够及时、准确地取得标准成本制定所需要的各种财务和非财务信息。

## 3.5.2 标准成本法的应用程序

企业应用标准成本法，一般按照确定应用对象、制定标准成本、实施过程控制、成本差异计算与动因分析及修订与改进标准成本等程序进行。

1. 确定应用对象

为了实现成本的精细化管理，企业应根据标准成本法的应用环境，结合内部管理要求，确定应用对象。标准成本法的成本对象可以是不同种类、不同批次或不同步骤的产品。

2. 制定标准成本

企业制定标准成本，可由跨部门团队采用“上下结合”的模式进行，经企业管理层批准后实施。在制定标准成本时，企业一般应结合经验数据、行业标杆或实地测算的结果，运用统计分析、工程试验等方法，按照以下程序进行：根据不同的成本或费用项目，分别确定消耗量标准和价格标准。产品标准成本通常由直接材料标准成本、直接人工标准成本和制造费用标准成本构成。每一成本项目的标准成本应分为用量标准（包括单位产品消耗量、单位产品人工小时等）和价格标准（包括原材料单价、小时工资率、小时制造费用分配率等）。

1）直接材料标准成本

直接材料标准成本，是指直接用于产品生产的材料标准成本，包括标准用量和标准单价两方面。

（1）直接材料的标准用量。制定直接材料的标准用量，一般由生产部门负责，会同技术、财务、信息等部门，按照以下程序进行：根据产品的图纸等技术文件进行产品研究，列出所需的各种材料及可能的替代材料，并说明这些材料的种类、质量及库存情况；在对过去用料经验记录进行分析的基础上，采用过去用料的平均值、高值与低值的平均数、节省数量、实际测定数据或技术分析数据等，科学地制定标准用量。

（2）直接材料的标准单价。制定直接材料的标准单价，一般由采购部门负责，会同财务、生产、信息等部门，在考虑市场环境及其变化趋势、订货价格及最佳采购批量等因素的基础上综合确定。

（3）直接材料标准成本的计算。直接材料标准成本的计算公式如下：

直接材料标准成本＝单位产品的标准用量 × 材料的标准单价

材料按计划成本核算的企业，材料的标准单价可以采用材料计划单价。

【情景 3-7】假设华信食品股份有限公司生产蛋糕耗用特质面粉和白砂糖两种直接材料，直接材料标准成本计算表如表 3-12 所示。

表 3-12　直接材料标准成本计算表

| 标　准 | | 特质面粉 | 白砂糖 |
|---|---|---|---|
| 用量标准（千克） | 1 | 4.00 | 3.00 |
| 价格标准（元 / 千克） | 2 | 10.00 | 8.00 |
| 成本标准（元） | 3=1×2 | 40.00 | 24.00 |
| 单位产品直接材料标准成本（元） | 4=∑3 | 64.00 | |

2）直接人工标准成本

直接人工标准成本，是指直接用于产品生产的人工标准成本，包括标准工时和标准工资率。

（1）标准工时。制定直接人工的标准工时，一般由生产部门负责，会同技术、财务、信息等部门，在对产品生产所需作业、工序、流程工时进行技术测定的基础上，考虑正常的工作间隙，并适当考虑生产条件的变化，生产工序、操作技术的改善，以及相关工作人员主观能动性的充分发挥等因素，合理确定单位产品的工时标准。

（2）标准工资率。制定直接人工的标准工资率，一般由人力资源部门负责，根据企业薪酬制度等制定。

（3）直接人工标准成本的计算。直接人工标准成本的计算公式如下：

直接人工标准成本＝单位产品的标准工时 × 小时标准工资率

【情景 3-8】承【情景 3-7】，直接人工标准成本计算表如表 3-13 所示。

表 3-13　直接人工标准成本计算表

| 项　目 | | 标　准 |
|---|---|---|
| 月标准总工时（小时） | 1 | 4 000.00 |
| 月标准总工资（元） | 2 | 80 000.00 |
| 标准工资率（元 / 小时） | 3=2/1 | 20.00 |
| 单位产品工时标准（小时） | 4 | 2.00 |
| 单位产品直接人工标准成本（元） | 5=4×3 | 40.00 |

3）制造费用标准成本

制造费用标准成本应区分变动制造费用项目和固定制造费用项目分别确定。

① 变动制造费用

变动制造费用，是指通常随产量变化而成正比例变化的制造费用。变动制造费用项目的标准成本根据标准用量和标准价格确定。

（1）标准用量。变动制造费用的标准用量可以是单位产量的燃料、动力、辅助材料等标准用量，也可以是产品的直接人工标准工时，或者单位产品的标准机器工时。标准用量的选择需考虑用量与成本的相关性，制定方法与直接材料的标准用量及直接人工的标准工时类似。

（2）标准价格。变动制造费用的标准价格可以是燃料、动力、辅助材料等标准价格，也可以是小时标准工资率等。其制定方法与直接材料的价格标准及直接人工的标准工资率类似。

（3）变动制造费用的计算。变动制造费用的计算公式如下：

变动制造费用项目标准成本 = 变动制造费用项目的标准用量 × 变动制造费用项目的标准价格

变动制造费用的标准价格 = 变动制造费用预算总额 ÷ 直接人工标准工时

变动制造费用标准分配率 = 变动制造费用预算额 ÷ 标准总工时（总机时）

单位产品变动制造费用标准成本 = 单位产品直接人工标准工时 × 每工时变动制造费用标准分配率

② 固定制造费用

固定制造费用，是指在一定产量范围内，其费用总额不会随产量变化而变化，始终保持固定不变的制造费用。固定制造费用一般按照费用的构成项目实行总量控制；也可以根据需要，通过计算标准分配率，将固定制造费用分配至单位产品，形成固定制造费用的标准成本。

制定固定制造费用的标准成本，一般由财务部门负责，会同采购、生产、技术、营销、财务、人事、信息等有关部门，按照以下程序进行：

首先，依据固定制造费用的不同构成项目的特性，充分考虑产品的现有生产能力、管理部门的决策及费用预算等，测算确定各固定制造费用构成项目的标准成本。

其次，通过汇总各固定制造费用项目的标准成本，得到固定制造费用的标准总成本。

最后，确定固定制造费用的标准分配率。标准分配率可根据产品的单位工时与预算总工时的比率确定。

其中，预算总工时，是指由预算产量和单位工时标准确定的总工时。单位工时标准可以依据相关性原则在直接人工工时或机器工时之间做出选择。

固定制造费用标准成本的计算顺序及公式如下。

固定制造费用标准成本由固定制造费用项目预算确定。

固定制造费用总成本 = ∑固定制造费用项目标准成本

固定制造费用标准分配率 = 单位产品的标准工时 ÷ 预算总工时

固定制造费用标准成本 = 固定制造费用总成本 × 固定制造费用标准分配率

单位产品制造费用标准成本 = 变动制造费用标准成本 + 固定制造费用标准成本

【情景 3-9】承【情景 3-7】【情景 3-8】，制造费用标准成本计算表如表 3-14 所示。

表 3-14　制造费用标准成本计算表

| 项　　目 | | 标　　准 |
|---|---|---|
| 月标准总工时（小时） | 1 | 4 000.00 |
| 标准变动制造费用总额（元） | 2 | 40 000.00 |
| 标准变动制造费用分配率（元 / 小时） | 3=2/1 | 10.00 |
| 单位产品工时标准（小时） | 4 | 2.00 |
| 变动制造费用标准成本（元） | 5=4×3 | 20.00 |
| 标准固定制造费用总额（元） | 6 | 30 000.00 |
| 标准固定制造费用分配率（元 / 小时） | 7=6/1 | 7.50 |
| 固定制造费用标准成本（元） | 8=4×7 | 15.00 |
| 单位产品制造费用标准成本（元） | 9=5+8 | 35.00 |

单位产品标准成本计算表如表 3-15 所示。

表 3-15　单位产品标准成本计算表

| 项　　目 | | 价格标准（元 / 千克） | 用量标准（千克） | 金额（元） |
|---|---|---|---|---|
| 直接材料标准成本 | 特质面粉 | 10.00 | 4.00 | 64.00 |
| | 白砂糖 | 8.00 | 3.00 | |
| 直接人工标准成本 | | 20.00 | 2.00 | 40.00 |
| 制造费用标准成本 | 变动制造费用标准成本 | 10.00 | 2.00 | 20.00 |
| | 固定制造费用标准成本 | 7.50 | 2.00 | 15.00 |
| 合　　计 | | | | 139.00 |

### 3. 实施过程控制

1）企业层面的控制

企业应在制定标准成本的基础上，将产品成本及其各成本或费用项目的标准用量和标准价格层层分解，落实到部门及相关责任人，形成成本控制标准。

2）成本中心层面的控制

各成本中心应根据相关成本控制标准，控制费用开支与资源消耗，监督、控制成本的形成过程，及时分析偏离标准的差异并分析其成因，及时采取措施加以改进。

在标准成本法的实施过程中，各相关部门（或成本中心）应对其所管理的项目进行跟踪分析。

生产部门一般应根据标准用量、标准工时等，实时跟踪和分析各项耗用差异，从操作人员、机器设备、原料质量、标准制定等方面寻找差异原因，采取应对措施，控制现场成本，并及时反馈给人力资源、技术、采购、财务等相关部门，共同实施事中控制。

采购部门一般应根据标准价格，按照各项目采购批次，揭示和反馈价格差异形成的原因，控制和降低总采购成本。

### 4. 成本差异计算与动因分析

企业应定期将实际成本与标准成本进行比较和分析，确定差异数额及性质，揭示差异形成的动因，落实责任中心，寻求可行的改进途径和措施。

成本差异的计算与分析一般按成本或费用项目进行。

1）直接材料成本差异

直接材料成本差异，是指直接材料实际成本与标准成本之间的差额。该项差异可分解为直接材料价格差异和直接材料数量差异。

直接材料成本差异 = 实际成本 − 标准成本 = 实际耗用量 × 实际单价 − 标准用量 × 标准单价

直接材料成本差异 = 直接材料价格差异 + 直接材料数量差异

① 直接材料价格差异

直接材料价格差异，是指在采购过程中，直接材料实际价格偏离标准价格所形成的差异。

直接材料价格差异 = 实际耗用量 ×( 实际单价 − 标准单价 )

② 直接材料数量差异

直接材料数量差异，是指在产品生产过程中，直接材料实际消耗量偏离标准消耗量所形成的差异。

直接材料数量差异 = ( 实际用量 − 标准用量 )× 标准单价

【情景 3-10】承【情景 3-7】～【情景 3-9】，生产蛋糕 2 000 箱，特质面粉和白砂糖两种材料的实际耗用及单价如表 3-16 所示。计算直接材料成本差异。

**表 3-16　材料实际耗用表**

| 材料名称 | 单价（元） | 耗用量（千克） | 实际耗用额（元） |
|---|---|---|---|
| 特质面粉 | 12.00 | 7 000 | 84 000.00 |
| 白砂糖 | 10.00 | 6 000 | 60 000.00 |

特质面粉总差异 =84 000−40×2 000=4 000

特质面粉价格差异 =(12−10)×7 000=14 000（元 / 千克）

特质面粉用量差异 =10×(7 000−4×2 000)=−10 000（千克）

白砂糖总差异 =60 000−24×2 000=12 000

白砂糖价格差异 =(10−8)×6 000=12 000（元 / 千克）

白砂糖用量差异 =8×(6 000−3×2 000)=0

**提示**

直接材料价格差异通常由材料采购部门负责，但有一些造成材料价格差异的因素是采购部门无法控制的，如通货膨胀的影响、国家对原材料价格的调整等。直接材料数量差异一般应由生产部门负责，造成材料数量差异的因素很多，如产品设计结构不合理、原材料质量不合格、工人技术熟练程度不高等。

2）直接人工成本差异

直接人工成本差异，是指直接人工实际成本与标准成本之间的差额。该差异可分解为直接人工工资率差异和直接人工效率差异。

直接人工成本差异＝实际成本－标准成本＝实际工时 × 实际工资率－标准工时 × 标准工资率

直接人工成本差异＝直接人工工资率差异＋直接人工效率差异

①直接人工工资率差异

直接人工工资率差异，是指直接人工实际工资率偏离标准工资率形成的差异，按实际工时计算确定。

直接人工工资率差异 = 实际工时 ×( 实际工资率 – 标准工资率 )

②直接人工效率差异

直接人工效率差异，是指直接人工实际工时偏离标准工时形成的差异，按标准工资率计算确定。

直接人工效率差异 =( 实际工时 – 标准工时 )× 标准工资率

【情景 3-11】承【情景 3-7】～【情景 3-10】，实际工资为 86 000 元，实际工时为 3 400 小时，计算直接人工成本差异。

总差异 =86 000–40×2 000=6 000（元）

直接人工工资率差异 =(86 000÷3 400–20)×3 400=18 000（元）

直接人工效率差异 =20×(3 400–2×2 000)=–12 000（元）

3）制造费用成本差异

① 变动制造费用项目成本差异

变动制造费用项目成本差异，是指变动制造费用项目的实际发生额与变动制造费用项目的标准成本之间的差额。该成本差异可分解为变动制造费用项目的价格差异和数量差异。

（1）价格差异。变动制造费用项目的价格差异（耗费差异），是指燃料、动力、辅助材料等变动制造费用项目的实际价格偏离标准价格的差异。

（2）数量差异。变动制造费用项目的数量差异（效率差异），是指燃料、动力、辅助材料等变动制造费用项目的实际消耗量偏离标准用量的差异。

变动制造费用项目成本差异的计算和分析原理与直接材料和直接人工成本差异的计算和分析相同。

【情景 3-12】承【情景 3-7】～【情景 3-11】，实际变动制造费用为 80 000（元），计算变动制造费用项目成本差异。

总差异 =80 000–20×2 000=40 000（元）

变动制造费用项目耗费差异 =(80 000÷3 400–10)×3 400 ≈ 46 000（元）

变动制造费用项目效率差异 =10×(3 400–2×2 000)=–6 000（元）

② 固定制造费用项目成本差异

固定制造费用项目成本差异，是指固定制造费用项目实际成本与标准成本之间的差额。其计算公式如下：

固定制造费用项目成本差异＝固定制造费用项目实际成本－固定制造费用项目标准成本

企业应根据固定制造费用项目的性质，分析差异的形成原因，并将之追溯至相关责任中心。

【情景 3-13】承【情景 3-8】～【情景 3-10】，实际固定制造费用为 60 000 元，计算固定制造费用项目成本差异。

- 两差异分析法：

固定制造费用项目成本差异 = 实际固定制造费用 − 实际产量标准制造费用
=60 000−15.00×2 000=30 000（元）

固定制造费用项目能量差异 =( 预算产量标准工时 − 实际产量标准工时 )× 标准分配率
=(4 000−2 000×2)×7.5=0

**提示** 能量差异反映未能充分使用现有生产能力而造成的损失。

固定制造费用项目耗费差异 = 实际固定制造费用 − 标准固定制造费用总额
=60 000−30 000=30 000（元）

**提示** 耗费差异主要是由于临时添置固定资产、超计划雇佣管理人员和辅助生产人员等原因引起的。

- 三差异分析法：

固定制造费用项目耗费差异 =60 000−30 000=30 000（元）

固定制造费用项目能力差异 =( 预算产量标准工时 − 实际产量实际工时 )× 标准分配率
=(4 000−3 400)×7.5=4500（元）

**提示** 固定制造费用项目的能力差异是指预算工时与实际工时的差异，反映了实际生产能力（用实际工时反映）超过预算生产能力（用预算工时反映）的差额。

固定制造费用项目效率差异 =( 实际产量实际工时 − 实际产量标准工时 )× 标准分配率
=(3 400−2 000×2)×7.5=−4500（元）

**提示** 固定制造费用项目的效率差异反映了单位产品工时消耗的差额。

**5．修订与改进标准成本**

为保证标准成本的科学性、合理性与可行性，企业应定期或不定期对标准成本进行修订与改进。

一般情况下，标准成本的修订工作由标准成本的制定机构负责。企业应至少每年对标准成本进行测试，通过编制成本差异分析表，确认是否存在因标准成本不准确而形成的成本差异。当该类差异较大时，企业应按照标准成本的制定程序，对标准成本进行调整。

除定期测试外，当外部市场、组织机构、技术水平、生产工艺、产品品种等内外部环境发生较大变化时，企业也应及时对标准成本进行调整。

在成本差异的分析过程中，企业应关注各项成本差异的规模、趋势及其可控性。对于反复发生的大额差异，企业应进行重点分析与处理。企业可将生成的成本差异信息汇总，定期形成标准成本差异分析报告，并针对性地提出成本改进措施。

## 3.5.3 标准成本法的优点和缺点

**1. 标准成本法的优点**

标准成本法的主要优点如下：

（1）能及时反馈各成本项目不同性质的差异，有利于考核相关部门及人员的业绩。

（2）标准成本的制定及其差异和动因的信息可以使企业预算的编制更为科学和可行，有助于企业的经营决策。

**2. 标准成本法的缺点**

标准成本法的主要缺点如下：

（1）要求企业产品的成本标准比较准确、稳定，在使用条件上存在一定的局限性。

（2）对标准管理水平要求较高，系统维护成本较高。

（3）标准成本需要根据市场价格波动频繁更新，导致成本差异可能缺乏可靠性，降低了成本控制效果。

# 4 营运管理

## ——企业日常活动的价值增值管理

### CFO 导语

营运管理是在生产经营过程中针对物料供应、产品生产和销售等环节的价值增值管理。作为管理人员，应运用本量利分析、敏感性分析、边际分析和标杆管理等管理方法，科学制订营运计划、执行营运计划、调整营运计划并对其进行监控分析、编制报告。

### 本项目架构

- 营运管理概述
  - 营运管理的程序
    - 本量利分析
      - 敏感性分析

# 4.1 营运管理概述
## ——营运管理涉及的基本内容

**cfo 要求你知道**

1. 什么是营运管理
2. 营运管理的工具方法
3. 营运管理的应用环境

**关键术语**

信息系统（Information System）

4-1

## 4.1.1 营运管理的概念

营运管理，是指为了实现企业战略和营运目标，各级管理者通过计划、组织、指挥、协调、控制、激励等活动，实现对企业生产经营过程中的物料供应、产品生产和销售等环节的价值增值管理。

## 4.1.2 营运管理的工具方法

营运管理领域应用的管理会计工具方法，一般包括本量利分析、敏感性分析、边际分析和标杆管理等。企业应根据自身业务特点和管理需要等，选择单独或综合运用营运管理工具方法，以更好地实现营运管理目标。

## 4.1.3 营运管理的应用环境

企业营运管理的应用环境包括组织架构、管理制度和流程、信息系统及外部环境等。

**1. 组织架构**

为确保营运管理的有序开展，企业应建立健全的营运管理组织架构，明确各管理层级或管理部门在营运管理中的职责，有效组织开展营运计划的制定审批、分解下达、执行监控、分析报告、绩效管理等日常营运管理工作。

**2. 管理制度和流程**

企业应建立健全的营运管理制度体系，明确营运管理各环节的工作目标、职责分工、工作程序、工具方法、信息报告等内容。

**3. 信息系统**

企业应建立完整的业务信息系统，规范信息的收集、整理、传递和使用等，有效支持管理者决策。

**4. 外部环境**

管理会计的外部环境分析也是营运管理的外部环境分析，企业应用营运管理方法时要利用 PEST 分析法等方法，充分考虑外部环境的影响。

## 4.2 营运管理的程序
### ——营运管理运行的过程

**cfo 要求你知道**

1. 营运计划的制订
2. 营运计划的执行
3. 营运计划的调整
4. 进行营运监控分析并编制报告
5. 营运绩效管理

**关键术语**

营运计划（Operation Plan）

企业应用营运管理工具方法，一般按照营运计划的制订、营运计划的执行、营运计划的调整、营运监控分析与报告、营运绩效管理等程序进行。

### 1. 营运计划的制订

营运计划是指企业根据战略决策和营运目标的要求，从时间和空间上对营运过程中的各种资源所做出的统筹安排，主要作用是分解营运目标、分配企业资源、安排营运过程中的各项活动。

营运计划按计划的时间可分为长期营运计划、中期营运计划和短期营运计划；按计划的内容可分为销售、生产、供应、财务、人力资源、产品开发、技术改造和设备投资等营运计划。

制订营运计划应当遵循以下原则：

（1）系统性原则。企业在制订营运计划时不仅应考虑营运的各个环节，还要从整个系统的角度出发，既要考虑大系统的利益，也要兼顾各个环节的利益。

（2）平衡性原则。企业应考虑内外部环境之间的矛盾，有效平衡可能对营运过程中的研发、生产、供应、销售等存在影响的各个方面，使其保持合理的比例关系。

（3）灵活性原则。企业应当充分考虑未来的不确定性，在制订营运计划时保持一定的灵活性和弹性。

1）内外环境评估

企业在制订营运计划时，应以战略目标和年度营运目标为指引，充分分析宏观经济形势、行业发展规律及竞争对手情况等内外部环境变化。同时，还应评估企业自身研发、生产、供应、销售等环节的营运能力，客观评估自身的优势和劣势，以及面临的风险和机会等。

2）开展营运预测

企业在制订营运计划时，应开展营运预测，将其作为营运计划制订的基础和依据。营运预测是指通过收集整理历史信息和实时信息，恰当运用科学预测方法，对未来经济活动可能产生的经济效益和发展趋势做出科学合理的预计和推测的过程。

3）选择合理的工具方法

企业应用多种工具方法制订营运计划的，应根据自身实际情况，选择单独或综合应用预算管理方法、平衡计分卡、标杆管理等管理会计工具方法；同时，应充分应用本量利分析、敏感性分析、边际分析等管理会计工具方法，为营运计划的制订提供具体量化的数据分析，有效支持决策。

4）制订营运计划方案

企业应当科学合理地制订营运计划，充分考虑各层次的营运目标、业务计划、管理指标等方面的内在逻辑联系，形成涵盖各价值链的、不同层次和不同领域的、业务与财务相结合的、短期与长期相结合的目标体系和行动计划。企业应采取自上而下、自下而上或上下结合的方式制订营运计划，充分调动全员积极性，通过沟通、讨论达成共识。企业应对未来的不确定性进行充分的预估，在科学营运预测的基础上，制订多方案的备选营运计划，以应对未来不确定性带来的风险与挑战。

5）营运计划逐级审批

企业应根据营运管理流程，对营运计划进行逐级审批。企业各部门应在已经审批通过的营运计划的基础上，进一步制订各自的业务计划，并按流程履行审批程序。

### 2. 营运计划的执行

经审批的营运计划应以正式文件的形式下达执行。企业应逐级分解营运计划，按照横向到边、纵向到底的要求分解落实到各所属企业、部门、岗位或员工，确保营运计划得到充分落实。

经审批的营运计划应分解到季度、月度，形成月度的营运计划，逐月下达、执行。各企业应根据月度的营运计划组织开展各项营运活动。

企业应建立配套的监督控制机制，及时记录营运计划的执行情况，进行差异分析与纠偏，持续优化业务流程，确保营运计划有效执行。

企业应在月度营运计划的基础上，开展月度、季度滚动预测，及时反映滚动营运计划所对应的实际营运状况，为企业资源配置的决策提供有效支持。

**3．营运计划的调整**

营运计划一旦批准下达，一般不予调整。宏观经济形势、市场竞争形势等发生重大变化，导致企业营运状况与预期出现较大偏差的，企业可以适时对营运计划做出调整，使营运目标更加切合实际。企业在营运计划执行过程中，应关注和识别存在的各种不确定因素，分析和评估其对企业营运的影响，适时启动调整原计划的有关工作，确保企业营运目标更加切合实际，更合理地进行资源配置。企业在做出营运计划调整决策时，应分析和评估营运计划调整方案对企业营运的影响，包括对短期的资源配置、营运成本、营运效益等的影响，以及对长期战略的影响。企业应建立营运计划调整的流程和机制，规范营运计划的调整。营运计划的调整应由具体执行的所属企业或部门提出调整申请，经批准后下达正式文件。

**4．营运监控分析与报告**

1）营运监控分析

为了强化营运监控，确保企业营运目标的顺利完成，企业应结合自身实际情况，按照日、周、月、季、年等频率建立营运监控体系；并按照 PDCA 管理原则，不断优化营运监控体系的各项机制，做好营运监控分析工作。

企业的营运监控分析是指以本期财务和管理指标为起点，通过指标分析查找异常，并进一步揭示差异所反映的营运缺陷，追踪缺陷成因，提出并落实改进措施，不断提高企业的营运管理水平。

① 营运管理监控的基本任务

营运管理监控的基本任务是发现偏差、分析偏差和纠正偏差。

（1）发现偏差。企业通过各类手段和方法，分析营运计划的执行情况，发现计划执行中的问题。

（2）分析偏差。企业对营运计划执行过程中出现的问题和偏差原因进行研究，采取针对性的措施。

（3）纠正偏差。企业根据偏差产生的原因采取针对性的纠偏对策，使企业营运过程中的活动按既定的营运计划进行，或者按照《管理会计应用指引第 400 号——营运管理》第 5 章对营运计划进行必要的调整。

② 营运监控分析的财务指标

企业的营运监控分析应至少包括发展能力、盈利能力、偿债能力等方面的财务指标，以及生产能力、管理能力等方面的非财务内容，并根据所处行业的营运特点，通过趋势分析、标杆管理等工具方法，建立完善的营运监控分析指标体系。

③ 营运分析的一般步骤

企业营运分析的一般步骤如下：

第一，明确营运目的，确定有关营运活动的范围。

第二，全面收集有关营运活动的资料，并进行分类整理。

第三，分析营运计划与执行的差异，追溯原因。

第四，根据差异分析采取恰当的措施，并进行分析及编制报告。

2）营运分析报告

企业应将营运监控分析的对象、目的、程序、评价及改进建议形成书面分析报告。

分析报告按照分析的范围及内容可以分为综合分析报告、专题分析报告和简要分析报告；按照分析的时间可以分为定期分析报告和不定期分析报告。企业应建立预警、督办、跟踪等营运监控机制，及时对营运监控过程中发现的异常情况进行通报、预警，按照 PDCA 管理原则督促相关责任人将工作举措落实到位。

企业可以建立信息报送、收集、整理、分析、报告等日常管理机制，保证信息传递的及时性和可靠性；建立营运监控管理信息系统、营运监控信息报告体系等，保证营运监控分析工作的顺利开展。

### 5．营运绩效管理

企业可以开展营运绩效管理，激励员工为实现营运管理目标做出贡献。企业可以建立营运绩效管理委员会、营运绩效管理办公室等不同层级的绩效管理组织，明确绩效管理流程和审批权限，制定绩效管理制度。

企业可以以营运计划为基础，制定绩效管理指标体系，明确绩效指标的定义、计算口径、统计范围、绩效目标、评价标准、评价周期、评价流程等内容，确保绩效指标具体、可衡量、可实现、相关及具有明确期限。绩效管理指标应以企业营运管理指标为基础，做到无缝衔接、层层分解，确保企业营运目标的落实。

## 4.3 本量利分析
## ——提示利润的来源，进行成本预测和控制

**cfo 要求你知道**

1. 本量利分析概述
2. 本量利分析的基本公式
3. 本量利分析应用范围及应用环境
4. 多种产品的盈亏平衡分析
5. 目标利润分析

关键术语

加权平均法（Weighted Average Method）

4-3

## 4.3.1 本量利分析概述

**1. 本量利分析的概念**

本量利分析，是指以成本性态分析和变动成本法为基础，运用数学模型和图式，对成本、利润、业务量与单价等因素之间的依存关系进行分析，发现变动的规律性，为企业进行预测、决策、计划和控制等活动提供支持的一种方法。其中，“本”指成本，包括固定成本和变动成本；“量”指业务量，一般指销售量；“利”一般指营业利润。

本量利分析是研究企业在一定时期内成本、业务量和利润之间的关系的一种定量分析方法，是企业进行预测、决策、成本控制等的基本方法。在本量利分析过程中，销售单价、单位变动成本、固定成本总额、业务量和产品结构变动等都会影响到企业的盈亏状况和利润指标，一般用于企业的盈亏分析、各种预测分析和安全分析等。在企业的生产经营过程中，本量利分析在预测、决策、控制和风险分析等方面发挥着重要作用。

**2. 本量利分析的意义**

本量利分析是管理会计的基本方法之一，主要研究企业在一定时期内成本、业务量和利润三者之间的变量关系，是在成本性态分析和变动成本法的基础上，进一步研究成本、数量和利润之间的关系的分析方法。其基本做法是：将成本按其习性分为变动成本和固定成本，用数量化的模型及函数图像揭示成本、业务量和利润之间的内在规律，为企业的预测、决策、规划和控制提供必要的财务信息。

从预测的角度看，进行本量利分析可以帮助企业进行盈亏平衡预测，确保预算目标的实现；帮助企业进行成本结构决策，在短期决策中寻找适合企业生产经营的产品，以确定相应的成本结构；制定产品销售价格，寻找开源的途径，确保销售收入的增加。从决策的角度看，进行本量利分析可以帮助企业进行生产决策、定价决策和投资决策分析，进行全面预算、成本控制和业绩评价。

**3. 本量利分析的方法**

本量利分析的方法通常包括盈亏平衡分析、目标利润分析、敏感性分析、边际分析等。

## 4.3.2 本量利分析的基本公式

### 1. 本量利分析中的基本概念

财务会计认为在产品的售价和成本保持不变的情况下，销售数量与销售利润成正比例关系。本量利分析认为固定成本在一定销量范围内不随销量的变化而变化，当产量增加时，总成本仅仅因为变动成本的增加而增加，因此利润的增长幅度势必大于销量的增加幅度；反之，当销量减少时，利润的减幅也大于销量的减幅。

在本量利分析中，边际贡献（CM）是一个十分重要的概念，也是一项很重要的管理信息。它反映了企业获取利润的潜力，是衡量产品盈利能力的重要依据，尤其在短期经营决策中特别有用。边际贡献是企业销售收入减去变动成本后的余额。边际贡献率（CMR）是边际贡献与销售收入的比率。边际贡献用于补偿固定成本后的余额就是利润。边际贡献等于固定成本时，企业的利润为零，处于不赢不亏的平衡状态，即处于盈亏平衡点，又称保本点状态。单位边际贡献（UCM）是产品销售价格与单位变动成本的差额，反映每销售一件产品可以创造的边际贡献。其计算公式为：

$$单位边际贡献 = 单价 - 单位变动成本$$

$$边际贡献 = 销售收入 - 变动成本总额 = 销量 \times 单位边际贡献$$

$$\begin{aligned}边际贡献率 &= 单位边际贡献 \div 单价 \times 100\% \\ &= 边际贡献 \div 销售收入 \times 100\%\end{aligned}$$

与边际贡献率相关的另一个指标是变动成本率（VCR）。变动成本率又称补偿率，是变动成本占销售收入的百分比。其计算公式为：

$$\begin{aligned}变动成本率 &= 单位变动成本 \div 单价 \times 100\% \\ &= 变动成本总额 \div 销售收入 \times 100\%\end{aligned}$$

$$变动成本率 + 边际贡献率 = 1$$

因此，变动成本率和边际贡献率存在一种互补关系：变动成本率越低，边际贡献率越高，企业盈利能力越强；反之，变动成本率越高，边际贡献率越低，企业盈利能力越弱。

【情景 4-1】华信食品股份有限公司 12 月份生产和销售面包 4 000 箱（产销平衡），每箱单价为 100 元，变动成本为 75 元，固定成本总额为 20 000 元。假设其他资料忽略不计，根据上述资料计算如下：

$$单位边际贡献 = 100-75 = 25（元）$$

$$边际贡献总额 = 4\,000 \times 25 = 100\,000（元）$$

或

$$边际贡献总额 = (4\,000 \times 100)-(4\,000 \times 75) = 100\,000（元）$$

$$边际贡献率 = 25 \div 100 \times 100\% = 25\%$$

或

$$边际贡献率 = 100\,000 \div 400\,000 \times 100\% = 25\%$$

2. 本量利分析中的基本公式

在本量利分析中，用来描述成本、业务量和利润三者之间的依存关系的方程式就是本量利分析的基本公式，又称损益方程式。即：

利润 = 销售收入 – 总成本
= 销售收入 –( 变动成本 + 固定成本 )
= 销售单价 × 销售量 –( 单位变动成本 × 销售量 + 固定成本 )
= ( 销售单价 – 单位变动成本 )× 销售量 – 固定成本
= 单位边际贡献 × 销售量 – 固定成本
= 边际贡献 – 固定成本

这个方程式是明确表达成本、业务量和利润之间的关系的基本方程式，它有 5 个相互联系的变量，给定其中的 4 个，便可求出剩余变量的值。设销售单价为 $p$，销售量为 $x$，固定成本总额为 $a$，单位变动成本为 $b$，利润为 $R$，则这些变量的关系可用下式表达：

$$R=px-(bx+a)=(p-b)x-a$$

上述公式中的利润 $R$，在管理会计中是指未扣除利息和所得税之前的“营业利润”，也就是西方会计中的“息税前盈利”（Earnings Before Interest and Tax，EBIT）。至于按销售额的一定比率计缴的营业税或销售税，通常都作为变动成本处理。

这个方程式是本量利分析的基本公式，可以根据决策需要进行计算的问题变换成其他形式，或者根据企业具体情况增加一些变量，成为更复杂、更接近实际的方程式。损益方程式实际上是利润表的模型化表达，不同的利润表可以构造出不同的模型。

基本的损益方程式把“利润”放在等号的左边，其他变量放在等号的右边，这种形式便于计算预期利润。如果待求的数值是其他变量，则可以将方程进行恒等变换，使等号左边是待求的变量，其他参数放在右边。由此，可以得出损益方程式的 4 种变换形式：

$$\text{销售量}(x)=\frac{\text{固定成本}+\text{利润}}{\text{销售单价}-\text{单位变动成本}}=\frac{R+a}{p-b}$$

$$\text{销售价格}(p)=\frac{\text{固定成本}+\text{利润}}{\text{销售量}}+\text{单位变动成本}=\frac{a+R}{x}+b$$

$$\text{单位变动成本}(b)=\text{销售单价}-\frac{\text{固定成本}+\text{利润}}{\text{销售量}}=p-\frac{a+R}{x}$$

$$\text{固定成本}(a)=(\text{销售单价}-\text{单位变动成本})\times\text{销售量}-\text{利润}=(p-b)x-R$$

为符合多步式利润表的结构，不但要分解产品成本，还要分解销售费、行政管理费等期间成本。将它们分解以后，上述方程式变为：

利润 = 销售收入 – ( 变动销售成本 + 固定销售成本 )– ( 变动销售费用和管理费用 + 固定销售费用和管理费用 )
= [ 销售单价 – ( 单位变动产品成本 + 单位变动销售费用和管理费用 )]× 销售量 – ( 固定产品成本 + 固定销售费用和管理费用 )

【情景 4-2】华信食品股份有限公司经营蛋糕，计划期间固定成本总额为 25 000 元，单位变动成本为 100 元，销售单价为 120 元。经预测，计划期间销售量可达 2 000 箱，计算该公司在计划期间可实现的利润额。

利润 =( 单位售价 × 销售量 )–( 固定成本总额 + 单位变动成本 × 销售量 )

= (120×2 000)–(25 000+100×2 000)=15 000（元）

## 4.3.3 本量利分析的应用范围及应用环境

本量利分析主要用于企业生产决策、成本决策和定价决策，也可以广泛地用于投融资决策等。

企业在营运计划的制订、调整及营运监控分析等程序中通常会应用到本量利分析。

本量利分析是管理会计中一个重要的定量分析方法，具有简便易行、易学易懂的特点。其应用十分广泛，基本用途包括：

（1）进行保本预测和确保目标利润实现的销售量预测，以规划目标利润。

（2）进行经营风险分析，以便企业控制风险。

（3）进行生产决策、成本结构决策、定价决策和投资的不确定性分析。

（4）应用于全面预算、成本控制和责任会计。

本量利分析的本质是因素分析，以成本习性为基础，探求成本（分为变动成本和固定成本）、销量、单价、利润之间的依存关系，以服务于管理决策和经营决策。因此，本量利分析所体现的思想和所运用的方法是比较有意义的。但是，本量利建立在一系列的假设之上，只有符合假设条件，本量利分析的结果才是有效的。当企业的实际情况与假设条件差异很大时，本量利分析提供的信息就无效了。因此，管理会计人员要根据企业的实际情况，灵活运用本量利分析思想，进行相关的分析。

## 4.3.4 盈亏平衡分析

### 1. 盈亏平衡分析的概念

盈亏平衡分析（也称保本分析），是指分析、测定盈亏平衡点，以及有关因素变动对盈亏平衡点的影响等，是本量利分析的核心内容。盈亏平衡分析的原理是，通过计算企业在利润为零时处于盈亏平衡的业务量，分析项目对市场需求变化的适应能力等。盈亏平衡分析包括单一产品的盈亏平衡分析和产品组合的盈亏平衡分析。

通过对成本习性的分析和变动成本的计算，能够为企业进行盈亏临界点及其有关指标的计算提供条件和基本数据。计算这些指标可以为企业预测和规划未来的经济活动、进行经营决策提供可靠、有价值的经济信息。

企业的销售收入扣除变动成本后的余额统称为贡献毛益。显然，贡献毛益首先要用于补偿固定成本，其后的余额才能为企业提供利润，否则就将发生亏损。当贡献毛益与固定成本相等时，企业处于不赔不赚的保本状态，这意味着企业的经营达到了盈亏临界点，故盈亏临界点也被称为保本点。

盈亏临界点又称损益两平点，指恰好能使企业不赔不赚的数量界限，是销售收入总额与销售成本总额相等时销售额（或销售量）所在之处。在该点上，企业所得恰好等于所费，利润等于零，实现经营保本。即

盈亏临界点销售额 = 固定成本总额 + 单位变动成本总额

固定成本总额 = 贡献毛益总额

制造业变动成本总额 = 变动生产成本 + 变动销售成本 + 变动管理成本

确定盈亏临界点的目的在于使企业管理人员能够了解企业应达到何种经营水平，或者说企业至少应向社会提供多少数量（或价值）的产品才能保本。只有经营成果趋于此水平，企业才可获得利润。

**2. 盈亏平衡点的含义及表现形式**

所谓盈亏平衡，就是指企业在一定时期内的收支相等、不盈不亏、利润为零。当企业处于这种情况时，称为企业达到盈亏平衡状态或保本状态。盈亏平衡点分析就是分析企业恰好处于盈亏平衡状态的业务量。保本是盈利的前提条件，产品不保本就谈不上盈利，因此分析盈亏平衡点对企业经营至关重要。

盈亏平衡点又称盈亏临界点、保本点（Break-Even Point，BEP），指企业达到保本状态的业务量。当企业经营水平处于盈亏平衡点时，企业既没有营业利润，也没有营业亏损，企业的销售收入等于总成本，边际贡献等于固定成本。

盈亏平衡点通常有两种表现形式：一种是用实物量表现，称为损益平衡点销售量或保本量（用 BEU 表示），即销售多少数量的产品才能够达到损益平衡；另一种是用货币金额表现，称为盈亏平衡点销售额或保本额（用 BED 表示），即销售收入为多少时才能够达到盈亏平衡状态。

盈亏平衡点的相对数为盈亏平衡点作业率（Break-even Point Ratio，BER），指盈亏平衡点业务量占企业正常业务量的比重。所谓正常业务量，是指企业在正常市场和正常开工情况下的经营水平，可以用销售数量（称为正常销售量，用 SU 表示）或销售金额（称为正常销售额，用 SD 表示）来反映。即

$$盈亏平衡点作业率 = \frac{盈亏平衡点销售量}{正常销售量}\times 100\% = \frac{盈亏平衡点销售额}{正常销售额}\times 100\%$$

盈亏平衡点作业率表明企业保本的业务量占正常业务量的比重。由于多数企业的生产经营能力是按正常业务量来规划的，生产经营能力与正常业务量基本相同，因此该比率还表明企业在保本状态下生产经营能力的利用程度。

**3. 单一产品盈亏平衡点的确定**

当企业只生产一种产品时，依据本量利分析的基本公式，令利润 $R$ 为零，就可以确定盈亏平衡点的销售量和销售额。

$$R=(p-b)\times \text{BEU}-a=0$$

$$\text{BEU}=\frac{a}{p-b}$$

$$BED=BEU\times p=\frac{a}{p-b}\times p$$

单一产品的盈亏平衡分析通常采用以下方法。

1）公式法

相关计算公式如下：

营业利润 = ( 销售单价 – 单位变动成本 ) × 业务量 – 固定成本

盈亏临界点的业务量 = 固定成本 ÷ ( 销售单价 – 单位变动成本 )

盈亏临界点的销售额 = 销售单价 × 盈亏临界点的业务量

盈亏临界点的销售额 = 固定成本 ÷ (1– 变动成本率 )

盈亏临界点的销售额 = 固定成本 ÷ 边际贡献率

当企业的业务量等于盈亏临界点的业务量时，企业处于保本状态；当企业的业务量高于盈亏临界点的业务量时，企业处于盈利状态；当企业的业务量低于盈亏临界点的业务量时，企业处于亏损状态。

【情景 4-3】华信食品股份有限公司经营面包，据计算，单位变动成本为 75 元，固定成本总额为 25 000 元。若该产品销售单价为 100 元，则公司盈亏临界点的销售量和销售额各为多少？

盈亏临界点的销售量 = 固定成本 ÷ ( 销售单价 – 单位变动成本 )

=25 000÷ (100–75)=1 000（箱）

盈亏临界点的销售额 = 销售单价 × 盈亏临界点的销售量 =100×1 000=100 000（元）

2）图示法

企业可以使用本量利关系图进行分析。本量利关系图按照数据的特征和目的分类，可以分为传统式、贡献毛益式和利量式 3 种图形。

（1）传统式本量利关系图。传统式本量利关系图是最基本、最常见的本量利关系图形。

（2）贡献毛益式本量利关系图。贡献毛益式本量利关系图是将固定成本置于变动成本之上，能够反映贡献毛益形成过程的图形。

【情景 4-4】承【情景 4-3】，要求采用贡献毛益式本量利关系图预测企业经营面包盈亏临界点的销售量和销售额，有关资料如表 4-1 所示。

**表 4-1　产品成本资料表**

| 项　目 | 金额（元） | 占销售收入的比重 |
| --- | --- | --- |
| 销售单价 | 100 | 100% |
| 单位变动成本 | 75 | 75% |
| 单位贡献毛益 | 25 | 25% |

将有关数据代入公式：

盈亏临界点的销售量 = 固定成本 ÷ 单位贡献毛益 =25 000÷25=1 000（箱）

盈亏临界点的销售额 = 固定成本 ÷ 边际贡献率 =25 000÷25%=100 000（元）

（3）利量式本量利关系图。

利量式本量利关系图是反映利润与销售量之间依存关系的图形。

### 4.3.5 多种产品的盈亏平衡分析

企业在产销多种产品的条件下，由于各产品的性能存在差异，各产品在实物数量上的简单相加无实际意义。因此，在计算多品种条件下的盈亏平衡点时，不宜采用实物量单位，而只能用金额来反映，即只计算它们在盈亏平衡点的销售额。多品种条件下的盈亏平衡点的确定通常有以下几种方法。

**1. 加权平均法**

加权平均法，是指在确定企业加权平均边际贡献率的基础上，计算各种产品盈亏平衡点的销售额的一种方法。该方法不要求分配固定成本，而是将各种产品所创造的边际贡献视为补偿企业全部固定成本的利润来源。在实际工作中，加权平均法是确定多种产品的盈亏平衡点最常用的方法。

加权平均边际贡献 =∑ 某产品边际贡献率 × 该产品销售额占总收入的比重

综合盈亏平衡点销售额 = 固定成本总额 ÷ 加权平均边际贡献率

各产品盈亏平衡点销售额 = 综合盈亏平衡点销售额 × 各产品销售额比重

产品组合的盈亏平衡分析通常采用以下方法：产品组合的盈亏平衡分析是在掌握每种单一产品的边际贡献率的基础上，按各种产品销售额的比重进行加权平均，据以计算综合边际贡献率，从而确定多产品组合的盈亏平衡点。

某种产品的销售额权重 = 该产品的销售额 ÷ 各种产品的销售额合计

盈亏平衡点的销售额 = 固定成本 ÷(1− 综合变动成本率 )

或

盈亏平衡点的销售额 = 固定成本 ÷ 综合边际贡献率

综合边际贡献率 =1 − 综合变动成本率

当企业销售额高于盈亏平衡点时，企业处于盈利状态；当企业销售额低于盈亏平衡点时，企业处于亏损状态。企业通常运用产品组合的盈亏平衡分析优化产品组合，提高获利水平。

【情景 4-5】华信酱菜加工厂的年固定成本为 100 000 元，其生产泡菜类、酸菜类、酱菜类 3 种产品，有关资料如表 4-2 所示。3 种产品各自的保本额和保本量利用加权平均法计算如下。

**表 4-2 生产 3 种产品的有关年度资料**

| 产品 | 销量（千克） | 单价（元） | 单位变动（元） | 单位贡献毛益（元） | 贡献毛益率 |
|---|---|---|---|---|---|
| 泡菜类 | 7 500 | 30 | 25 | 5 | 17% |
| 酸菜类 | 6 000 | 25 | 20 | 5 | 20% |
| 酱菜类 | 8 500 | 28 | 22 | 6 | 21% |

销售总额 =7 500×30+6 000×25+8 500×28=613 000（元）

（1）计算各种产品的销售额权重。

泡菜类产品的销售额权重 = (7 500×30)÷613 000 ≈ 37%

酸菜类产品的销售额权重 = (6 000×25)÷613 000 ≈ 24%

酱菜类产品的销售额权重 = (8 500×28)÷613 000 ≈ 39%

（2）计算各种产品的加权贡献毛益率。

$$加权贡献毛益率=37\%\times17\%+24\%\times20\%+39\%\times21\%\approx19\%$$

（3）计算综合保本额。

$$综合保本额=100\,000\div19\%\approx526\,316（元）$$

（4）计算各种产品的保本额和保本量。

泡菜类产品的保本额 =526 316×37% ≈ 194 737（元）

泡菜类产品的保本量 =194 737÷30 ≈ 6 491（千克）

酸菜类产品的保本额 =526 316×24% ≈ 126 316（元）

酸菜类产品的保本量 =126 316÷25 ≈ 5 053（千克）

酱菜类产品的保本额 =526 316×39% ≈ 205 263（元）

酱菜类产品的保本量 =205 263÷28 ≈ 7 331（千克）

### 2. 边际贡献率顺序法

边际贡献率顺序法是按照事先规定的品种顺序，依次用各种产品的边际贡献补偿全部固定成本，进而求得盈亏平衡点的销售额的一种方法。在这种方法下，一般需要先将各产品按照边际贡献率由大到小进行排列，然后将边际贡献与固定成本进行比较，从而求得各产品盈亏平衡点的销售额和综合盈亏平衡点的销售额。

### 3. 边际贡献率分解法

前已述及，企业的边际贡献总额首先用来弥补固定成本。若边际贡献总额正好等于固定成本总额，则企业处于盈亏平衡状态；若补偿固定成本后还有剩余，则剩余部分就是企业的利润。因此，边际贡献率实际上包含两部分：一部分用来补偿固定成本，称为边际贡献保本率；另一部分用来创造利润，称为边际贡献创利率。

### 4. 主要产品边际贡献率法

如果在企业生产的多种产品中，只有一种是主要产品，而其他产品的销售额比重极小，或其他产品的边际贡献率与主要产品很接近，那么为了简化计算，此时可将该企业视同生产单一产品，近似地以主要产品的边际贡献率来计算综合盈亏平衡点的销售额，然后根据各产品的销售比重来确定各产品盈亏平衡点的销售额。这种方法虽然会产生一些误差，但在企业的本量利分析中，仍不失为一种简便的方法。

### 5. 固定成本分算法

固定成本分算法是指先将企业全部固定成本按照一定标准分配给各种产品，然后针对每种产品按单一品种计算各自的盈亏平衡点的方法。在分配固定成本时，因某种产品的需要而发生的专属固定成本可直接归于相应产品，而与各种产品均有关的共同固定成本则可按适当标准在产品间进行分配。分配的标准应力求与固定成本相关，可视实际情况选择销售收入、重量、长度、面积、体积和人工工时、人工工资等作为分配标准。若产品种类过多，则可先将边际贡献率相同或相近的产品归为一类，然后将每类产品视同单一产品进行分析。

【情景 4-6】华信酱菜加工厂生产泡菜类、酸菜类、酱菜类 3 种产品，各种产品的销售单价、单位变动成本、单位贡献毛益和固定成本资料，以及利用固定成本分算法计算得到的各产品保本点的销售额如表 4-3 所示。

表 4-3 多品种保本点计算（固定成本分算法）

| 项目 | 泡菜类 | 酸菜类 | 酱菜类 | 合计 |
|---|---|---|---|---|
| 销售单价（元） | 30 | 25 | 28 | – |
| 单位变动成本（元） | 25 | 20 | 22 | – |
| 单位贡献毛益（元） | 5 | 5 | 6 | – |
| 贡献毛益率 | 17% | 20% | 21% | – |
| 固定成本（元） | 2 000 | 2 200 | 3 000 | 7 200 |
| 保本点销售额（元） | 11 765 | 11 000 | 14 286 | 37 051 |

## 4.3.6 目标利润分析

目标利润分析是在本量利分析方法的基础上，计算为达到目标利润所需达到的业务量、收入和成本的一种利润规划方法。该方法应反映市场的变化趋势、企业战略规划目标及管理层需求等。

企业应结合市场情况、宏观经济背景、行业发展规划及企业的战略发展规划等确定目标利润。企业要实现目标利润，在假定其他因素不变时，通常应提高销售数量或销售价格，降低固定成本或单位变动成本。目标利润分析包括单一产品的目标利润分析和产品组合的目标利润分析。单一产品的目标利润分析重在分析每个要素的重要性；产品组合的目标利润分析重在优化企业产品组合。

**1. 单一产品的目标利润分析**

单一产品的目标利润分析公式如下：

实现目标利润的销售量 = ( 目标利润 + 固定成本 ) ÷ ( 单价 − 单位变动成本 )

实现目标利润的销售额 = 单价 × 实现目标利润的业务量

或

实现目标利润的销售额 = ( 目标利润 + 固定成本 ) ÷ 边际贡献率

【情景 4-7】华信食品股份有限公司生产面包的固定成本为 25 000 元，单位变动成本为 75 元，售价为 100 元。由于该产品市场前景较好，公司预计下一年度实现 300 000 元的利润，计算实现目标利润的销售量和销售额。

实现目标利润的销售量 = (300 000+25 000) ÷ (100−75) = 13 000（箱）

实现目标利润的销售额 = 100×13 000=1 300 000（元）

**2. 产品组合的目标利润分析**

产品组合的目标利润分析通常采用以下方法。

在单一产品的目标利润分析的基础上，依据分析结果进行优化调整，寻找最优的产品组合。基本分析公式如下：

实现目标利润的销售额 = ( 综合目标利润 + 固定成本 ) ÷ 综合边际贡献率

= ( 综合目标利润 + 固定成本 ) ÷ (1− 综合变动成本率 )

全年利润 = 贡献边际总额 – 固定成本

企业在应用该工具方法进行优化产品产量结构的策略分析时，在既定的生产能力基础上，可以提高具有较高边际贡献率的产品的产量。

【情景 4-8】承【情景 4-5】，计算各项指标。

1）现有品种结构条件下的有关指标计算

（1）计算各产品销售收入及总收入。

泡菜类产品的销售收入 = 7 500×30=225 000（元）

酸菜类产品的销售收入 = 6 000×25=150 000（元）

酱菜类产品的销售收入 = 8 500×28=238 000（元）

总收入 = 225 000+150 000+238 000=613 000（元）

（2）加权贡献毛益率 = 17%×225 000÷613 000+20%×150 000÷613 000+21%×238 000÷613 000 ≈ 19%

（3）综合保本额 =100 000÷19% ≈ 526 316（元）

（4）全年利润 =(613 000–100 000÷19%)×19% ≈ 16 470（元）

2）3 种产品结构变为 20%、20%、60% 时的情形

（1）加权贡献毛益率 =17%×20%+20%×20%+21%×60% ≈ 20%

（2）综合保本额 =100 000÷20%=500 000（元）

（3）全年利润 =(613 000–100 000÷20%)×20%=22 600（元）

# 4.4 敏感性分析
## ——在变动中分析诸因素对利润的影响

**cfo 要求你知道**

1. 敏感性分析的概念
2. 敏感性分析在短期投资决策中的应用
3. 敏感性分析在长期投资决策中的应用

关键术语

敏感性分析（Sensitivity Analysis）

## 4.4.1 敏感性分析概述

敏感性分析，是指对影响目标实现的因素变化进行量化分析，以确定各因素变化对实现目标的影响及其敏感程度。敏感性分析可以分为单因素敏感性分析和多因素敏感性分析。

敏感性分析具有广泛适用性，有助于识别、控制和防范短期营运决策、长期投资决策等相关风险，也可以用于一般经营分析。企业在营运计划的制订、调整及营运监控分析等程序中通常会应用到敏感性分析，敏感性分析也常用于长期投资决策等。

## 4.4.2 敏感性分析在短期投资决策中的应用

短期投资决策中的敏感性分析的应用程序一般包括确定短期投资决策目标、根据决策环境确定决策目标的基准值、分析确定影响决策目标的各种因素、计算敏感系数、根据敏感系数对各因素进行排序等程序。

短期投资决策中的敏感性分析主要应用于目标利润规划。

### 1. 确定利润规划的决策目标

在利润规划敏感性分析中，利润规划的决策目标是利润最大化，有关公式如下：

$$利润 = 销售量 \times (单价 - 单位变动成本) - 固定成本总额$$

### 2. 确定利润基准值

在确定利润基准值时，企业通常根据正常状态下的产品销售量、定价和成本状况，使用本量利公式测算目标利润基准值。

### 3. 分析确定影响利润基准值的因素

企业根据本量利公式分析和识别影响利润基准值的因素，包括销售量、单价、单位变动成本和固定成本。企业在进行敏感性分析时，可视具体情况和以往经验选取对利润基准值影响较大的因素进行分析。

### 4. 计算敏感系数

企业在进行因素分析时，通过计算各因素的敏感系数，衡量因素变动对决策目标基准值的影响程度。企业可以进行单因素敏感性分析或多因素敏感性分析。

1）单因素敏感性分析

单因素敏感性分析是指每次只变动一个因素而其他因素保持不变时所做的敏感性分析。敏感系数反映的是某一因素值变动对目标值变动的影响程度，有关公式如下：

某因素敏感系数＝目标值变动百分比÷因素值变动百分比

在目标利润规划中，目标值为目标利润，变动因素为销售量、单价、单位变动成本和固定成本。敏感系数的绝对值越大，该因素越敏感。

【情景 4-9】华信食品股份有限公司生产蛋糕，单价为 120 元，单位变动成本为 100 元，固定成本估计为 20 000 元，销售量预计为 5 000 箱。各因素的敏感系数如下。

全年利润（$P$）=(120−100)×5 000−20 000=80 000（元）

单价的敏感系数（$e_p$）=$px/P$=120×5000÷80 000=7.50

这说明，单价对利润的影响很大，单价变动 1%，利润变动 7.50%。

单位变动成本敏感系数（$e_b$）=$-bx/P$=−100×5 000÷8 0000=−6.25

可见，单位变动成本对利润的敏感系数比单价小。

销售量敏感系数（$e_x$）=$(p-b)x/P$=(120−100)×5 000÷80 000=1.25

固定成本敏感系数（$e_a$）=$-a/P$=−20 000÷80000=−0.25

在本情景中，敏感系数最大的是单价，固定成本的影响相对要小。

2）多因素敏感性分析

多因素敏感性分析是指假定其他因素不变时，分析两种或两种以上不确定性因素同时变化对目标的影响程度所做的敏感性分析。

企业在进行目标利润规划时，通常以利润基准值为基础，测算销售量、单价、单位变动成本和固定成本中两个或两个以上的因素同时发生变动时，对利润基准值的影响程度。

**5. 根据敏感系数对各因素进行排序**

企业应根据敏感系数绝对值的大小对其进行排序，按照有关因素的敏感程度优化规划和决策。

有关因素只要有较小幅度变动就会引起利润较大幅度变动的，属于敏感性因素；有关因素虽有较大幅度变动但对利润影响不大的，属于弱敏感性因素。

在短期利润规划决策中，销售量、单价、单位变动成本和固定成本都会对利润产生影响，应重点关注敏感性因素，及时采取措施，加强控制敏感性因素，确保利润规划的完成。

在对利润规划进行敏感性分析时，企业应确定导致盈利转为亏损的有关变量的临界值，即确定销售量和单价的最小允许值、单位变动成本和固定成本的最大允许值，有关公式如下：

销售量的最小允许值＝固定成本÷(单价－单位变动成本)

单价的最小允许值＝(单位变动成本×销售量＋固定成本)÷销售量

单位变动成本的最大允许值＝(单价×销售量－固定成本)÷销售量

固定成本的最大允许值＝(单价－单位变动成本)×销售量

【情景 4-10】承【情景 4-9】，为了保本的各个临界值如下：

（1）销售量的最小允许值 =$a/(p-b)$= 20 000÷(120−100)=1 000（箱）

1 000 箱是销售量的最小临界值，小于 1 000 箱就会发生亏损，或者说完成计划销售量的 20.00%，企业就可以保本。

（2）销售单价的最小允许值 =$b+a/x$=100+20 000÷5 000=104（元）

这说明，单价不能低于 104 元，下降幅度不能超过 13.33%，否则就会发生亏损。

（3）单位变动成本的最大允许值 $=p-a/x=120-20\ 000\div 5\ 000=116$（元）

这说明，当单位变动成本由 100 元上升到 116 元时，企业由盈利 120 元转为不盈不亏；若单位变动成本超过这个临界点，就会转为亏损，单位变动成本只允许增加 16.00%。

（4）固定成本的最大允许值 $=(p-b)x=(120-100)\times 5\ 000=100\ 000$（元）

这说明，固定成本最高只能为 100 000 元，超过了就会发生亏损。

### 4.4.3 敏感性分析在长期投资决策中的应用

长期投资决策中的敏感性分析，是指通过衡量投资案中某个因素的变动对该方案预期结果的影响程度，做出对项目投资决策的可行性评价。

长期投资决策模型中决策目标的基准值通常包括净现值、内含报酬率、投资回收期、现值指数等。

企业通常需要结合行业和项目特点，参考类似投资的经验，对决策目标基准值的影响因素进行识别和选取。决策目标基准值的影响因素通常包括项目的期限、现金流和折现率。

长期投资决策中的敏感性分析，通常分析项目期限、折现率和现金流量等变量的变化对投资方案的净现值、内含报酬率等产生的影响。

以净现值为目标值进行敏感性分析，可以计算投资期内的年现金净流量、有效使用年限和折现率的变动对净现值的影响程度；也可以计算净现值为零时的年现金净流量和有效使用年限的下限。

以内含报酬率为基准值进行敏感性分析，可以计算投资期内的年现金净流量和有效使用年限的变动对内含报酬率的影响程度。

### 4.4.4 敏感性分析的优点和缺点

敏感性分析的主要优点是：方法简单易行，分析结果易于理解，能为企业的规划、控制和决策提供参考。

敏感性分析的主要缺点是：对决策模型和预测数据具有依赖性，决策模型的可靠程度和数据的合理性会影响敏感性分析的可靠性。

# 5 投融资管理

## ——钱从哪里来，到哪里去

### CFO 导语

作为管理人员，应知晓投融资环境，运用投融资的方法和程序进行投融资决策，并进行项目管理。

### 本项目架构

- 投融资管理概述
- 投资管理
- 融资管理
- 项目管理

# 5.1 投融资管理概述
## ——投融资管理的内容

cfo 要求你知道

1. 投融资管理的概念
2. 投融资管理的原则
3. 投融资管理的工具方法

关键术语

投资管理（Investment Management）
融资管理（Financing Management）

5-1

## 5.1.1 投融资管理的概念

投融资管理包括投资管理和融资管理。投资管理，是指企业根据自身战略发展规划，以企业价值最大化为目标，对将资金投入营运进行的管理活动。融资管理，是指企业为实现既定的战略目标，在风险匹配的原则下，对通过一定的融资方式和渠道筹集资金进行的管理活动。企业融资的规模、期限、结构等应与经营活动、投资活动等的需要相匹配。

投资是企业取得盈利的必经之路，是企业生存发展的关键。

## 5.1.2 投融资管理的原则

企业进行投融资管理，一般应遵循以下原则：

（1）价值创造原则。投融资管理应以持续创造企业价值为核心。

（2）战略导向原则。投融资管理应符合企业发展战略与规划，与企业战略布局和结构调整方向相一致。

（3）风险匹配原则。投融资管理应确保投融资对象的风险状况与企业的风险综合承受能力相匹配。

### 5.1.3 投融资管理的工具方法

投融资管理领域应用的管理会计工具方法，一般包括但不限于贴现现金流法、项目管理、情景分析、约束资源优化等。

## 5.2 投资管理

——钱应该到哪里去

**cfo 要求你知道**

1. 投资环境分析的内容
2. 投资环境分析的方法
3. 投资管理的程序

**关键术语**

投资气候（Investment Climate）
企业投资（Investment in Enterprise）
直接投资（Direct Investment）
间接投资（Indirect Investment）

### 5.2.1 投资的分类和投资环境分析

#### 1. 投资的分类

投资从不同角度看可以分成多种，了解投资的分类是投资战略的选择及投资方案的制定、实施、分析和控制的基础。投资按不同标志可分为以下类型，如表 5-1 所示。

表 5-1　投资类型

| | | |
|---|---|---|
| 按照投资目的分类 | 短期投资 | 可以在一年或者一个营业周期以内收回的投资，主要包括现金、有价证券、应收账款、存货等流动资产 |
| | 长期投资 | 指短期投资以外的投资，主要包括长期股权投资和持有至到期投资 |
| 按照投资行为的介入程度分类 | 直接投资 | 直接投入投资项目，如投资固定资产、无形资产等 |
| | 间接投资 | 投资者以其资本购买债券或公司股票等，以预期获取一定收益的投资，也称为证券投资 |
| 按照投资的方向不同分类 | 对内投资 | 从企业的角度来看，对内投资就是项目投资，指企业将资金投放于为取得供本企业生产经营使用的固定资产、无形资产、其他资产和垫支流动资金而形成的一种投资 |
| | 对外投资 | 企业为购买国家及其他企业发行的有价证券或其他金融产品(包括期货与期权、信托、保险)，或以货币资金、实物资产、无形资产向其他企业(如联营企业、子公司等)注入资金而发生的投资 |
| 按对未来的影响程度分类 | 战略性投资 | 对企业全局及未来有重大影响的投资，如对新产品的投资、转产投资、建立分公司等 |
| | 战术性投资 | 不影响企业全局和前途的投资，如更新设备、改善工作环境、提高生产效率等 |
| 按投资的风险程度分类 | 确定性投资 | 指风险小、未来收益可以预测得比较准确的投资 |
| | 风险性投资 | 指风险较大、未来收益难以准确预测的投资 |

2. 投资环境分析

投资环境又称投资气候，是指影响企业投资效果的各种外部因素的总和。认真分析投资环境，是做好投资决策的基本前提。

1）投资环境分析的内容

投资环境分为外部环境和内部环境。

① 外部环境

投资的外部环境包括政治与法律环境、经济环境、市场环境、资源环境和文化教育环境等。

（1）政治与法律环境：主要包括政局是否稳定、有没有战争或发生战争的风险、有没有国家政权和社会制度变革的风险、有没有重大政策的变化及法律、规定、规划等。

（2）经济环境：主要包括经济发展状况、经济发展水平、经济增长的稳定性、劳动生产率、国民经济结构和国家产业政策等。经济环境常常决定着企业投资的类型和规模等。

（3）市场环境：企业在进行某项投资之前，必须对该项投资所生产的产品在市场上的供求状况进行预测。只有市场上有容量、产品能顺利售出，企业才能进行投资。

（4）资源环境：企业在投资之前，必须对所需各种资源的供应状况、供应价格做出准确预测。

（5）文化教育环境：主要指不同地区居民的受教育程度、文化水平、宗教、风俗习惯等，这些因素也会对投资产生重大影响。

② 内部环境

企业投资的内部环境主要指企业拥有的各种资源及其形成的各种能力。企业的资源包括财力、物力、人力和技术等。企业拥有的财力是企业投资的必要条件，这里的财力主要是指企业现有的资金状况和融资能力。企业各种资源形成的核心竞争能力及投资后的消化能力和价值创造能力是企业投资的必要前提。

2）投资环境分析的方法

常用的评价投资环境的方法主要有调查判断法、加权评分法和汇总评分法。

（1）调查判断法。它是一种定性分析法，主要借助有关专业人员的知识技能、实践经验和综合分析能力，在调查研究的基础上，对投资环境的好坏做出评价。

（2）加权评分法。它是先对影响投资环境的一系列因素进行评分，然后进行加权平均，得出综合分数的一种预测方法。其基本计算公式如下：

$$y = w_1x_1 + w_2x_2 + \cdots + w_nx_n = \sum_{i=1}^{n} w_ix_i$$

式中，$y$ 为投资环境评分；$w_i$ 为事先拟定的对第 $i$ 种因素进行加权的权数$\left(\sum_{i=1}^{n} w_i\right)=1$；$x_i$ 为第 $i$ 种因素的评分。

【情景 5-1】现以华信食品股份有限公司进行某项投资为例来说明加权评分法的应用，如表 5-2 所示。

**表 5-2 加权评分法的应用**

| 有关因素<br>（1） | 有关因素状况<br>（2） | 分数（$x_i$，$0<x_i<100$）<br>（3） | 预计权数（$w_i$）<br>（4） | 加权平均分数（$x_i w_i$）<br>（5）=（3）×（4） |
|---|---|---|---|---|
| 政治法律 | 良好 | 90 | 0.20 | 18.00 |
| 经济形势 | 良好 | 90 | 0.18 | 16.20 |
| 市场状况 | 良好 | 90 | 0.15 | 13.50 |
| 资源状况 | 一般 | 70 | 0.10 | 7.00 |
| 筹资能力 | 一般 | 70 | 0.10 | 7.00 |
| 核心竞争力 | 强 | 90 | 0.17 | 15.30 |
| 技术资源 | 一般 | 70 | 0.10 | 7.00 |
| 合计 | — | — | 1.00 | 84.00 |

在表 5-2 中，第一列是与投资环境有关的各项因素，在实际预测时，还应列出更多的因素；第二列是根据搜集到的资料经过分析评定的有关因素状况；第三列是由预测人员根据第二列的数字确定的分数；第四列是由预测人员根据各因素的重要程度事先规定的权数；最后一列根据前几列计算加权平均分数。

在采用加权评分法进行分析时，加权平均分数在 80 分以上的，说明投资环境良好；加权平均分数在 60 ～ 80 分的，说明投资环境一般；加权平均分数在 60 分以下的，说明投资环境较差。

（3）汇总评分法。该方法先根据各因素的重要程度确定每个因素的满分分数，然后按每个因素的具体情况进行评分，最后把各因素的分数汇总，作为对投资环境的总体评价分数。在采用该方法时，总分越高，表示投资环境越好。

【情景 5-2】承【情景 5-1】根据国外资料举例说明评分标准的制定方法，如表 5-3 所示。

表 5-3　汇总评分法的应用

| 有关因素 | 等级 | 评分标准 | 实际 | 系数 | 得分 |
|---|---|---|---|---|---|
| 政治法律 | 优 | 10 | | 1 | 8 |
| | 良 | 8 | √ | | |
| | 一般 | 6 | | | |
| | 较差 | 4 | | | |
| | 差 | 2 | | | |
| | 差以下 | 0 | | | |
| 经济形势 | 优 | 10 | | 1.5 | 12 |
| | 良 | 8 | √ | | |
| | 一般 | 6 | | | |
| | 较差 | 4 | | | |
| | 差 | 2 | | | |
| | 差以下 | 0 | | | |
| 市场状况 | 优 | 10 | | 1.5 | 12 |
| | 良 | 8 | √ | | |
| | 一般 | 6 | | | |
| | 较差 | 4 | | | |
| | 差 | 2 | | | |
| | 差以下 | 0 | | | |
| 资源状况 | 优 | 10 | | 1 | 6 |
| | 良 | 8 | | | |
| | 一般 | 6 | √ | | |
| | 较差 | 4 | | | |
| | 差 | 2 | | | |
| | 差以下 | 0 | | | |
| 筹资能力 | 优 | 10 | | 2.4 | 14.4 |
| | 良 | 8 | | | |
| | 一般 | 6 | √ | | |
| | 较差 | 4 | | | |
| | 差 | 2 | | | |
| | 差以下 | 0 | | | |
| 核心竞争力 | 优 | 10 | √ | 1.6 | 16 |
| | 良 | 8 | | | |
| | 一般 | 6 | | | |
| | 较差 | 4 | | | |
| | 差 | 2 | | | |
| | 差以下 | 0 | | | |
| 技术资源 | 优 | 10 | | 1 | 6 |
| | 良 | 8 | | | |
| | 一般 | 6 | √ | | |
| | 较差 | 4 | | | |
| | 差 | 2 | | | |
| | 差以下 | 0 | | | |
| 合计 | — | — | — | 10 | 74.4 |

### 5.2.2 投资管理的程序

企业应建立健全投资管理的制度体系，根据组织架构特点，设置能够满足投资管理活动所需的，由业务、财务、法律及审计等相关人员组成的投资委员会或类似决策机构，对重大投资事项和投资制度建设等进行审核。有条件的企业可以设置投资管理机构，组织开展投资管理工作。

企业应用投资管理工具方法，一般按照制订投资计划、进行可行性分析、实施过程控制、投资后评价和编制投资报告等程序进行。

**1. 制订投资计划**

企业投资管理机构应根据战略需要，定期编制中长期投资规划，并据此编制年度投资计划。

（1）中长期投资规划一般应明确指导思想、战略目标、投资规模、投资结构等。

（2）年度投资计划一般包括编制依据、年度投资任务、年度投资任务执行计划、投资项目的类别及名称、各项目投资额的估算及资金来源构成等，并纳入企业预算管理。

**2. 进行可行性分析**

投资可行性分析的内容一般包括该投资在技术和经济上的可行性、可能产生的经济效益和社会效益、可以预测的投资风险、投资落实的各项保障条件等。

**3. 实施过程控制**

企业进行投资管理，应当将投资控制贯穿于投资的实施全过程。投资控制的主要内容一般包括进度控制、财务控制、变更控制等。

进度控制，是指对投资实际执行进度方面的规范与控制，主要由投资执行部门负责。

财务控制，是指对投资过程中资金使用、成本控制等方面的规范与控制，主要由财务部门负责。

变更控制，是指对投资变更方面的规范与控制，主要由投资管理部门负责。

**4. 投资后评价**

投资项目实施完成后，企业应对照项目可行性分析和投资计划组织开展投资后评价。投资后评价的主要内容一般包括投资过程回顾、投资绩效和影响评价、投资目标实现程度和持续能力评价、经验教训和对策建议等。

**5. 编制投资报告**

投资报告应根据投资管理的情况和执行结果编制，反映企业投资管理的实施情况。投资报告主要包括以下两部分内容：

（1）投资管理的情况说明，一般包括投资对象、投资额度、投资结构、投资风险、投资进度、投资效益及需要说明的其他重大事项等。

（2）投资管理建议，可以根据需要以附件形式提供支持性文档。

投资报告是重要的管理会计报告，应确保内容真实、数据可靠、分析客观、结论清楚，为报告使用者提供满足决策需要的信息。

企业可定期编制投资报告，反映一定期间内投资管理的总体情况，一般至少应于每个会计年度编制一份；也可根据需要编制不定期投资报告，主要用于反映重要项目节点、特殊事项和特定项目的投资管理情况。

最后，企业应及时进行回顾和分析，检查和评估投资管理的实施效果，不断优化投资管理流程，改进投资管理工作。

# 5.3 融资管理
## ——钱应该从哪里来

**cfo 要求你知道**

1. 融资有哪些策略
2. 融资管理的程序

**关键术语**

融资决策（Financing Decision）
融资决策分析（Analysis of Financing Decision）
融资管理分析（Analysis of Financing Management）
融资报告（Financing Report）

5-3

## 5.3.1 融资决策概述

企业融资决策的重点在于根据融资需求，按照融资权限和融资程序，规划融资规模、确定资本结构，从而控制融资风险、提高融资效益。

**1. 融资策略**

企业融资的规模和结构取决于投资的规模和结构及企业的融资策略。企业融资的规模要满足投资的量，过多的融资会增加资本成本，过少的融资会形成短缺成本。融资的来源和方式要和投资的方式相适应，如资本性支出就需要长期资金来满足。

另外，融资策略也影响融资渠道和方式。融资策略如图 5-1 ～图 5-3 所示。

| 资产 | 例 | 负债和所有者权益 | 例 |
|---|---|---|---|
| 流动资产 | 20 | 流动负债 | 20 |
| 非流动资产 | 60 | 非流动负债 | 20 |
| | | 所有者权益 | 40 |
| 合　计 | 80 | | 80 |

图 5-1　匹配型融资策略

| 资产 | 例 | 负债和所有者权益 | 例 |
|---|---|---|---|
| 流动资产 | 25 | 流动负债 | 35 |
| 非流动资产 | 70 | 非流动负债 | 20 |
| | | 所有者权益 | 40 |
| 合　计 | 95 | | 95 |

图 5-2　激进型融资策略

| 资产 | 例 | 负债和所有者权益 | 例 |
|---|---|---|---|
| 流动资产 | 40 | 流动负债 | 30 |
| | | 非流动负债 | 40 |
| 非流动资产 | 60 | 所有者权益 | 30 |
| 合　计 | 100 | | 100 |

图 5-3　保守型融资策略

提示

企业采用何种融资策略主要取决于企业的融资能力和管理人员的态度。

### 2. 融资规模的确定

企业融资规模按照以下先后顺序进行：内部融资、债务融资、权益融资。

企业外部融资需要量的规划方法有销售百分比法、回归分析法等。

3. 融资渠道和方式

融资渠道是指资本的来源或通道，如银行信贷资金、非银行金融机构资金、个人闲置资金、企业自留资金、国家财政资金、境外资金等，它从资本供应方角度以明确资本的真正来源。随着金融改革深化和资本市场发展完善，金融机构信贷资金、资本市场所集聚的社会资本等已成为企业融资的重要来源。

融资方式是企业融入资本所采用的具体形式，如吸收直接投资、发行股票、发行债券、银行借款、融资租赁等多种形式，它是从资本需求方角度以明确企业取得资本的具体行为和方式。

从社会资本配置及融资交易活动角度，企业融资方式大体可分为直接融资、间接融资两类。其中，直接融资是指资本需求方与资本供应方直接进行融资的交易方式。在这一模式下，企业（作为资本需求方）直接通过发行股票、债券等从资本供应方手中融入资本，且大多在金融中间人（如投资银行）的协助下完成双方交易。间接融资是指资本需求方和资本供应方不直接进行融资交易的方式。在这一模式下，金融中介机构（如商业银行、非银行金融机构等）既吸收资本又贷出资本，专门从事资本流动和融通工作，从而成为企业融资交易的实现平台。

不论是直接融资还是间接融资，目的都是实现资本在社会上合理流动和优化配置。目前，我国企业融资主要以商业银行贷款为主，部分企业也积极利用资本市场，通过股票、公司债券、短期融资券等多种融资方式进行直接融资。加大直接融资比重将是我国融资体制改革的基本方向。

融资渠道和方式的选择主要从 3 个维度进行分析：一是成本，二是风险，三是可行性。不同融资渠道和方式融资成本也存在差异，而降低融资成本将直接提升项目投资价值；选择融资渠道和方式必须充分考虑企业运营的安全性、价值增值的可持续性；可行性是融资的必要条件，主要有两方面因素，一方面是法律、法规的约束，另一方面是投资者的意愿。

## 5.3.2 融资管理的程序

企业应建立健全融资管理的制度体系，融资管理一般采取审批制。企业应设置满足融资管理所需的，由业务、财务、法律及审计等相关人员组成的融资委员会或类似决策机构，对重大融资事项和融资管理制度等进行审批，并设置专门归口管理部门牵头负责融资管理工作。

企业应用融资管理工具方法，一般按照融资计划的制订、融资决策分析、融资方案的实施与调整、融资管理分析、编写融资报告等程序进行。

1. 融资计划的制订

企业对融资安排应实行年度统筹、季度平衡、月度执行的管理方式，根据战略需要、业务计划和经营状况，预测现金流量，统筹各项收支，编制年度融资计划，并据此分解至季度和月度融资计划。必要时根据特定项目的需要，编制专项融资计划。年度融资计划的内容一般包括编制依据、融资规模、融资方式、资本成本等；季度和月度融资计划的内容一般包括年度经营计划、企业经营情况和项目进展水平、资金周转水平、融资方式、资本成本等。企业融资计划可作为预算管理的一部分，纳入企业预算管理。

2. 融资决策分析

企业应根据融资决策分析的结果编制融资方案，融资决策分析的内容一般包括资本结构、资本成本、融资用途、融资规模、融资方式、融资机构的选择依据、偿付能力、融资潜在风险和应对措施、还款计划等。

**3. 融资方案的实施与调整**

融资方案经审批通过后，进入实施阶段，一般由归口管理部门具体负责落实。如果融资活动受阻或者融资量无法达到融资需求目标，那么归口管理部门应及时对融资方案进行调整，数额较大时应按照融资管理程序重新报请融资委员会或类似决策机构审批。

**4. 融资管理分析**

企业融资完成后，应对融资进行统一管理，必要时应建立融资管理台账。企业应定期进行融资管理分析，内容一般包括还款计划、还款期限、资本成本、偿付能力、融资潜在风险和应对措施等。还款计划应纳入预算管理，以确保按期偿还融资。

**5. 编写融资报告**

融资报告应根据融资管理的执行结果编制，反映企业融资管理的情况和执行结果。融资报告主要包括以下两部分内容：

（1）融资管理的情况说明，一般包括融资需求测算、融资渠道、融资方式、融资成本、融资程序、融资风险及应对措施、需要说明的重大事项等。

（2）融资管理建议，可以根据需要以附件形式提供支持性文档。

融资报告是重要的管理会计报告，应确保内容真实、数据可靠、分析客观、结论清楚，为报告使用者提供满足决策需要的信息。

企业可定期编制融资报告，反映一定期间内融资管理的总体情况，一般至少应于每个会计年度出具一份；也可根据需要编制不定期报告，主要用于反映特殊事项和特定项目的融资管理情况。

企业应及时进行融资管理回顾和分析，检查和评估融资管理的实施效果，不断优化融资管理流程，改进融资管理工作。

## 5.4 项目管理
### ——实现投融资管理的重要方法

**cfo 要求你知道**

1. 项目管理的概念
2. 项目管理的基本程序
3. 挣值法

关键术语

项目管理（Project Management）
可行性研究（Feasibility Study）
成本效益法（Cost-benefit Method）
价值工程法（Value Engineering Method）

## 5.4.1 项目管理概述

### 1. 项目管理的概念

项目管理，是指通过项目各参与方的合作，运用专门的知识、工具和方法，对各项资源进行计划、组织、协调、控制，使项目能够在规定的时间、预算和质量范围内，实现或超过既定目标的管理活动。

### 2. 项目管理的原则

（1）注重实效，协同创新。项目应围绕项目管理的目标，强调成本效益原则，实现项目各责任主体间的协同发展、自主创新。

（2）按级负责，分工管理。项目各责任主体应当根据管理层次和任务分工的不同，有效行使管理职责，履行管理义务，确保项目取得实效。

（3）科学安排，合理配置。严格按照项目的目标和任务，科学、合理编制预算，严格执行预算。

## 5.4.2 项目管理的基本程序

企业应用项目管理工具方法一般按照可行性研究、项目立项、项目计划、项目实施、项目验收和项目后评价等程序进行。

### 1. 可行性研究

可行性研究，是指通过对项目在技术上是否可行、经济上是否合理、社会和环境影响是否积极等进行科学分析和论证，以最终确定项目投资建设是否进入启动程序的过程。

企业一般可以从投资必要性、技术可行性、财务可行性、组织可行性、经济可行性、环境可行性、社会可行性、风险因素及对策等方面开展项目的可行性研究。

### 2. 项目立项

项目立项，是指对项目可行性研究进行批复，并确认列入项目实施计划的过程。经批复的可行性研究报告是项目立项的依据，项目立项一般应在批复的有效期内完成。

### 3. 项目计划

项目计划，是指项目立项后，在符合项目可行性报告批复相关要求的基础上，明确项目的实施内容、实施规模、实施标准、实施技术等计划实施方案，并据此编制项目执行预算的书面文件。

在通常情况下，当项目执行预算超过可行性研究报告项目预算的10%时，或者项目实施内容、实施规模、实施地点、实施技术方案等发生重大变更时，应重新组织编制和报批可行性报告。经批复的项目计划及项目执行预算应作为项目实施的依据。

项目可行性报告的内容一般包括项目概况、市场预测、产品方案与生产规模、厂址选择、工艺与组织方案设计、财务评价、项目风险分析，以及项目可行性研究结论与建议等。

### 4. 项目实施

项目实施，是指按照项目计划，在一定的预算范围内，保质保量、按时完成项目任务的过程。通常，应重点从质量、成本、进度等方面，有效控制项目的实施过程。

（1）企业应遵循国家规定及行业标准，建立质量监督管理组织、健全质量管理制度、形成质量考核评价体系和反馈机制等，实现对项目实施过程的质量控制。

（2）成本控制应贯穿于项目实施的全过程。企业可以通过加强项目实施阶段的投资控制，监督合同执行，有效控制设计变更，监督和控制合同价款的支付，实现项目实施过程的成本控制。

（3）企业应通过建立进度控制管理制度，编制项目实施进度计划，制定项目实施节点；实行动态检测，完善动态控制手段，定期检查进度计划，收集实际进度数据；加强项目进度偏差原因分析，及时采取纠偏措施等，实现对项目实施过程的进度控制。

### 5. 项目验收

项目验收，是指项目完成后，进行的综合评价、移交使用、形成资产的整个过程。

项目验收一般应由可行性研究报告的批复部门组织开展，可以从项目内容的完成情况、目标的实现情况、经费的使用情况、问题的整改情况、项目成果的意义和应用情况等方面进行验收。

### 6. 项目后评价

项目后评价，是指通过对项目实施过程、结果及其影响进行调查研究和全面系统回顾，与项目决策时确定的目标及技术、经济、环境、社会指标进行对比，找出差别和变化，据以分析原因、总结经验、提出对策建议，并通过信息反馈，改善项目管理决策，提高项目管理效益的过程。企业应对比项目可行性报告的主要内容和批复文件开展项目后评价，必要时应参照项目计划的相关内容进行对比分析，进一步加强项目管理，不断提高决策水平和投资效益。

## 5.4.3 项目财务管理

项目财务管理，是指基于项目全生命周期的项目财务活动的归口管理工作，是对项目营运过程中财务资源使用的全流程管理活动。

在项目营运过程中，企业应当重视并严格执行项目预算管理、项目执行成本控制、项目会计核算、资金管理与项目结算、项目决算和项目经济后评价等。企业可根据项目规模、周期、经费额度等指定专人负责上述工作，并参与项目论证与评估等工作。

企业进行项目预算管理，一般应从项目预算编制、预算执行控制、项目预算调整等方面开展。

1. 项目预算编制

（1）企业应基于项目的重要性和成本效益考虑，制定项目预算管理制度，可以指定项目预算管理分管领导、设置项目预算专职人员。

（2）企业应依据总量控制、分项预算的总体框架，按照需要与可能、局部与全局、重点与一般、当前与长远相结合的编制原则，编制项目预算。

（3）企业应在充分调研和论证的基础上，强调项目预算编制的明细化和标准化，明确预算的编制内容、编制依据和编制方法，实现项目预算与会计核算科目的配比性。

2. 预算执行控制

（1）企业应分解落实项目实施各阶段的预算执行计划，明确项目各阶段的预算控制目标。

（2）在项目执行过程中，企业应以项目预算执行计划和目标为依据，定期对项目预算执行情况进行核查、比对、分析。

3. 项目预算调整

（1）企业应依据外部环境变化、项目实施进展和项目方案优化要求等，不断修正和完善项目各阶段的预算执行计划和预算控制目标。

（2）在项目预算管理中，企业可采用滚动预算方式，以项目执行前一阶段的预算调整，作为下一阶段项目预算控制的目标，按照时间（如年、月、日）或项目单元编制，依次分解，滚动预算。

在项目执行过程中，应按照国家统一的会计制度进行会计核算。项目收支应分项目、分要素进行明细核算，确保会计核算制度与项目预算管理相衔接。

企业应建立健全资金管理和项目结算制度，设立项目专款账户对资金的使用进行管理，正确区分会计期间，规范成本列支，统一对项目进行收支与结算。项目结算一般包括项目月度结算、年度结算和完工结算。

企业应建立项目决算审计制度，明确项目决算报表内容、格式要求和填报口径，严格执行项目决算数据材料的收集、审核、汇总，形成项目决算报告，同时提交审计部门进行项目审计。项目决算报告一般包括项目决算说明书、项目决算报表、项目成果和费用支出的对比分析等。项目决算报告和项目审计意见应作为项目验收的依据。

企业应在对比项目可行性研究的基础上进行项目经济后评价，并编制项目经济后评价报告。经济后评价报告一般包括项目资金收入和使用情况、重新测算项目的财务评价指标、经济评价指标等。经济后评价应通过投资增量效益的分析，突出项目对经济价值和社会价值的作用和影响。

## 5.4.4 项目管理的工具方法

项目管理的工具方法一般包括挣值法、成本效益法、价值工程法等。

1. 挣值法

1）概述

挣值，是指项目实施过程中已完成工作的价值，用分配给实际已完成工作的预算来表示。

挣值法，是一种通过分析项目实施与项目目标期望值之间的差异，从而判断项目实施的成本、进度绩效的方法。

挣值法广泛适用于项目管理中的项目实施、项目后评价等阶段。挣值法的评价基准包括成本基准和进度基准，通常可以用于检测实际绩效与评价基准之间的偏差。

进度偏差，是在某个给定时点上，测量并反映项目提前或落后的进度绩效指标。进度偏差可以采用绝对数，表示为挣值与计划成本之差（偏差量 = 挣值 – 计划成本）；也可采用相对数，表示为挣值与计划成本之比（偏差率 = 挣值 ÷ 计划成本）。

企业应用挣值法开展项目管理时，既要监测挣值的增量，以判断当前的绩效状态；又要监测挣值的累计值，以判断长期的绩效趋势。

计划成本，是指根据批准的进度计划或预算，到某一时点应当完成的工作所需投入资金的累计值。企业应用挣值法进行项目管理，应当把项目预算分配至项目计划的各个时点。

成本偏差，是在某个给定时点上，测量并反映项目预算亏空或预算盈余的成本绩效指标。成本偏差可以采用绝对数，表示为挣值与实际成本之差（偏差量 = 挣值 – 实际成本）；也可采用相对数，表示为挣值与实际成本的比值（偏差率 = 挣值 ÷ 实际成本）。

实际成本，是指按实际进度完成的成本支出量。企业应用挣值法开展项目管理时，实际成本的计算口径必须与计划成本和挣值的计算口径保持一致。

2）挣值法的优点和缺点。

挣值法的主要优点有：一是通过对项目当前运行状态的分析，可以有效地预测出项目的未来发展趋势，严格控制项目的进度和成本；二是在出现不利偏差时，能够较快地检测出问题所在，留有充足的时间对问题进行处理和对项目进行调整。

挣值法的主要缺点有：一是片面注重用财权的执行情况判断事权的实施效益；二是属于事后控制方法，不利于事前控制；三是存在用项目非关键路径上取得的挣值掩盖关键路径上进度落后的可能性，影响项目绩效判断的准确性。

**2. 成本效益法**

1）概述

成本效益法，是指通过比较项目不同实现方案的全部成本和效益，以寻求最优投资决策的一种项目管理工具方法。其中，成本指标可以包括项目的执行成本、社会成本等；效益指标可以包括项目的经济效益、社会效益等。

成本效益法属于事前控制方法，适用于项目可行性研究阶段。

企业应用成本效益法，一般按照以下程序进行：确定项目中的收入和成本；确定项目不同实现方案的差额收入；确定项目不同实现方案的差额费用；制定项目不同实现方案的预期成本和预期收入的实现时间表；评估难以量化的社会效益和成本。

2）成本效益法的优点和缺点

成本效益法的主要优点有：一是普适性较强，是衡量管理决策可行性的基本依据；二是需考虑评估标的经济与社会、直接与间接、内在与外在、短期与长期等各个维度的成本和收益，具有较强的综合性。

成本效益法的主要缺点有：一是属于事前评价，评价方法存在的不确定性因素较多；二是综合考虑了项目的经济效益、社会效益等各方面，除经济效益外的其他效益存在较大的量化难度。

### 3. 价值工程法

1）概述

价值工程法，是指对研究对象的功能和成本进行系统分析，比较为获取功能而发生的成本，以提高研究对象价值的管理方法。

本方法下的“功能”，是指对象满足某种需求的效用或属性；本方法下的“成本”，是指按功能计算的全部成本费用；本方法下的“价值”，是指对象所具有的功能与获得该功能所发生的费用之比。

价值工程法可广泛适用于项目设计与改造、项目实施等阶段。

2）价值工程法的程序

企业应用价值工程法一般按照以下程序进行：

（1）准备阶段。选择价值工程的对象并明确目标、限制条件和分析范围；根据价值工程对象的特点，组成价值工程工作小组；制订工作计划，包括具体执行人、执行日期、工作目标等。

（2）分析阶段。收集整理与对象有关的全部信息资料；通过分析信息资料，简明准确地表述对象的功能、明确功能的特征要求，并绘制功能系统图；运用某种数量形式表达原有对象各功能的大小，求出原有对象各功能的当前成本，并依据对功能大小与功能当前成本之间关系的研究，确定应当在哪些功能区域改进原有对象，并确定功能的目标成本。

（3）创新阶段。依据功能系统图、功能特性和功能目标成本，通过创新性的思维和活动，提出实现功能的各种不同方案；从技术、经济和社会等方面评价所提出的方案，看其是否能实现规定的目标，从中选择最佳方案；将选出的方案及有关的经济资料和预测的效益编写成正式的提案。

（4）实施阶段。组织提案审查，并根据审查结果签署是否实施的意见；根据具体条件及内容，制订实施计划，组织实施，并指定专人在实施过程中跟踪检查，记录全程的有关数据资料，必要时，可再次召集价值工程工作小组提出新的方案；根据提案实施后的技术经济效果，进行成果鉴定。

3）价值工程法的优点和缺点

价值工程法的主要优点有：一是把项目的功能和成本联系起来，通过削减过剩功能、补充不足功能使项目的功能结构更加合理化；二是着眼于项目成本的整体分析，注重有效利用资源，有助于实现项目整体成本的最优化。

价值工程法的主要缺点是：要求具有较全面的知识储备，不同性质的价值工程分析对象涉及的其他领域的学科性质，以及其他领域的广度和深度等都存在很大差别，导致功能的内涵、结构和系统特征必然具有实质性区别。

## 5.4.5 挣值法的计算

### 1. 挣值法概述

1967年美国国防部开发了挣值法并成功地将其应用于国防工程中。挣值法逐步获得广泛应用。

挣值法的核心是将项目在任一时间的计划指标、完成状况和资源耗费进行综合度量，然后将进度转化为货币或人工时、工程量，如钢材吨数、水泥立方米、管道米数或文件页数。

挣值法的价值在于将项目的进度和费用进行综合度量，从而能准确描述项目的进展状态。挣值法的另一个重要优点是可以预测项目可能发生的工期滞后量和费用超支量，从而及时采取纠正措施，为项目管理和控制提供了有效手段。

挣值法又称为赢得值法或偏差分析法，是在工程项目实施中使用较多的一种方法，是对项目进度和费用进行综合控制的一种有效方法。

**2. 有关指标**

（1）计划工作量的预算费用（Budgeted Cost for Work Scheduled，BCWS），是指项目实施过程中某阶段计划要求完成的工作量所需的预算费用。计算公式为：

$$BCWS=计划工作量\times 预算定额$$

BCWS 主要反映进度计划应当完成的工作量（用费用表示）。BCWS 是与时间相联系的，当考虑资金累计曲线时，是在项目预算 S 曲线上的某一点的值。当考虑某一项作业或某一时间段时，例如某一月份，BCWS 是该作业或该月份包含作业的预算费用。

（2）已完成工作量的实际费用（Actual Cost for Work Performed，ACWP），有的资料也称 AC（实际值）。

ACWP 是指项目实施过程中某阶段实际完成的工作量所消耗的工时（或费用）。ACWP 主要反映项目执行的实际消耗指标。

（3）已完工作量的预算成本（Budgeted Cost for Work Performed，BCWP），或称挣值、盈值和挣得值，是指项目实施过程中某阶段按实际完成工作量及按预算定额计算出来的费用。BCWP 的计算公式为：

$$BCWP=已完工作量\times 预算定额$$

**3. 评价标准**

费用偏差（Cost Variance，CV），是指检查期间 BCWP 与 ACWP 之间的差异，计算公式为：

$$CV=BCWP-ACWP$$

当 CV 为负值时，表示执行效果不佳，即实际消费费用超过预算值（超支）；反之，当 CV 为正值时，表示有节余或效率高，即实际消耗费用低于预算值；若 CV=0，则表示项目按计划执行。

进度偏差（Schedule Variance，SV），是指检查日期 BCWP 与 BCWS 之间的差异，计算公式为：

$$SV=BCWP-BCWS$$

当 SV 为正值时，表示进度提前；当 SV 为负值时，表示进度延误；若 SV=0，则表明进度按计划执行。

费用执行指标（Cost Performed Index，CPI），是指挣得值与实际费用之比，计算公式为：

$$CPI=BCWP/ACWP$$

当 CPI>1 时，表示低于预算；当 CPI<1 时，表示超出预算；当 CPI=1 时，表示实际费用与预算费用吻合，即表明项目费用按计划进行。

进度执行指标（Schedule Performed Index，SPI），是指项目挣得值与计划值之比，计算公式为：

$$SPI=BCWP/BCWS$$

当 SPI>1 时，表示进度提前；当 SPI<1 时，表示进度延误；当 SPI=1 时，表示实际进度等于计划进度。

4. **度量方式**

挣值法评价曲线如图 5-4 所示，横坐标表示时间，纵坐标表示费用。BCWS 曲线为计划工作量的预算费用曲线，表示项目投入的费用随时间的推移不断积累，直至项目结束达到它的最大值，所以曲线呈 S 形状，也称为 S 曲线。ACWP 同样是进度的时间参数，随项目推进而不断增加，也是呈 S 形的曲线。利用挣值法评价曲线可进行费用进度评价，比如图 5-4 中的项目，CV<0，SV<0，这表示项目执行效果不佳，即费用超支、进度延误，应采取相应的补救措施。

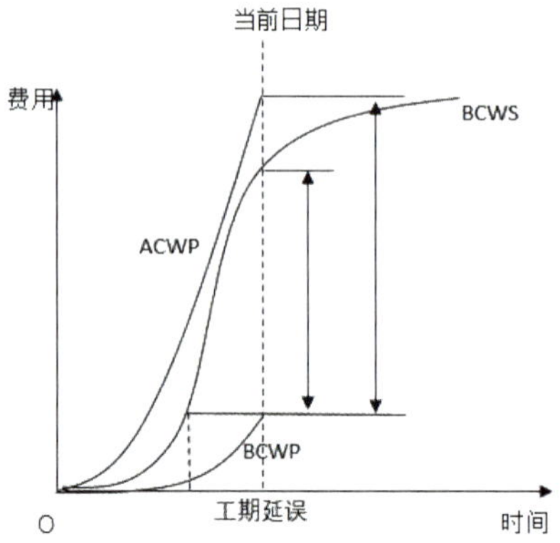


图 5-4　挣值法评价曲线

尽管挣值法的计算关系相对简单，但准确度量作业的挣值却是不容易的，并成为成功应用挣值法的关键。这是由于一方面项目的作业内容是多种多样的，挣值的度量应根据作业的内容精心设计；另一方面，与项目相关的人员已习惯通常的费用和日程度量概念及方法，改变人们的固有概念需要耐心的培训和讲解。下面是几种度量挣值的方法。

（1）线性增长计量：费用按比例平均分配给整个工期，完成量百分比计入挣值。

（2）50-50 规则：作业开始计入 50% 的费用，作业结束计入剩余的 50%。当作业具有多个子作业时采用。

（3）工程量计量：例如，全部桩基 300 根，1 500 000 元。每完成一根，挣值 5 000 元。

（4）节点计量：将工程分为多个进度节点并赋予挣值，每完成一个节点计入该节点挣值。设备定制可用此方法。

【情景 5-3】华信食品股份有限公司一土方工程总挖方量为 5 000 立方米，预算单价为 48 元 / 立方米，计划用 10 天完成，每天挖方 500 立方米。开工后第 7 天，项目管理人员前去测量，取得了两个数据：已完成挖方 2 300 立方米，支付给承包单位的工程进度款累计已达 160 000 元。

BCWP=48×2 300=110 400（元）

BCWS=48×500×6=144 000（元）

费用偏差 =BCWP−ACWP=110 400−160 000=−49 600（元）

该结果表明承包单位已经超支。

进度偏差 =BCWP−BCWS=110 400−144 000=−33 600（元）

该结果表明承包单位进度已经拖延，表示项目进度落后，较预算还有相当于价值 33 600 元的工作量没有做。

33 600÷(48×500)=1.4（天）

所以承包单位的进度已经落后 1.4 天。

使用 CPI 和 SPI 测量工作是否按照计划进行。

CPI=BCWP÷ACWP=0.69

SPI=BCWP÷BCWS=0.77

计算结果表明，CPI 和 SPI 都小于 1，所以给该项目亮了黄牌。

# 6 预测和预算

## ——预见未来，制订计划

CFO 导语

要知晓“凡事预则立，不预则废”的道理，掌握资金需要量、成本和利润预测的方法，并在此基础上编制资金、成本和利润预算。

**本项目架构**

- 预测分析
- 预算管理

# 6.1 预测分析
## ——预见未来

**cfo 要求你知道**

1. 预测分析的基本步骤
2. 预测分析的方法
3. 资金需要量的预测分析
4. 销售预测
5. 成本预测

**关键术语**

定量分析法（Quantitative Analysis Method）
利润预测 (Profit Forecast)
销售预测（Sales Forecast）
调查法（Survey Method）
算术平均法（Arithmetic Mean Method）
指数平滑法（Exponential Smoothing Method）

6-1

### 6.1.1 预测分析概述

要想在激烈的市场竞争中立于不败之地，企业必须熟悉自己的经营环境（包括内部和外部经营环境），对企业出现的各种经营情况进行正确分析，对可能发生的事件进行估计。预测分析的重要性在于：预测是决策的前提条件，没有预测及随之的预测分析，就不能进行正确的决策。

**1. 预测及预测分析的概念**

预测是根据历史资料和当前条件，在拥有一定客观资料的基础上，运用科学的方法和手段，通过定性分析和定量计算，探求事物发展的规律，推断事物未来发展的方向和趋势。预测的理论依据是，被研究对象的发展趋势具有一定的规律性，而且这种规律可以为人们所认识和掌握，这就为人们对它们的发展变化事先进行科学的预测提供了客观可能性。可见，正确地进行预测，可以为企业制定政策、编制计划及检查政策和计划的执行情况提供依据，这也有利于提高人们的科学预见性，克服日常工作中的主观性和盲动性。

预测技术被广泛应用于经济、社会、科学、技术和军事等各个领域。管理会计主要使用经济预测来实现科学管理和进行科学决策。

经济预测是人们对未来经济活动可能产生的经济效益及其发展趋势，事先提出的一种科学预见。西方管理学家认为，经济预测是以过去的历史资料和目前所能取得的信息为基础，使用人们掌握的科学知识与管理人员多年的实践经验来预计、推测事物发展的必然性和可能性的过程。第二次世界大战后，西方资本主义国家为了干预经济生活的需要，使经济预测逐步发展成为一门学科。企业要实行科学的经济管理，就必须按照客观经济规律进行经济活动。对未来经济活动进行预测是认识企业经济活动的一种科学方法，也是进行科学管理的重要手段。

预测分析（亦称预测技术）是在经济预测过程中，根据过去和现在预计未来，根据已知推测未知所采用的各种科学的专门分析方法。它是西方国家在20世纪60年代发展起来的一门综合性学科，是生产高度社会化的必然产物。

由于经济发展的趋势总有一定的规律可循，而现代数学方法和财务软件的应用又可以帮助我们理解经济发展过程的本质，并能够使我们重新认识和掌握其规律性，这就为人们对经济发展过程的变化进行科学预测提供了实际可能。但社会经济的发展要受到社会、经济、技术、自然等多方面因素的影响，所以必须综合运用社会科学、自然科学等方面的成果为预测分析服务。

预测分析是对备选方案未来的经济效益和发展趋势事前进行科学预测的过程。如果根据预测分析的各种结果再进一步加以分析比较，权衡利弊得失，扬长避短，从中选出相对最佳方案，则称为决策分析。由此可见，预测分析为决策分析服务，是决策分析的前提和基础。决策以预测为基础，使企业的经济活动能得到合理规划。因此，必须把预测分析和决策分析紧密联系起来，并科学地加以应用，才能相得益彰，取得良好的效益。

**2. 预测的基本原理**

任何事物的发展趋势总是有一定规律的，在一定条件下，人们可以认识、掌握这个规律并利用它。企业在经营活动中，各因素之间相互联系，必然会存在一些客观规律，企业的经营预测正是建立在这些规律之上的。因此，企业经营活动规律就是预测的基本原理。企业只有全面掌握和运用这些基本原理，才能使预测工作建立在科学、可信的基础上。预测的基本原理包括以下几点。

1）可知性原理

可知性原理又称规律性原理，属于认识论方面的理论。辩证唯物主义认为，世界是物质的，事物的发展尽管千姿百态，但还是各有其自身固有的变化规律。这些规律可以为人们所认识和掌握。这就意味着，任何预测对象的未来发展趋势和状况都是可以预知的。只要人们掌握了事物发展变化规律，就可以预测事物的未来发展状况。由此可见，可知性原理是人们自觉、主动从事预测活动的重要理论基础之一。一切预测活动都基于可知性原理。

2）可能性原理

任何事物的发生、发展都受其内因和外因的支配与影响。内因是事物发展变化的原动力；外因是事物发展变化的条件。内因对事物未来发展方向起决定性作用；外因则在不同程度上对其施加影响，这种影响可能会使事物内部矛盾发生变化。作为预测对象的任何事物，其未来发展趋势和状况也必然会在内因和外因的共同作用下出现。因此，它的发展变化具有多种可能性。这就是预测活动的可能性原理。

3）连续性原理

俗话说，“冰冻三尺，非一日之寒”。事物的发展往往是连续的，或多或少地与过去和现在存在一定的联系。如果没有预测对象的过去和现在，就不可能存在未来。从这个意义上说，未来是过去和现在的延伸。连续性原理认为，了解过去和现在是预测未来的基础和出发点。

4）可控性原理

如前所述，预测对象未来的发展变化是在内因和外因的共同作用下产生的，有着一定的发展规律，人们在掌握其规律性的情况下，可以发挥自己的主观能动性和创造性，通过影响事物发展的因素，使事物朝着符合人们意愿的方向发展，这就是可控性原理。

### 3. 预测的主要内容

企业经营决策的目的不同，需要预测的内容也不同。企业的战略决策需要预测企业未来的市场因素、人力资源因素和竞争因素等；销售决策需要预测顾客购买行为的变化、竞争对手的销售策略、企业产品质量和成本等。管理会计中预测的主要内容包括销售预测、成本预测和利润预测三部分。销售预测是根据市场调研的资料预测未来的销售量或销售额；成本预测是根据历史成本数据测算未来的成本趋势；利润预测则是在销售预测和成本预测的基础上，根据本、量、利之间的关系预测企业未来的盈利水平。

### 4. 预测分析的基本步骤、原则及方法

1）预测分析的基本步骤

为了做好企业预测分析，保证这一工作的顺利进行，应采取以下步骤。

① 确定预测对象（确定预测对象与目标）

要想正确地进行预测分析，首先应确定预测对象，即确定预测分析的具体内容、范围、目的和要求。由于不同的预测对象需要不同的分析资料，采用的预测方法也有所区别，因此，只有明确预测对象，才能有针对性地做好各阶段的预测分析工作。

**提·示**

要想做好预测工作，首先必须确定预测的具体目的与要求并形成文字，作为今后评定预测工作质量高低的主要依据。只有明确预测的具体目的与要求，才能做到有的放矢，才能明确预测的具体对象、内容和范围，才能制订周密的预测工作计划，这对预测工作的顺利进行和提高预测分析的质量具有重要意义。

② 搜集占有资料（搜集和分析有关资料）

系统的、准确的会计信息及其他有关资料是开展预测分析的重要依据。预测分析的目的和要求能否达到，在很大程度上取决于分析资料的占有情况。因此，在预测过程中要运用各种调查方法，搜集预测对象过去和当前的大量经济信息及有关资料。

**提示**

收集并进行分析的资料必须满足以下条件：

（1）资料的针对性。收集的资料必须与预测目标的要求相一致。

（2）资料的真实性。收集的资料必须是实际的并经过核实的资料。

（3）资料的完整性。必须采用各种方法得到完整的资料，因为预测的前提条件是取得完整的数据资料。

③ 整理精选资料（选择预测方法，进行判断和分析）

为了保证所用资料的正确性和真实性，企业有关人员要对搜集的大量经济信息和有关资料进行整理、归纳和鉴别，去粗取精，去伪存真，对资料进行分析，去除偶然性因素对资料的影响，剔除不可比因素对资料分析的影响，尽量避免随机事件对预测结果的影响，找出经营过程中有规律性的东西。

④ 分析资料进行预测（分析修正预测值）

在预测分析过程中，有关人员应运用科学的预测方法，对精选的资料进行加工、计算、整理和科学分析，从中找出预测对象过去、现在和未来之间的规律性联系，建立数学模型，对未来做出科学的预测。

⑤ 检查验证，反馈修正（确定预测结果并提供给使用者）

由于预测涉及未来的情况，且影响预测的因素很多，所以经过一段时间的实践后，企业应对做出的预测进行检查验证，即以实际发生数与预测数进行比较，分析出现的误差，以便及时修订根据原预测结果所制订的计划。

2）预测分析的原则

进行预测分析一般应遵守以下原则。

① 预测分析的样本数量越大越准确

在预测分析过程中，根据统计学的抽样理论，选取的样本数量越多，涉及的地区越广泛，预测结果就越有代表性，预测分析的数值也就越准确。

② 预测分析的时间越短越准确

由于市场经济的复杂性及市场竞争的激烈程度，在生产经营过程中时常会出现一些不可预知的情况。为保证预测数据的准确性，通常将预测时间缩短。预测时间越短，受不可预知因素的影响程度就越小，因而误差也越小；反之，预测的时间间隔越长，不可预知因素出现的可能性越大，预测结果的误差就越大，预测的数据偏离实际越远。

③ 进行预测分析必须充分估计可能发生的误差

由于是对未来发展趋势进行预测，因此出现误差是不可避免的。预测的关键是确定如何把误差缩小到最低限度。

④ 进行预测分析应选择合适的方法

在预测分析中，采用任何一种分析方法都应进行检验和测试。一般情况下，应选择简便易行、成本较低、预测结果比较准确的方法。

3）预测分析的方法

预测分析工作做得准确与否，与选择适当的分析方法关系甚大。预测分析的方法种类繁多，根据分析对象和预测期限的不同各有差异，但大体上可分为定量分析法和定性分析法两大类。

① 定量分析法

定量分析法也称数量方法，即根据过去比较完善的统计资料，运用一定的数学方法进行科学的加工处理，借以充分揭示有关变量之间的规律性联系，将其作为预测分析的依据。按其具体预测方法的不同，又分为以下两种类型。

（1）趋势预测分析法（时间序列分析法），指根据某项指标过去的、按时间顺序排列的数据，运用一定的数学方法进行加工、计算，借以预测未来发展趋势的分析方法，也称外推分析法。该分析方法的实质是，以一个指标本身过去变化的趋势作为预测的依据，进行历史的延伸，如简单平均数法、移动加权平均法、指数平滑法等。

（2）因果预测分析法（相关因素分析法），是指根据某项指标与其他有关指标之间内在的相互依存、相互制约的规律性联系进行分析研究，建立相应的因果数学模型所进行的预测分析，如本量利分析法、回归分析法等。

② 定性分析法

定性分析法也称非数量方法、集合意见法，是凭经验和直觉进行预测判断的一种方法。该方法主要依靠熟悉业务、了解情况、具有工作经验和综合分析能力的人员，凭借其对客观现象规律的认识，根据过去经验进行分析、做出判断，提出预测意见，然后通过不同方式征求意见，进行综合考量后，将其作为预测未来的主要依据。这种方法主要在缺乏完整的统计资料或主要因素难以进行数量分析的条件下采用。

在实际工作中，定量分析法和定性分析法并非相互排斥，而是并行不悖、相辅相成的，预测人员应根据具体情况将这两种方法结合起来使用。定性分析法是由有关人员凭借自己的知识和经验的积累，根据以往的资料进行分析判断的，因此带有一定的主观随意性；定量分析法用数学方法对过去的数据进行计算、分析和判断，但对预测期的各种外部条件，如党和国家的方针政策、信贷利率等的变化情况不可能全面或完全无误地加以考虑，即不能把人的主观分析和判断加进去，这就必然会影响预测结果的准确性。所以，必须将定性分析法和定量分析法结合起来使用，才能取得良好的预测效果。

## 6.1.2 资金需要量的预测分析

### 1. 资金需要量预测概述

资金需要量预测是指对企业未来一定时期内所需资金量进行的科学预测和判断，是编制资金预算的必要步骤。为扩大生产经营规模，企业通常会追加一定数量的资金。因此，在正常的生产经营活动中，企业除进行利润、销售、成本的预测分析外，还必须进行资金需要量的预测分析。科学地进行资金需要量的预测，不仅能为企业生产经营活动的正常开展确定相应的资金需要量，而且能为企业制定经营决策、节约资金耗费、减少资金占用、提高资金使用效益创造有利条件。

对于制造业和商业企业而言，影响程度最大的是计划期间的预计销售金额。因此，销售预测是资金需要量预测的主要依据。资金需要量的预测通常以销售百分比法为主，并辅之以其他方法。

**2. 销售百分比法**

销售百分比法是根据资金各项目与销售额之间的依存关系，按照计划期销售额增长情况来预测需要相应追加多少资金的方法。资金需要量随销售额的变化呈正比例变化，采用这一预测方法来预测企业由于业务量（销售收入）的增加，在未来一定期间内必须相应增加的资金量，是企业现有资金总额的追加部分。进行预测时，主要根据销售量和资金的历史资料及未来期间销售收入的预计增长情况，推算为实现预期销售目标必须增加的资金量。

采用销售百分比法测算资金需要量，必须充分考虑不同资金项目与销售收入之间的关联情况，一般步骤如下。

1）分析资产负债表各个项目与销售收入总额之间的依存关系

① 资产类项目

在资产类项目中，首先应确定上期期末有关资金项目与销售收入之间的相互关系。企业流动资产中的货币资金（库存现金和银行存款等）、结算资金（应收票据、应收及预付款等）、存货等项目的资金占用数额一般会随着销售量的增减而相应增减，与销售收入的关系比较密切。资产类项目中的长期投资、无形资产等项目一般不随销售收入的变动而变动；而固定资产是否因销售量的变化而发生相应变化，则取决于企业现有固定资产是否得到充分利用。如果各项固定资产已处于充分利用状态，那么销售量增加，固定资产也需要相应增加；如果现有固定资产没有得到充分利用，甚至大量闲置，则应挖掘现有固定资产的潜力，使其充分发挥作用，以满足扩大销售量的要求。

② 负债及股东权益类项目

负债类项目包括流动负债和长期负债两大类。其中，应付账款及预收款项、应交税费、短期借款等，在数额上会因为销售量的增减变动而发生相应的变动，与销售收入的关系比较密切。如果企业实行计件工资制，则应付职工薪酬项目随生产和销售的增减而相应变动。股东权益类项目包括实收资本、资本公积及留存收益等。长期负债及股东权益类项目等一般不会随销售收入的变动而变动。

此外，计提的折旧额与留存收益项目，通常作为计划期追加资金的内部资金来源。

2）将基期的资产负债表各项目以销售百分比的形式列表

首先计算资产项目中，库存现金、银行存款、应收及预付款项、固定资产（应按净值计算）等项目的数额占上期实际数额的百分比；其次计算负债及股东权益中应付及暂收款、应交税费、短期借款等项目的数额占上期实际数额的百分比。

3）计算计划期间预计需要追加的资金数量

预计由于销售增长而需要的资金需求增长额，扣除利润留存后，即所需要的外部筹资额。

外部融资需求 = 资产增加 − 负债增加 − 留存收益增加

= 新增销售额 × 资产销售百分比 − 新增销售额 × 负债销售百分比 −

计划销售额 × 计划销售净利率 ×（1− 股利支付率）

【情景 6-1】华信食品股份有限公司 2017 年 12 月 31 日的简要资产负债表如表 6-1 所示。假定华信食品股份有限公司 2017 年的销售额为 20 000 000 元，销售净利率为 10%，利润留存率为 35%。2018 年销售额预计增长 25%，公司有足够的生产能力，无须追加固定资产投资。求对外融资的需要量。

表 6-1 简要资产负债表

| 资产 | 金额（元） | 与销售额关系百分比 | 负债与权益 | 金额（元） | 与销售额关系百分比 |
|---|---|---|---|---|---|
| 现金 | 1 200 000 | 6% | 短期借款 | 2 000 000 | 10% |
| 应收账款及应收票据 | 3 000 000 | 15% | 应收账款及应付票据 | 1 200 000 | 6% |
| 存货 | 8 000 000 | 40% | 其他流动负债 | 4 000 000 | 20% |
| 其他流动资产 | | N | 其他非流动负债 | 4 400 000 | N |
| 固定资产 | 2 600 000 | N | 所有者权益 | 3 200 000 | N |
| 其他非流动资产 | | | | | |
| 合计 | 14 800 000 | 61% | 合计 | 14 800 000 | 36% |

首先，确定有关项目及其与销售额的关系百分比。在表 6-1 中，N 表示不变动，指该项目不随销售额的变化而变化。

其次，确定需要增加的资金量。从表 6-1 中可以看出，销售收入每增加 100 元，必须增加 61 元的资金占用，但同时自动增加 36 元的资金来源，两者差额的 25% 产生了资金需求。因此，每增加 100 元的销售收入，公司必须取得 25 元的资金来源。销售额从 20 000 000 元增加到 25 000 000 元，增加了 5 000 000 元，按照 25% 的比率可预测将增加 1 250 000 元的资金需要量。

最后，确定对外融资的需要量。2018 年的净利润为 2 500 000 元（25 000 000×10%），利润留存率为 35%，则将有 875 000 元的利润被留存下来，还有 375 000 元的资金必须从外部筹集。

根据公司资料，可求得对外融资的需要量为：

对外融资的需要量 =61%×5 000 000−36%×5 000 000−10%×35%×25 000 000=375 000（元）

### 3. 回归直线法

回归直线法是根据若干期产销量和资金占用的历史资料，运用最小平方法原理计算不变资金和单位销售额的变动资金的一种资金习性分析方法。

企业资金虽然与销售额相联系，但不一定成等比例变动。因此，可以采用资金占用总额与产销量百分比相结合的方法预测资金需要量，即按照各资金项目的不同情况，根据历史资料与经营业务实际需要分析确定一个固定不变的资金占用额，其余部分则随着产销量的变动成正比例变动。它们的关系可以用下式表示：

$$Y=a+bX$$

式中，$a$ 表示固定不变资金占用额；$b$ 表示单位产销量所需变动资金。

采用回归直线法能够消除偶然因素的影响，尽可能客观地反映企业资金需要量与产销量之间的依存关系。

【情景 6-2】华信食品股份有限公司 2011—2016 年的产销量与资金变化情况如表 6-2 所示。根据表 6-2，整理出表 6-3，2017 年预计销售量为 3 000 000 箱，需要预计 2017 年的资金需要量。

表 6-2 产销量与资金变化情况

| 年度 | 产销量（X：箱） | 资金占用（Y：元） |
|---|---|---|
| 2011 年 | 100 000 | 50 000.00 |
| 2012 年 | 120 000 | 80 000.00 |
| 2013 年 | 160 000 | 100 000.00 |
| 2014 年 | 180 000 | 120 000.00 |
| 2015 年 | 200 000 | 150 000.00 |
| 2016 年 | 220 000 | 1 600 000.00 |

表 6-3 资金需要量预测表（按总额预测）

| 年度 | 产销量（X：箱） | 资金占用（Y：元） | XY | $X^2$ |
|---|---|---|---|---|
| 2011 年 | 100 000 | 50 000.00 | 5 000 000 000.00 | 10 000 000 000.00 |
| 2012 年 | 120 000 | 80 000.00 | 9 600 000 000.00 | 14 400 000 000.00 |
| 2013 年 | 160 000 | 100 000.00 | 16 000 000 000.00 | 25 600 000 000.00 |
| 2014 年 | 180 000 | 120 000.00 | 21 600 000 000.00 | 32 400 000 000.00 |
| 2015 年 | 200 000 | 150 000.00 | 30 000 000 000.00 | 40 000 000 000.00 |
| 2016 年 | 220 000 | 1 600 000.00 | 352 000 000 000.00 | 48 400 000 000.00 |
| 合计 $n$=6 | $\sum X$= 980 000 | $\sum Y$= 2 100 000.00 | $\sum XY$=434 200 000 000.00 | $\sum X^2$=170 800 000 000.00 |

$$a=\frac{\sum X^2\cdot\sum Y-\sum X\cdot\sum XY}{n\sum X^2-\left(\sum X\right)^2}=-66\ 836\ 000\ 000\ 000\ 000\div 64\ 400\ 000\ 000\approx -1\ 037\ 826$$

$$b=\frac{n\sum XY-\sum X\cdot\sum Y}{n\sum X^2-\left(\sum X\right)^2}=547\ 200\ 000\ 000\div 64\ 400\ 000\ 000\approx 8.5$$

根据 $Y=a+bX$，由上可知：

$$Y=-1\ 037\ 826+8.5X$$

把 2017 年预计销售量 3 000 000 箱代入上式，得出 2017 年的资金需要量为：

$$-1\ 037\ 826+8.5\times 3\ 000\ 000=24\ 462\ 174\text{（元）}$$

## 6.1.3 销售预测

### 1. 销售预测的意义

销售预测是指根据企业所处的市场环境和确定的销售目标，对某产品在一定期间内的产（销）量（金额）的估计和推算。

销售是实现目标利润的重要环节，只有完成和超额完成既定的销售指标，才能保证目标利润的实现。企业利润预测中所测定的目标销售额需要通过科学的销售分析才能确定。而做好预测分析，就可以使企业的经营目标与市场同步，便于以销定产、以销定进、以销定存、以销定费及以销定资金需要量，最终使销售与购进额、库存额、资金定额及费用等指标密切衔接，增强企业决策和计划的科学性，减少盲目性。

影响销售的因素很多，如国家有关政策和规定、社会消费水平、消费区域及消费人群、相关产品销售量的变动等。企业可以通过大数据获得大量的市场信息，运用适当的分析方法进行销售预测。因此，搞好销售预测对实现目标利润具有重要的意义。

首先，销售预测是其他各项经营预测的前提。不论利润预测、成本预测，还是资金需要量预测，都直接或间接与销售预测的内容和结果紧密相关。在搞好销售预测的前提下，才能相互衔接地进行其他经营预测。

其次，销售预测是制定经营决策的依据。通过销售预测对市场需求的变化情况及竞争情况做出判断，使决策者可以按照经营战略和经营目标的要求对企业的生产经营活动做出最佳决策。

最后，销售预测是编制全面预算的依据。企业的全面预算是从销售预算开始的，而销售预算依赖于销售预测。

**2. 销售预测的方法**

销售预测的方法很多，常用的销售预测方法有定性分析方法和定量分析方法两大类。

1）销售预测的定性分析方法

销售预测的定性分析方法是根据一批具有丰富实践经验和广泛专业知识的销售人员、经济专家或企业高层管理人员，在对企业一定期间特定产品的销售情况进行综合研究的基础上，来估计未来一定时期内市场供需变化趋势，从而确定企业计划期产品销售情况的预测方法，一般适用于不具备完整可靠的历史资料，无法进行定量分析的企业。

① 专家意见法

专家意见法又叫特尔菲法，指利用专家小组的集体智慧，通过预测部门向有关专家逐次寄送调查意见表，由有关专家对调查表中的问题逐次发表个人意见，经过多次反馈和整理后，推断出有关产品在一定时期内的销售变动趋势。该方法的工作程序大致如下：

（1）书面通知被选定的专家。由预测小组根据预测对象和内容，向各位专家提供有关资料，明确预测目标并提出征询要求。

（2）专家根据自己掌握的资料，对研究对象的未来发展趋势提出自己的预测及其依据，书面答复预测单位。

（3）预测小组将收到的第一轮专家意见归纳整理后，列出不同预测结果和相应的理论依据，书面答复预测单位。

（4）专家接到汇总意见后，就各种预测意见及其依据进行分析，提出自己修改的预测意见。经多次征询、归纳和修改，最终达成意见一致。

（5）预测小组将取得的调查结果整理成书面意见和报告。

采用专家意见法选择的专家人数应在 10 ～ 20 人。该方法一般具有连续性长期观察的特点，适用于长期预测。

② 调查法

调查法包括全面调查、重点调查和抽样调查。全面调查是指对涉及同一产品的销售对象进行逐一了解，综合分析调查结果后，查明该产品在未来一定期间内销售量的增减变动趋势。重点调查是指对某些产品销售历史情况的调查，综合分析调查结果后，大致掌握未来一定期间内产品销售量变动的总体趋势。抽样调查是指按照随机原则，从有关产品总体中抽出一部分样本进行调查，经分析推断后，测算有关产品的总需求量。

③ 专业人员意见法

专业人员意见法包括经理评定法和销售人员意见法。经理评定法是指由企业内部负责产品经销的有关经理人员，根据自己的学识和经验，对其掌握的历史销售资料进行分析评价后，对未来一定时期内某产品的销售量变动趋势做出判断。销售人员意见法是指由专门从事销售活动的有关人员根据其对所在地区产品销售历史情况的了解，提出有关产品在未来一定时期内增减变动趋势的个人意见，企业经归纳汇总，最终推算出产品需求数量。

除以上方法外，预测分析还可以使用主观概率法、市场因子法及用户推断法等。

2）销售预测的定量分析方法

销售预测的定量分析方法主要是指根据有关的历史资料，运用现代数学方法对历史资料进行分析、加工处理，并通过建立预测模型对产品的市场销售趋势进行研究，并做出推测的方法的统称，包括趋势预测分析法和因果预测分析法等。趋势预测分析法主要有算术平均法、移动平均法、加权平均法等；因果预测分析法主要有线性回归分析法、生产量预测法、目标利润预测法、销售比例推算法等。

① 趋势预测分析法

趋势预测分析法是根据产品销售历史资料和有关数据，按照事物连续发展的规律来预测其变动趋势的一种定量预测技术。用此方法预测销售指标，通常是将企业有关销售的历史资料按时间顺序排列，运用一定的数学方法分析确定未来发展趋势，并在此基础上确定有关指标的预计数值。

（1）算术平均法。算术平均法是指以过去若干时期的销售量（或销售额）的算术平均数作为计划期销售预测数的方法。计算公式如下：

$$Y=\frac{\sum X_i}{n}$$

式中，$Y$——预测值。

$X_i$——第 $i$ 期的实际销售量。

$n$——期数。

这种方法的优点是计算简单，但它会使各计算期的销售差异平均化，特别是历史资料多时，没有考虑到近期的变动趋势，只进行简单的平均计算，可能会导致测算结果不准确。因此，此方法一般只适用于在短期内无明显变化趋势的产品销售预测。

【情景 6-3】华信食品股份有限公司生产面包，前 6 个月的销售量资料如表 6-4 所示，要求预测 7 月份的销售量。

表 6-4　面包销售量资料

单位：箱

| 月 份 | 1 | 2 | 3 | 4 | 5 | 6 |
|---|---|---|---|---|---|---|
| 销售量 | 600 | 650 | 700 | 800 | 850 | 900 |

$$Y=\frac{\sum X_i}{n}=(600+650+700+800+850+900)\div6=750\text{（箱）}$$

（2）加权平均法。加权平均法是指将若干历史时期的实际销售量或销售额作为样本值，将各个样本值按照一定的权数计算得出加权平均数，并将该平均数作为下期销售量的预测值的方法。一般权数的选取应遵循“近大远小”的原则。其计算公式为：

$$Y=\sum_{i=1}^{n}W_iX_i$$

式中，$Y$——预测值。

$W_i$——第 $i$ 期的权数（$0<W_i\leqslant W_{i+1}<1$，且$\sum W_i=1$）。

$X_i$——第 $i$ 期的实际销售量。

$n$——期数。

加权平均法较算术平均法更为合理，较移动平均法、指数平滑法和回归直线法计算更为简便。

【情景 6-4】承【情景 6-3】，各数据的权数如表 6-5 所示。

表 6-5　各数据的权数

| 月 份 | 1 | 2 | 3 | 4 | 5 | 6 |
|---|---|---|---|---|---|---|
| 销售量 | 600 | 650 | 700 | 800 | 850 | 900 |
| 权数 | 0.12 | 0.24 | 0.2 | 0.15 | 0.1 | 0.11 |

要求：根据上述资料，用加权平均法预测公司 7 月份的销售量。

根据加权平均法的计算公式，公司 7 月份的预测销售量为：

$$\text{预测销售量（}Y\text{）}=\sum_{i=1}^{n}W_iX_i=0.12\times600+0.24\times650+0.2\times700+0.15\times800+0.1\times850+0.11\times900$$

$$=672\text{（箱）}$$

（3）移动平均法。移动平均法是指从 $n$ 期的时间数列销售量中选取 $m$ 期（$m$ 数值固定，且 $m<n/2$）数据作为样本值，求其 $m$ 期的算术平均数，并不断向后移动计算观测其平均值，以最后一个 $m$ 期的平均数作为未来第 $n+1$ 期销售预测值的一种方法。这种方法假设预测值主要受最近 $m$ 期销售量的影响。其计算公式为：

$$Y_{n+1}=\frac{X_{n-(m-1)}+X_{n-(m-2)}+\cdots+X_{n-1}+X_n}{m}$$

为了使预测值更能反映销售量变化的趋势，可以对上述结果按趋势值进行修正，其计算公式为：

$$\overline{Y_{n+1}}=Y_{n+1}+(Y_{n+1}-Y_n)$$

由于移动平均法只选用了 $n$ 期数据中的最后 $m$ 期作为计算依据，故而代表性较差。此方法适用于销售量略有波动的产品预测。

【情景 6-5】承【情景 6-3】，假定公司预测前期（6 月）的预测销售量为 800 箱，要求分别用移动平均法和修正的移动平均法预测公司 7 月份的销售量（假设样本期为 3 期）。

根据移动平均法的计算公式，公司 7 月份的预测销售量为：

$$\text{预测销售量}（Y_{n+1}）=\frac{X_{n-(m-1)}+X_{n-(m-2)}+\cdots+X_{n-1}+X_n}{m}=\frac{800+850+900}{3}=850\text{（箱）}$$

根据修正的移动平均法计算公式，公司 7 月份的预测销售量为：

$$\text{修正后的预测销售量}（\overline{Y_{n+1}}）=Y_{n+1}+(Y_{n+1}-Y_n)=850+(850-800)=900\text{（箱）}$$

（4）指数平滑法。指数平滑法以一个指标本身过去的变化趋势作为预测未来的依据。在预测计划期销售指标时，为了排除在实际销售中所包含的偶然因素的影响，可导入平滑系数（加权因子）进行计算，以区别近期资料的影响程度。其计算公式为：

$$Y_{n+1}=aX_n+(1-a)Y_n$$

式中，$Y_{n+1}$——未来第 $n$+1 期的预测值。

$Y_n$——第 $n$ 期的预测值，即预测前期的预测值。

$X_n$——第 $n$ 期的实际销售量，即预测前期的实际销售量。

$a$——平滑指数。

$n$——期数。

一般来说，平滑指数的取值通常为 0.3 ～ 0.7，其取值大小决定了前期实际值与预测值对本期预测值的影响。

【情景 6-6】承【情景 6-3】，6 月份的实际销售量为 900 箱，原预测 6 月份的销售量为 800 箱，若平滑指数为 0.7。要求：用指数平滑法预测 7 月份的销售量。

$$\text{预测销售量}（Y_{n+1}）=aX_n+(1-a)\,Y_n=0.7\times900+(1-0.7)\times600=810\text{（箱）}$$

② 因果预测分析法

因果预测分析法是指分析影响产品销售量（因变量）的相关因素（自变量）及它们之间的函数关系，并利用这种函数关系进行产品销售预测的方法。因果预测分析法最常用的方法是线性回归分析法，下面主要介绍回归直线法。

回归直线法，也称一元回归分析法。它假定影响预测对象销售量的因素只有一个，根据直线方程 $y=a+bx$，按照最小二乘法原理，来确定一条误差最小的、能正确反映自变量 $x$ 和因变量 $y$ 之间的关系的直线。其常数项 $a$ 和系数 $b$ 的计算公式为：

$$b=\frac{n\sum xy-\sum x\sum y}{n\sum x^2-\left(\sum x\right)^2}$$

$$a=\frac{\sum y-b\sum x}{n}$$

【情景 6-7】承【情景 6-3】，假定产品销售量只受广告费支出多少的影响，7 月份预计广告费支出为 250 元，以往月份的广告费支出资料如表 6-6 所示。

表 6-6　广告费支出资料

| 月份 | 1 | 2 | 3 | 4 | 5 | 6 |
|---|---|---|---|---|---|---|
| 销售量（箱） | 600 | 650 | 700 | 800 | 850 | 900 |
| 广告费（元） | 210 | 250 | 320 | 360 | 300 | 280 |

要求：用回归直线法计算公司 7 月份的产品预测销售量。

由表 6-6 整理出表 6-7，根据公式，有：

$$b-\frac{n\sum xy-\sum x\sum y}{n\sum x^2-\left(\sum x\right)^2}=105\ 000\div 83\ 600\approx 1.26$$

$$a=\frac{\sum y-b\sum x}{n}=233\ 2.8\div 6=388.8$$

表 6-7　回归分析表

| 月份 | 广告费支出 $x$（元） | 销售量 $y$（箱） | $xy$ | $x^2$ | $y^2$ |
|---|---|---|---|---|---|
| 1 | 210 | 600 | 126 000 | 44 100 | 360 000 |
| 2 | 250 | 650 | 162 500 | 62 500 | 422 500 |
| 3 | 320 | 700 | 224 000 | 102 400 | 490 000 |
| 4 | 360 | 800 | 288 000 | 129 600 | 640 000 |
| 5 | 300 | 850 | 255 000 | 90 000 | 722 500 |
| 6 | 280 | 900 | 252 000 | 78 400 | 810 000 |
| $n$=6 | 1 720 | 4500 | 1 307 500 | 507 000 | 3 445 000 |

将 $a$、$b$ 代入公式，得出结果，即 7 月份的产品预测销售量为：

$$y=a+bx=388.8+1.26x=388.8+1.26\times 250\approx 704\text{（箱）}$$

## 6.1.4　成本预测

### 1. 成本预测的意义

成本预测是根据形成成本的各种要素及影响成本水平的各因素之间的依存关系，结合预测期内可能发生的变化和所能采取的措施，利用一定的科学方法，对未来的成本水平及变化趋势所做的科学预测。搞好成本预测，对加强成本管理，挖掘降低成本潜力，提高经济效益，进行生产经营决策具有十分重要的意义。

1）成本预测有利于加强事前管理

成本预测是编制产品生产成本计划的前提条件。在进行生产经营活动之前，通过成本预测可以将企业管理的重要内涵——成本管理纳入事前管理的轨道，改变一直以来成本控制和管理的被动状况，确定未来一定时期内的成本水平，促使企业有目的地降低产品成本，为编制成本计划提供依据，从而提高成本管理的预见性和科学性。

2）成本预测为企业挖掘降低成本的潜力

为达到降低产品成本的目的，企业通常会在生产经营活动发生之前进行成本预测，根据企业的实际情况，寻找降低产品成本的途径。

3）正确地进行成本预测有利于制定企业的经营决策

企业经营决策的制定取决于以成本为基础的决策成本信息。通过成本预测，可以揭示企业进、销、存等环节与成本之间的内在联系，进行有关产品品种结构、产品产量及生产费用计划的制订，确保企业决策的正确性。

### 2. 成本预测的程序

成本预测一般包括成本变动趋势预测和目标成本预测。其预测程序如下：

（1）确定成本预测的对象和时间期限。

（2）收集和分析与预测有关的资料和数据。

（3）建立成本预测模型，进行预测分析。

### 3. 成本预测的方法

1）高低点法

将一定时期的历史资料中最高、最低产量下成本的差额与最高、最低产量的差额进行对比，先求出单位变动成本 $b$，然后求得固定成本总额 $a$，最后即可根据计划期的预计产量来预测计划的产品总成本。第 3 章已讲述，此处不再赘述。

高低点法是最简易的预测成本的方法。在成本变动趋势比较稳定的情况下，比较适宜采用高低点法。若产品成本各期的变动幅度较大，那么采用此方法会造成较大误差。

【情景 6-8】华信食品股份有限公司生产并销售面包。从近几年的历史成本数据中获悉，该公司的销售情况如表 6-8 所示。若计划年度预计销售量为 6 200 箱，要求用高低点法预测其总成本和单位成本。

**表 6-8　销售资料**

| 摘要 | 最高点（2018 年） | 最低点（2014 年） | 差异 |
| --- | --- | --- | --- |
| 业务量（$x$）（箱） | 6 000 | 3 000 | $\triangle x$=3 000 |
| 总成本（$y$）（元） | 42 000 | 30 000 | $\triangle y$=12 000 |

有关数据计算如下：

$$b=\frac{\Delta y}{\Delta x}=12\ 000\div3\ 000=4\text{（元 / 箱）}$$

将 $b$ 的值代入最高点或最低点，结果相同。

$$a=y_h-bx_h=42\ 000-(4\times6\ 000)=18\ 000\text{（元）}$$

$$a=y_l-bx_l=30\ 000-(4\times3\ 000)=18\ 000\text{（元）}$$

$$\text{预计计划年度总成本}（y_p）=a+bx_p=18\ 000+4\times6\ 200=42\ 800\text{（元）}$$

$$\text{预计计划年度单位成本}=\frac{y_p}{x_p}=42\ 800\div6\ 200\approx6.9\text{（元）}$$

2）回归分析法

回归分析法是一种比较精确的方法。它是根据历史成本资料，利用最小二乘法，分析成本在某一条件下增减变动的趋势和基本规律，确定成本预测方程式，据以进行成本预测的方法。

【情景 6-9】华信食品股份有限公司生产并销售蛋糕，该公司最近 5 年的销售情况及历史成本资料如表 6-9 所示。若计划年度预计销售蛋糕 2 000 箱，要求用回归分析法预测其总成本和单位成本。

表 6-9　销售情况及历史成本资料

| 年 度 | 销售量（箱） | 单位成本（元） |
|---|---|---|
| 2014 年 | 1 200 | 35 |
| 2015 年 | 1 400 | 30 |
| 2016 年 | 1 600 | 32 |
| 2017 年 | 1 800 | 30 |
| 2018 年 | 1 850 | 34 |

预测步骤：

（1）将历年销售量及成本资料按照预测公式的要求进行加工延伸，如表 6-10 所示。

表 6-10　回归分析法数据表

| 年度 | 销售量（$x$）（箱） | 单位成本（元） | 总成本（$y$）（元） | $xy$ | $x^2$ |
|---|---|---|---|---|---|
| 2014 年 | 1 200 | 35 | 42 000 | 50 400 000 | 1 440 000 |
| 2015 年 | 1 400 | 30 | 42 000 | 58 800 000 | 1 960 000 |
| 2016 年 | 1 600 | 32 | 51 200 | 81 920 000 | 2 560 000 |
| 2017 年 | 1 800 | 30 | 54 000 | 97 200 000 | 3 240 000 |
| 2018 年 | 1 850 | 34 | 62 900 | 116 365 000 | 3 422 500 |
| $n$=5 | $\sum x$=7 850 | — | $\sum y$=252 100 | $\sum xy$=404 685 000 | $\sum x^2$=12 622 500 |

$$b=\frac{n\sum xy-\sum x\sum y}{n\sum x^2-\left(\sum x\right)^2}=(5\times 404\ 685\ 000-7\ 850\times 252\ 100)\div(5\times 12\ 622\ 500-7\ 850\times 7\ 850)\approx 29.83$$

$$a=\frac{\sum y-b\sum x}{n}=(252\ 100-29.83\times 7\ 850)\div 5=3\ 586.9$$

（2）计算计划期产品总成本。

$$y=a+bx=3\ 586.9+29.83\times 2\ 000=63\ 246.9\text{（元）}$$

（3）计算计划期产品单位成本。

$$\text{预计计划年度单位成本}=\frac{y_p}{x_p}=63\ 246.9\div 2\ 000\approx 31.62\text{（元）}$$

3）加权平均法

加权平均法是依据 $y=a+bx$ 的总成本公式，将其若干期的固定成本总额和单位变动成本的历史数据由近及远，按其影响程度大小分别进行加权，测算计划期成本指标的方法。若企业具备较详细的成本资料，并且已经能够确定固定成本总额和单位变动成本资料，则可利用加权平均法来预测企业未来期间的产品总成本。

设 $y$ 为预计未来总成本，$a$ 为固定成本总额，$b$ 为单位变动成本，$w$ 为权数，$x$ 为产量，则总成本计算公式为：

$$y=\sum aw \div \sum w+\left(\sum bw \div \sum w\right)x$$

## 6.2 预算管理
### ——制订计划

**cfo 要求你知道**

1. 全面预算的基本体系
2. 特殊预算的编制
3. 全面预算的编制

**关键术语**

预算管理（Budget Management）
全面预算（Across-the-board Budget）
固定预算（Fixed Budget）
弹性预算（Flexible Budget）
增量预算（Incremental Budget）
零基预算（Zero-based Budget）
滚动预算（Rolling Budget）

## 6.2.1 全面预算的基本体系

### 1. 预算管理的概念

预算管理，是指企业以战略目标为导向，通过对未来一定期间内的经营活动和相应的财务结果进行全面预测和筹划，科学、合理地配置企业各项财务和非财务资源，并对执行过程进行监督和分析，对执行结果进行评价和反馈，指导经营活动的改善和调整，进而推动实现企业战略目标的管理活动。

### 2. 预算管理的内容

预算管理的内容主要包括经营预算、专门决策预算和财务预算。经营预算（也称业务预算），是指与企业日常业务直接相关的一系列预算，包括销售预算、生产预算、直接材料预算、直接人工预算、制造费用预算、销售及管理费用预算、产品成本预算等。专门决策预算，是指企业重大的或不经常发生的、需要根据特定决策编制的预算，包括投融资决策预算等。根据业务预算编制进行财务预算编制。财务预算，是指与企业资金收支、财务状况或经营成果等有关的预算，包括现金预算、预计资产负债表、预计利润表等。全面预算的基本体系如图 6-1 所示。

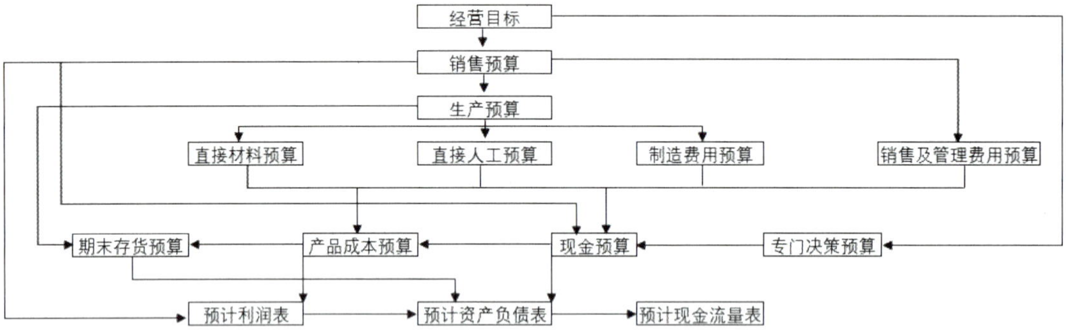


图 6-1 全面预算的基本体系

### 3. 预算管理的原则

企业进行预算管理一般应遵循以下原则：

（1）战略导向原则。预算管理应围绕企业的战略目标和业务计划有序开展，引导各预算责任主体聚焦战略、专注执行、达成绩效。

（2）过程控制原则。预算管理应通过及时监控、分析等把握预算目标的实现进度并实施有效评价，为企业经营决策提供有效支撑。

（3）融合性原则。预算管理应以业务为先导、以财务为协同，将预算管理嵌入企业经营管理活动的各个领域、层次、环节。

（4）平衡管理原则。预算管理应平衡长期目标与短期目标、整体利益与局部利益、收入与支出、结果与动因等的关系，促进企业可持续发展。

（5）权变性原则。预算管理应刚性与柔性相结合，强调预算对经营管理的刚性约束，又可根据内外环境的重大变化调整预算，并针对例外事项进行特殊处理。

#### 4. 预算管理领域的工具方法

预算管理领域应用的管理会计工具方法一般包括滚动预算、零基预算、弹性预算、作业预算等。企业可根据其战略目标、业务特点和管理需要，结合不同工具方法的特征及适用范围，选择恰当的工具方法综合运用。

企业可整合预算与战略管理领域的管理会计工具方法，强化预算对战略目标的分解；整合预算与成本管理、风险管理领域的管理会计工具方法，强化预算对战略执行的过程控制；整合预算与营运管理领域的管理会计工具方法，强化预算对生产经营的过程监控；整合预算与绩效管理领域的管理会计工具方法，强化预算对战略目标的标杆引导。

企业应用预算管理工具方法，一般按照预算编制、预算控制、预算调整、预算考核等程序进行。

#### 5. 预算的分类

企业预算可以按不同标准进行多种分类。

（1）根据预算内容不同，企业预算可以分为业务预算（经营预算）、专门决策预算和财务预算。

（2）根据预算指标覆盖的时间长短，企业预算可以分为长期预算和短期预算。

通常将预算期在 1 年以内（含 1 年）的预算称为短期预算，将预算期在 1 年以上的预算称为长期预算。预算的编制时间可以视预算的内容和实际需要而定，可以是 1 周、1 个月、1 个季度、1 年或若干年等。在预算编制过程中，往往应结合各项预算的特点，将长期预算和短期预算结合使用。一般情况下，企业的业务预算和财务预算多为以 1 年为期的短期预算，年内再按季度或月细分，而且预算期间往往与会计期间保持一致。

#### 6. 预算管理的应用环境

企业实施预算管理的基础环境包括战略目标、业务计划、组织架构、内部管理制度、信息系统等。

1）战略目标

企业应按照战略目标，确立预算管理的方向、重点和目标。

2）业务计划

企业应将战略目标和业务计划具体化、数量化，作为预算目标，促进战略目标落地。业务计划，是指按照战略目标对业务活动的具体描述和详细计划。

3）组织架构

企业可设置预算管理委员会等专门机构组织、监督预算管理工作。该机构的主要职责包括审批公司预算管理制度、政策，审议年度预算草案或预算调整草案并报董事会等机构审批，监控、考核本单位的预算执行情况并向董事会报告，协调预算编制、预算调整及预算执行中的有关问题等。预算管理的机构设置、职责权限和工作程序应与企业的组织架构和管理体制互相协调，保障预算管理各环节职能衔接、流程顺畅。

4）内部管理制度

企业应建立健全预算管理制度、会计核算制度、定额标准制度、内部控制制度、内部审计制度、绩效考核和激励制度等内部管理制度，夯实预算管理的制度基础。

5）信息系统

企业应充分利用现代信息技术，规范预算管理流程，提高预算管理效率。

**7. 全面预算组织**

编制全面预算是一项非常复杂的工作。为了保证预算编制工作有条不紊地进行，需要在企业内部设置一个预算委员会负责预算的编制并监督预算的实施。预算委员会成员一般由分管销售、生产、财务等方面的副总经理及总会计师等高级管理人员组成。

1）预算委员会

企业应设立预算管理领导小组，履行有关预算的职责。其职责包括：拟定企业预算编制与管理的原则和目标；审议企业预算方案及其调整方案；协调企业全面预算编制和执行中的重大问题；根据预算执行结果提出考核和奖惩意见。

2）预算管理部门

企业应设立预算管理部或计划财务部，负责组织全面预算的编制、报告、执行和日常监控工作，履行有关预算的职责。其职责包括：组织企业预算的编制、审核和汇总工作；组织下达预算，监督企业预算执行情况；制定企业预算调整方案；协调解决企业全面预算编制和执行中的有关问题；分析和考核企业内部各业务部门及其所属子公司的预算完成情况。

3）全面预算编制的具体程序

编制全面预算应采取“自下而上、自上而下、上下结合、分级编制、逐级汇总”的方法，不断权衡，反复修改，最终达到综合平衡，以正式的预算下达执行。具体程序如下：最高决策层根据企业的经营目标和经营方针，提出和明确企业在预算期的总目标和预算具体目标；各业务部门根据分管预算指标编制本部门的预算；预算委员会审查、平衡各部门编制的预算，汇总编制企业的综合预算；预算委员会将综合预算上报企业管理层批准，并将批准后的预算下达各业务部门执行。

**8. 全面预算的意义**

全面预算是指用数量形式表现的企业全部经济活动过程的正式计划，是经营决策的具体数量表现，是企业对其错综复杂的生产经营业务实行综合规划和有效控制的重要方法。

编制全面预算的目的是通过对供、产、销各环节和人、财、物等诸因素的综合平衡，全面安排各项生产经营业务，并确定其应达到的标准，为实现企业的总目标创造条件和提供保证。因此，编制和执行全面预算，建立企业内部的预算管理体系，对提高企业经营管理水平，争取实现较好的经济效益具有十分重要的意义。

1）全面预算的编制为企业全员明确了今后的奋斗目标

由于企业所处的外部环境非常复杂，如果不建立全面预算体系，就难免在生产经营过程中出现失误，以致不自觉地采取盲目行动而出现混乱状态。因此，为保证企业的生产经营活动按照既定目标进行，必须对未来特定时期内的各项经济业务及资金分配和资金筹措等做出全面的安排，使各部门、各单位和各环节都有明确、具体的奋斗目标。

2）协调企业内部各职能部门的工作，以便实现目标管理

目前情况下，上市公司的规模和组织往往很庞大，且各职能部门又具有相对独立性，因此，

如果不能使各部门、各单位的生产经营活动相互配合、步调一致，企业就难以实现其总目标。通过全面预算的编制，可以协调企业内部各部门、各单位和各环节的业务活动，减少甚至消除它们之间可能出现的矛盾和冲突，使企业的供、产、销和人、财、物始终保持最大限度的平衡。

3）全面预算是对各项生产经营活动进行有效控制的重要依据

全面预算综合考虑了企业在今后特定时期内应该做什么、怎样做和实现何种经济目标等一系列问题。因此，企业只要按照预算要求开展各项生产经营活动，就可能实现最佳经济效益。同时，全面预算的编制和执行有利于进一步审查和核实各项决策的预期效果和可行性，及时发现未来时期内生产经营管理的薄弱环节，预先采取有效的防范措施。

4）全面预算是考核、评价企业内部各职能部门工作绩效的客观标准

全面预算规定了企业内部各部门、各单位应解决的问题和应承担的责任，是考核各部门、各单位工作业绩的标准。通过全面预算的编制，可以考核和评价企业及其各部门的工作成果，协调各部门的工作，引导各级管理人员从全局立场考虑问题，促使企业员工进一步明确工作方向，自觉参与企业管理，从而保证全面预算的执行。

## 6.2.2 特殊预算的编制

### 1. 预算的编制方法

预算的编制方法主要有固定预算与弹性预算、增量预算与零基预算、定期预算与滚动预算等。

1）固定预算与弹性预算

编制预算的方法按其业务量基础数量的特征不同，可分为固定预算和弹性预算两大类。

① 固定预算

固定预算又称静态预算，是指将预算期内正常的、可实现的某一业务量（如生产量、销售量）水平作为唯一基础，不考虑预算期内生产活动可能发生的变动而编制预算的方法。通常生产预算和销售预算是按预计的某一业务量水平来编制的，属于固定预算，这是一种较为传统的预算编制方法。

【情景 6-10】华信食品股份有限公司生产面包，其 2018 年的固定预算如表 6-11 所示。

表 6-11　固定预算

单位：元

| 产量：600 箱 | 2018 年 | |
|---|---|---|
| 成本项目 | 总成本 | 单位成本 |
| 直接材料 | 3 600 | 6 |
| 直接人工 | 1 800 | 3 |
| 制造费用 | 1 200 | 2 |
| 合计 | 6 600 | 11 |

该产品2018年实际完成800箱，实际总成本为7 800元，其中直接材料费为4 600元，直接人工费为1 400元，制造费用为1 800元，单位成本为9.75元。可以看出，2018年总费用与预算相比，超支很多；但如果按800箱调整预算，2018年总费用与调整后的预算相比又节约很多。两种方法的比较结果如表6-12所示。

表6-12　按产量调整的固定预算

单位：元

| 实际产量：800箱 | | | | 实际产量：800箱 | | |
|---|---|---|---|---|---|---|
| 成本项目 | 按600箱预算 | 实际费用 | 差异 | 按800箱调整预算 | 实际费用 | 差异 |
| 直接材料 | 3 600 | 4 600 | 1000 | 4 800 | 4 600 | -200 |
| 直接人工 | 1 800 | 1 400 | -400 | 2 400 | 1 400 | -1000 |
| 制造费用 | 1 200 | 1 800 | 600 | 1 600 | 1 800 | 200 |
| 合计 | 6 600 | 7 800 | 1200 | 8 800 | 7 800 | -1 000 |

固定预算方法虽然编制较为简便，但有以下缺点：

（1）过于机械呆板。固定预算编制的业务量基础是事先假设的某个业务量。在此方法下，不论预算期内业务量水平是否可能发生一些变动，都只按事先确定的业务量水平作为编制预算的基础，因而不能实时反映市场状况变化对预算执行的影响。当实际业务量偏离预算编制所依据的业务量时，预算便失去了其作为控制和评价标准的意义，尤其是成本项目预算，涉及项目多，各成本费用项目对于业务量的变动又有不同程度的反映，按固定预算方法编制预算，会使预算变得呆板僵化，不能适应管理的弹性需要。

（2）可比性差。当实际业务水平与预算业务水平相差较大时，有关预算指标的实际数与预算数就会因业务量基础不同而失去可比性，难以发挥预算应有的作用，难以进行控制、考核和评价等。因此，按照固定预算方法编制的预算不利于正确地控制、考核和评价企业预算的执行情况。

（3）容易导致预算执行中的“突击”行为，即在临近预算期末时，将尚未消化的预算额度无论需要与否，都尽可能地耗尽，以防下期预算被缩减，同时也为下期预算留有余地，其结果可能是资源的无谓浪费。

基于上述原因，固定预算只适用于那些业务量水平较为稳定的企业或非营利组织编制预算。

② 弹性预算

弹性预算又称变动预算或滑动预算，是一种具有伸缩性的预算，是为克服固定预算的缺点而设计的。弹性预算是企业在不能准确预测预期业务量的情况下，根据成本性态及业务量、成本和利润之间的依存关系，按预算期内可能发生的业务量编制的一系列预算。只要这些数量关系不变，弹性预算就可以持续使用较长时期，不必每月重复编制。弹性预算主要用于各种间接费用预算的编制，有些企业也用于利润预算。与固定预算相比，弹性预算具有以下两个显著的优点：

（1）弹性预算是按一系列业务量水平编制的，扩大了预算的适用范围。弹性预算能够反映预算期内一定范围内可预见的多种业务量水平相对应的不同预算额，便于预算指标的调整。因为弹性预算不是固定业务量水平预算，而是能够随业务量水平的变动做机动调整的一组预算，从而能更好地执行其在控制依据和评价标准两方面的职能。

（2）可比性强。弹性预算是按成本的性态分类列示的，便于在计划期终了时计算“实际业务量的预算成本”（应当达到的成本水平），可以将实际指标与实际业务量相对应的预算量进行对比，从而使预算执行情况的评价与考核建立在更加客观和可比的基础上，便于更好地发挥预算的控制作用。

编制弹性预算所依据的业务量可以是产量、销售量、直接人工工时、机器工时、材料消耗量和直接人工工资等，但要选用一个最能代表本部门生产经营活动水平的业务量计量单位。例如，以手工操作为主的车间，就应选用直接人工工时；制造单一产品或零件的部门，可以选用实物数量；制造多种产品或零件的部门，可以选用直接人工工时或机器工时；修理部门可以选用直接修理工时等。弹性预算的业务量范围，视企业或部门的业务量变化情况而定，务必使业务量不超出确定的范围。一般来说，可定在正常生产能力的70%~110%，或以历史上最高业务量和最低业务量为其上下限。

弹性预算的编制通常有以下几种常见方法：

（1）公式法。公式法是指通过确定 $y=a+bx$ 公式中的 $a$ 和 $b$ 来编制弹性预算的方法。

在成本习性分析的基础上，可将任何成本近似地表示为 $y=a+bx$。在公式法下，如果事先确定了有关业务量 $x$ 的变动范围，只要根据有关成本项目的 $a$（固定成本总额）和 $b$（单位变动成本）参数，就可以很方便地推算出业务量在允许范围内任何水平上的各项预算成本。

【情景 6-11】华信食品股份有限公司 2018 年用公式法编制的制造费用弹性预算指标（部分）如表 6-13 所示，其中较大的混合成本项目已经被分解。

**表 6-13　制造费用弹性预算指标（公式法）**

| 业务量范围 | 400 ～ 660 人工工时 | |
|---|---|---|
| 费用项目 | 固定费用（元 / 月） | 变动费用（元 / 人工工时） |
| 运输费用 | | 0.2 |
| 电力费用 | | 1.2 |
| 材料费用 | | 0.2 |
| 修理费用 | 90 | 0.8 |
| 油料费用 | 100 | 0.3 |
| 折旧费用 | 350 | |
| 人工费用 | 200 | |
| 合计 | 740 | 2.7 |
| 备注 | 当业务量超过 600 工时后，修理费用中的固定费用将由 90 元上升为 190 元 | |

本情景中，针对制造费用而言，在业务量为 400 ～ 600 人工工时的情况下，$y=740+2.7x$；在业

务量为 600 ～ 660 人工工时的情况下，$y$=840+2.7$x$。如果业务量为 500 人工工时，则制造费用预算为 740+2.7×500=2 090（元）；如果业务量为 650 人工工时，则制造费用预算为 840+2.7×650=2 595（元）。

公式法的优点是便于在一定范围内计算任何业务量的预算成本，可比性和适应性强，编制预算的工作量相对较小。缺点是按公式进行成本分解比较麻烦，对每个费用子项目甚至细目逐一进行成本分解，工作量很大。另外，对于阶梯成本和曲线成本只能先用数学方法修正为直线，然后才能应用公式法。必要时，还需在“备注”中说明适用不同业务量范围的固定费用和单位变动费用。

（2）列表法。列表法又称多水平法，是通过列表的方式，在确定的业务量范围内，划分出若干个不同的水平，计算相关数值预算，编制弹性预算的方法。此方法在一定程度上能弥补公式法无法直接计算不同业务量下总成本预算数据的弱点。

【情景 6-12】华信食品股份有限公司 2018 年用列表法编制的制造费用弹性预算指标如表 6-14 所示。

**表 6-14　制造费用弹性预算指标（列表法）**

| 生产能力 | 80% | 90% | 100% | 110% | 120% |
|---|---|---|---|---|---|
| 业务量（直接人工工时） | 3 200 | 4 000 | 5 000 | 5 500 | 6 000 |
| 变动成本（4.00 元 / 小时） | 12 800 | 16 000 | 20 000 | 22 000 | 24 000 |
| 固定成本（元） | 15 000 | 15 000 | 15 000 | 15 000 | 15 000 |
| 成本合计（元） | 27 800 | 31 000 | 35 000 | 37 000 | 39 000 |

列表法的优点是比公式法更精确且一目了然，但工作量较大。

2）增量预算与零基预算

编制成本费用预算的方法按其出发点的特征不同，分为增量预算和零基预算两大类。

① 增量预算

增量预算是以基期成本费用水平为基础，结合预算期业务量水平及有关降低成本的措施，通过调整有关原有费用项目而编制预算的方法。它具有两个显著特征：一是预算被分配给部门或组织的单位，然后这些单位的管理者再将预算进行分配；二是增量预算是从前期的预算中推演出来的，每个预算期间开始时，都采用上一期的预算作为参考点，只对那些要求增加预算的申请进行审查。它建立在以下假定基础上：现有的业务活动是企业必需的；原有的各项开支都是合理的；增加费用预算是值得的。

实际上，增量预算最容易掩盖低效率和浪费，不利于企业未来的发展。预算开始编制时，首先要看上一期的预算是怎么分配的，然后单位管理者再加上新的预算要求，而最高层管理者只审查增加的部分，结果是某些活动分配到的资金远远超过实际的需求。

② 零基预算

零基预算最初是由美国得克萨斯仪器公司担任财务预算工作的彼得 • 派尔（Peter Phyr）在 1970 年编制该公司的费用预算时提出来的，首先由佐治亚州政府采用，取得了很好的成效，现已被西方国家广泛采用，并作为管理间接费用的一种新的有效方法。

零基预算又称零底预算，是指在编制成本费用预算时，以所有的预算支出均为零为出发点，不考虑其以往情况如何，一切从实际需要与可能出发，分析每项费用的内容及开支标准是否合理，在综合平衡的基础上编制费用预算的一种方法。采取这一方式是将每项业务或活动均视为一个个别的决策包，然后以系统化的分析方法对各个决策方案加以评估，按其重要程度，逐一评定各决策方案的排名高低或优先级，按照优先次序将预算资源分配给各个决策包。决策包是一个识别和描述特定活动的文件，通常由部门管理者负责制定，它包括对活动目的的陈述、活动的费用、人员需求、绩效考评标准、被选的行动方案及对直接效益和间接效益的评价。

零基预算编制的具体步骤如下：

（1）企业内部各有关部门根据企业的总体目标，对每项业务说明其性质、目的，以零为基础，详细提出各项业务所需要的开支或费用。

（2）由企业领导、总会计师等人员参加的预算委员会对各部门提出的预算方案进行成本效益分析，审查该项工作是否有必要。如果该项工作确属必要，那么能否不专设一个部门或不分配专门人员，而是合并到现有的部门或人员中完成；如果该项工作必须由专设部门或专职人员去完成，那么能否进一步改进工作方法，提高工作效率。工作确定后，用对比的方法权衡每项工作的轻重缓急，按所需经费的多少分成等级，排列出各项工作的优先次序。

（3）按照第二步所定的层次，结合可动用的资金来源，按排出的优先次序分配资金，尽可能地满足排在前列的工作的需要，落实预算。

零基预算的优点如下：

（1）零基预算可以促使企业合理有序地进行资源分配，不仅能压缩经费开支，而且能切实做到把有限的经费用在关键处。

（2）零基预算能够调动各方面降低费用的积极性。零基预算可以充分发挥各级管理人员的积极性、主动性和创造性，促进各预算部门精打细算，合理使用资金，提高资金的利用效果。

（3）零基预算有利于把企业的长远目标和当前目标及实现的效益有机地结合起来。由于这种方法以零为出发点，对一切费用一视同仁，有利于企业面向未来发展考虑预算问题。

零基预算的缺点如下：

（1）需要花费大量的人力、时间和物力。由于一切支出均以零为起点进行分析、研究，因而编制预算的工作量较大，所花费的时间和代价远远比一般的预算高得多。有的企业每隔若干年进行一次零基预算，以后几年内略做适当调整，这样既简化了预算编制的工作量，又能适当控制费用。

（2）零基预算在安排项目的优先次序上难免存在一定程度的主观性。

（3）零基预算仅适用于行政部门和辅助性部门，对于有着明显投入产出关系的制造部门则不太适用。

3）定期预算与滚动预算

预算期按其时间特征不同，可分为定期预算和滚动预算两大类。

① 定期预算

定期预算是在编制预算时以不变的会计期间（如公历年度）作为预算期的一种编制预算的方法。定期预算的优点是预算期限与会计年度相配合，便于考核和评价预算的执行结果。定期预算的主要缺点如下：

（1）盲目性。由于定期预算往往是在年初甚至提前两三个月编制的，所以对于整个预算年度的生产经营活动很难做出准确的预测，尤其是预算后期的金额只能大概地估算，数据笼统含糊，缺乏远期指导性，给预算的执行带来很多困难，不利于考核和评价生产经营活动。

（2）滞后性。定期预算不能随情况的变化而及时调整，当预算中所规划的各种经营活动在预算期内发生重大变化时（如预算期临时中途转产），就会造成预算滞后过时，使之成为虚假预算。

（3）间断性。由于受预算期间的限制，使经营管理者们的决策视野局限于本期规划的经营活动，通常不考虑下期。例如，一些管理者提前完成本期预算后，就不考虑下期的经营活动，形成人为的预算间断。因此，按定期预算方法编制的预算不能适应连续的经营过程，从而不利于企业的长远发展。

为克服定期预算的缺点，可采用滚动预算的方法编制预算。

② 滚动预算

滚动预算又称连续预算或永续预算，是在编制预算时，将预算期与会计年度脱离开，随着预算的执行，不断延伸补充预算，逐期向后滚动，使预算期永远保持12个月的一种方法。每过1个月，都要根据新的情况进行调整，在原来预算期末再加1个月的预算，从而使总预算经常保持12个月的预算期。

滚动预算的编制，可采用长计划短安排的方式进行，也就是在编制预算时，先按年度分季，并将其中第一季度按月划分，建立各月的明细预算，以便监督预算的执行，其他三季可以粗略一些；当第一季结束后，再将第二季的预算按月细分，以此类推。

滚动预算按其预算编制和波动的时间单位不同，分为逐月滚动方式、逐季滚动方式和混合滚动方式。

（1）逐月滚动方式。逐月滚动方式是指在预算编制过程中，以月份为预算编制和滚动单位，每个月调整一次预算的方法。例如，在2018年1—12月的预算执行过程中，需要在1月月末根据当月预算的执行情况，修订2—12月的预算，同时补充2019年1月份的预算；2月月末根据当月预算的执行情况，修订2018年3月—2019年1月的预算，同时补充2019年2月份的预算，以此类推，如图6-2所示。逐月滚动编制的预算比较精确，但工作量大。

图6-2　逐月滚动预算编制图

（2）逐季滚动方式。逐季滚动方式是指在预算编制过程中，以季度为预算的编制和滚动单位，每个季度调整一次预算的方法。例如，在 2018 年第 1—4 季度的预算执行过程中，需要在第 1 季度末根据当季预算的执行情况，修订第 2—4 季度的预算，同时补充 2019 年第 1 季度的预算；第 2 季度末根据当季预算的执行情况，修订 2018 年第 3 季度—2019 年第 1 季度的预算，同时补充 2019 年第 2 季度的预算，以此类推。逐季滚动编制预算比逐月滚动编制预算的工作量小，但预算精度较差。

（3）混合滚动方式。混合滚动方式是指在预算编制过程中，同时使用月份和季度作为预算的编制和滚动单位的方法。它是滚动预算的一种变通方式，其理论根据是人们对未来的了解程度分近期和远期，对近期的预计把握较大，对远期的预计把握较小。为了做到长计划短安排，远略近详，在预算编制过程中，可以对近期预算提出较高的精度要求，使预算的内容相对详细；对远期预算提出较低的精度要求，使预算的内容相对简单，这样可以减少预算工作量。

与传统的定期预算相比，按滚动预算方法编制的预算具有以下优点：

（1）滚动预算符合人们的认识规律。企业的生产经营活动是复杂多变的，在编制预算时，虽然人们对预算期内影响企业生产经营活动的各方面因素进行了预测和分析，达成了一定的共识，但是随着时间的推移，将会产生各种难以预测的变化，这无疑会影响预算的正确性，甚至会导致某些预算不合时宜。另外，人们对未来客观事物的认识是一个由粗到细、由简单到详细的过程，而滚动预算能帮助我们克服预算的盲目性，避免预算与实际有较大的差异。

（2）滚动预算有助于提高预算的准确性。滚动预算的预算期间具有动态固定特性，之所以说它具有固定特性，是因为滚动预算始终要保持一个固定的预算期间，通常为 1 年或者长于 1 年的一个经营周期；之所以说它具有动态特性，是因为每经过 1 个月，就根据已经掌握的新情况对后几个月的预算进行调整和修正，并在原来的预算期末随即补充 1 个月的预算。由此可知，滚动预算在预算实施过程中，不断地修正、调整和延续预算。随着时间的推移，原来的预算就逐渐变得具体，同时又补充新的预算，如此反复，不断滚动，预算的准确性也就不断提高。

（3）遵循了生产经营活动的变动规律，保持预算的完整性和持续性，从动态预算中把握企业的未来。首先，能使各级管理人员始终保持对未来 12 个月甚至更长远的生产经营活动进行详细的考虑和全盘的规划，保证企业的各项工作有条不紊地进行；其次，有利于外界（银行信贷部门、税务机关和投资者等）对企业经营状况的了解；最后，由于不断调整与修正预算，使预算与实际情况相适应，有利于充分发挥预算的指导和控制作用。

在企业实践中采用滚动预算，必须有与之相适应的外部条件，如材料供应时间等。此外，滚动预算的预算期自动延伸，工作耗时多，工作量较大，成本高，因此可以采用按季度滚动来编制预算。在执行预算季度中，按月份分旬具体地编制预算，这样可以适当简化预算的编制工作。

总之，预算的编制是按月份滚动还是按季度滚动，应视实际需要而定。

## 6.2.3 全面预算的编制

### 1. 业务预算的编制

业务预算是与企业日常生产经营活动有关的预算，主要包括销售预算、生产预算、直接材料采购预算、直接人工预算、制造费用预算、管理费用预算、销售费用预算和单位生产成本预算的编制。

1）销售预算的编制

销售预算主要是通过本量利分析，预计企业在预算期内可能实现目标利润的销售量和销售额。在全面预算体系中，销售预算是编制预算的基础，是全面预算的关键环节，是编制总预算的出发点，其他预算均在此基础上编制。

销售预算有多种编制形式，可以按产品类别编制，也可以按销售部门或地区编制，还可以按销售方式编制，但一般多以产品类别的销售预算为主。在编制销售预算时，应以销售预测为基础，从市场角度预计对产品的需求量，同时还应考虑企业的生产能力、存货水平和季节性影响。

销售预算的编制依据是产品的名称、数量、销售单价、金额等资料，产品销售的收款条件等。在实际工作中，产品销售多会出现数额巨大的应收账款，因此，销售预算中还包括计划期间的“预计现金收入计算表”，其目的是为日后编制现金预算提供必要的资料。

【情景 6-13】华信食品股份有限公司蛋糕第一季度的现金收入包括两部分，即上年应收账款在本年第一季度收到的货款及本季度销售中可能收到的货款。在本情景中，假设每季度销售收入中，本季度收到现金 60%，另外 40% 现金要到下季度才能收到。上年应收账款为 90 000 元。表 6-15 所示为本公司今年的销售预算。

**表 6-15　华信食品股份有限公司今年的销售预算**

| 季度 | 一 | 二 | 三 | 四 | 全年 |
|---|---|---|---|---|---|
| 预计销售量（箱） | 3 100 | 3 400 | 4 000 | 3 700 | 14 200 |
| 预计单位售价（元） | 120 | 120 | 120 | 120 | 120 |
| 销售收入（元） | 372 000 | 408 000 | 480 000 | 444 000 | 1 704 000 |
| 预计现金收入（元） | | | | | |
| 上年应收账款（元） | 90 000 | | | | 90 000 |
| 第一季度（元） | 223 200 | 148 800 | | | 372 000 |
| 第二季度（元） | | 244 800 | 163 200 | | 408 000 |
| 第三季度（元） | | | 288 000 | 192 000 | 480 000 |
| 第四季度（元） | | | | 266 400 | 266 400 |
| 现金收入合计（元） | 313 200 | 393 600 | 451 200 | 458 400 | 1 616 400 |

2）生产预算的编制

生产预算是为了保证企业有适量、适销的合格产品可供出售，而具体规划企业在预算期内各种产品的产量及有关内容的预算。编制生产预算必须以销售预算为基础，它是在销售预算编制后，根据销售数量按产品的名称和数量确定的。

产品的生产量与销售量经常会不一致，因为一般产品常常需要一个或长或短的储备过程才能最终销售出去。本期销售的产品并不一定都是本期生产的产品，上期产品的存货也是本期的销售对象。所以，企业产品的生产除考虑产品的销售外，还要考虑产品的储存。此外，在预算期内，产品销售量仅是预测数，不可能十分准确。为了应付预算在实际执行时可能出现销售扩大的可能，就必须实现储存一部分产品，否则企业的生产经营就会受到不应有的损失。同时，由于企业的生产经营活动是不间断、连续进行的，所以在预算期必须有一部分产品由上期转入形成预算期的产品实有量。在确定预算期产品产量时，不仅要考虑预算期的销售量，还必须要考虑预算期内的产品期初和期末储存量。

预计生产量 = 预计销售量 + 预算期期末产成品存货 − 预算期期初产成品存货

【情景 6-14】沿用【情景 6-13】，期末产成品存货数量通常按下期销售量的一定百分比确定，按 10% 安排期末产成品存货。假设年初有产成品存货 300 箱，年末存货 400 箱。表 6-16 所示为本公司今年的生产预算。

表 6-16　华信食品股份有限公司今年的生产预算

单位：箱

| 季度 | 一 | 二 | 三 | 四 | 全年 |
|---|---|---|---|---|---|
| 预计销售量 | 3 100 | 3 400 | 4 000 | 3 700 | 14 200 |
| 加：预算期期末产成品存货 | 340 | 400 | 370 | 400 | 400 |
| 合计 | 3 440 | 3 800 | 4 370 | 4 100 | 14 600 |
| 减：预算期期初产成品存货 | 300 | 340 | 400 | 370 | 300 |
| 预计生产量 | 3 140 | 3 460 | 3 970 | 3 730 | 14 300 |

3）直接材料采购预算的编制

企业生产所需的各种原材料均必须预先采购，并保持一定量的储备，故在生产预算编制完成后，就应按照生产安排编制直接材料采购预算。

编制直接材料采购预算的关键是生产需要量的确定和材料采购量的确定。直接材料的需要量应根据各种产品的预计产量及其用料定额计算确定。

材料采购量的确定较为复杂。一般情况下，各种材料必须预先采购，才能确保生产的需要。因为材料采购通常要经过请购、订购、运输及质量检验等过程，因而对企业生产所需的原料及主要材料应保持一定的库存，以免在供应、运输等方面出现意外情况时影响生产的正常进行。由于预算期期初库存的材料在预算期使用，所以下期所需的材料必须在预算期内安排好。直接材料采购预算的主要编制依据是产品的预计生产量、产品的单位耗用量、期初和期末预计材料库存量、单位材料采购成本及材料款的支付情况等。

由于原材料采购需要支付现金，为了便于编制现金预算，直接材料采购预算通常包括用于材料采购的预计现金支出。

预计采购量 = 预计生产量 × 单位产品耗用量 + 预算期期末存量 − 预算期期初存量

【情景 6-15】沿用【情景 6-14】，各季度期末存量根据下季度生产需用量的一定百分比确定，按 20% 计算。每个季度的现金支出包括偿还上期应付账款和本期应支付的采购货款。假设材料采购的货款有 50% 在本季度内付清，另外 50% 在下季度付清。假设年初有材料 6 000 千克，年末有材料 8 000 千克。上年应付账款为 200 000 元。表 6-17 所示为本公司今年的直接材料采购预算。

表 6-17 直接材料采购预算

| 季度 | 一 | 二 | 三 | 四 | 全年 |
|---|---|---|---|---|---|
| 预计生产量（箱） | 3 140 | 3 460 | 3 970 | 3 730 | 14 300 |
| 单位产品耗用量（千克 / 箱） | 10.00 | 10.00 | 10.00 | 10.00 | 10.00 |
| 生产需要量（千克） | 31 400 | 34 600 | 39 700 | 37 300 | 143 000 |
| 加：预算期期末存量（千克） | 6 920 | 7 940 | 7 460 | 8 000 | 8 000 |
| 减：预算期期初存量（千克） | 6 000 | 6 920 | 7 940 | 7 460 | 6 000 |
| 预计材料采购量（千克） | 32 320 | 35 620 | 39 220 | 37 840 | 145 000 |
| 单价（元 / 千克） | 5 | 5 | 5 | 5 | 5 |
| 预计采购金额（元） | 161 600 | 178 100 | 196 100 | 189 200 | 725 000 |
| 预计现金支出（元） | | | | | |
| 上年应付账款（元） | 200 000 | | | | 200 000 |
| 第一季度（元） | 80 800 | 80 800 | | | 161 600 |
| 第二季度（元） | | 89 050 | 89 050 | | 178 100 |
| 第三季度（元） | | | 98 050 | 98 050 | 196 100 |
| 第四季度（元） | | | | 94 600 | 94 600 |
| 合计（元） | 280 800 | 169 850 | 187 100 | 192 650 | 830 400 |

4）直接人工预算的编制

直接人工预算是指预计为完成预算期的生产经营任务，需要多少直接人工和为此支付的工资数额而编制的预算。该预算用于确定预算期直接人工成本水平和人工工时消耗水平，其编制依据是预算期的预计生产量和单位产品耗用直接人工工时（标准或定额工时）及小时工资率。直接人工工时应按照不同工种、不同技术等级的定额分别确定。但为了简化预算的编制，也可以在适当的条件下采用平均技术等级、定额和工资率。

【情景 6-16】沿用【情景 6-15】的数据，假设生产蛋糕的单位产品工时为 2 小时 / 箱，每小时人工为 5 元 / 小时，直接人工预算表如表 6-18 所示。

表 6-18 直接人工预算表

| 季度 | 一 | 二 | 三 | 四 | 全年 |
|---|---|---|---|---|---|
| 预计产量（箱） | 3 140 | 3 460 | 3 970 | 3 730 | 14 300 |
| 单位产品工时（小时 / 箱） | 2 | 2 | 2 | 2 | 2 |
| 人工总工时（小时） | 6 280 | 6 920 | 7 940 | 7 460 | 28 600 |
| 每小时人工（元 / 小时） | 5 | 5 | 5 | 5 | 5 |
| 人工总成本（元） | 31 400 | 34 600 | 39 700 | 37 300 | 143 000 |

5）制造费用预算的编制

制造费用预算是制造并保证正常生产所需的必要条件之一，是针对预算期内费用开支范围和数量编制的预算。制造费用是产品成本的重要组成部分，包括产品生产成本中除直接材料、直接人工外的一切费用。这些费用涉及的内容多、影响的范围广，其开支水平的高低对企业的经营成果影响很大。但就其与产品的关系而言，其属于间接费用的性质，与直接材料和直接人工相比，控制较为困难。为了便于规划和控制该部分费用，在编制预算时应按照不同类别将其划分为若干项目，逐项预计并确定其数额。管理会计对制造费用的划分方式主要有两种：一种是按照费用的性质和作用划分，如划分为间接材料、间接人工、维修费等；另一种是按费用的特性划分，这种划分主要分为变动费用和固定费用两部分。制造费用预算的编制一般结合这两种划分方式进行。

【情景 6-17】华信食品股份有限公司编制的制造费用预算表如表 6-19 所示。

**表 6-19　制造费用预算表**

单位：元

| 季度 | 一 | 二 | 三 | 四 | 全年 |
|---|---|---|---|---|---|
| 变动制造费用： | | | | | |
| 间接人工（1 元 / 箱） | 3 140 | 3 460 | 3 970 | 3 730 | 14 300 |
| 间接材料（1 元 / 箱） | 3 140 | 3 460 | 3 970 | 3 730 | 14 300 |
| 修理费（2 元 / 箱） | 6 280 | 6 920 | 7 940 | 7 460 | 28 600 |
| 水电费（1 元 / 箱） | 3 140 | 3 460 | 3 970 | 3 730 | 14 300 |
| 小计 | 15 700 | 17 300 | 19 850 | 18 650 | 71 500 |
| 固定制造费用： | | | | | |
| 修理费 | 5 300 | 5 600 | 6 400 | 6 700 | 24 000 |
| 折旧 | 5 000 | 5 000 | 5 000 | 5 000 | 20 000 |
| 管理人员工资 | 2 000 | 2 000 | 2 000 | 2 000 | 8 000 |
| 保险费 | 750 | 600 | 1 000 | 850 | 3 200 |
| 财产税 | 1 000 | 1 000 | 1 000 | 1 000 | 4 000 |
| 小计 | 14 050 | 14 200 | 15 400 | 15 550 | 59 200 |
| 合计 | 29 750 | 31 500 | 35 250 | 34 200 | 130 700 |
| 减：折旧 | 5 000 | 5 000 | 5 000 | 5 000 | 20 000 |
| 现金支出的费用 | 24 750 | 26 500 | 30 250 | 29 200 | 110 700 |

为了便于以后编制产品成本预算，需要计算小时费用率。

变动制造费用小时费用率 =71 500÷28 600=2.5（元 / 小时）

固定制造费用小时费用率 =59 200÷28 600 ≈ 2.07 （元 / 小时）

6）管理费用预算的编制

管理费用是企业为维持其基本组织机构和经营能力，以保证企业生产经营活动正常进行而必须发生的支出。管理费用预算是企业生产经营过程中发生行政管理开支的预算。因其不受具体生产经营活动等业务增减变化的影响，故基本上属于固定成本性质。对于正常管理下的企业来说，管理费用的发生较为稳定，其费用的编制类似于制造费用。通过对管理费用历史资料的分析，结合预算期可能出现的情况，就不难预测预算期的费用数据。

7）销售费用预算的编制

销售费用是企业产品销售过程中发生的费用。与管理费用一样，销售费用是为维持其正常经营能力，以保证企业经营活动正常进行而必须发生的支出。销售费用预算的作用是保证销售业务的顺利开展，并据以考核销售业务的成果和效益。因此，企业的销售费用预算必须与其销售预算相协调。销售费用包括以下内容：

（1）基本业务费，指为开展销售业务而必须支出的各项经常性费用。这些经常性费用包括管理人员及业务人员薪酬及办公费、差旅费、租金、折旧费等为维持销售部门的正常活动所需的有关开支。

（2）广告费，指为开拓市场、介绍产品、提高企业产品竞争力而必须支付的广告费、馈赠产品和样品费等。

（3）包装、送货费，指在销售过程中发生的包装费和为顾客送货上门而发生的送货费等有关费用。

（4）售后服务费，指对出售产品实行保修、访问用户和使用指导等而发生的有关费用。

【情景 6-18】华信食品股份有限公司编制的销售及管理费用预算表如表 6-20 所示。

**表 6-20　销售及管理费用预算表**

单位：元

| 项目 | 金额 |
|---|---|
| 销售费用： | |
| 销售人员工资 | 5 000 |
| 广告费 | 8 500 |
| 包装、运输费 | 3 000 |
| 保管费 | 3 500 |
| 折旧 | 2 000 |
| 管理费用： | |
| 管理人员薪金 | 4 000 |
| 福利费 | 1 000 |
| 保险费 | 800 |
| 办公费 | 3 000 |
| 折旧 | 2 500 |
| 合计 | 33 300 |

续表

| 项目 | 金额 |
|---|---|
| 减：折旧 | 4 500 |
| 每季度支付现金 | 7 200 |

8）单位生产成本预算的编制

在以上预算的基础上，可以计算单位产品的预期生产成本。在变动成本法下，单位生产成本只包括直接材料、直接人工和变动制造费用。为了编制有关预算，单位生产成本预算通常附有期末存货预算。

【情景 6-19】华信食品股份有限公司编制的单位生产成本预算表如表 6-21 所示。

**表 6-21　产品单位生产成本预算表**

| 项目 | 单位成本 | | | 生产成本（元） | 期末存货（元） | 销货成本（元） |
|---|---|---|---|---|---|---|
| | 每箱或每小时 | 投入量（每箱或每小时） | 成本（元） | | | |
| 直接材料 | 5 | 10 | 50 | 715 000 | 20 000 | 710 000 |
| 直接人工 | 5 | 2 | 10 | 143 000 | 4 000 | 142 000 |
| 变动制造费用 | 2.50 | 2 | 5.00 | 71 500 | 2 000 | 71 000 |
| 固定制造费用 | 2.07 | 2 | 4.14 | 59 202 | 1 656 | 58 788 |
| 合计 | | | 69.14 | 988 702 | 27 656 | 981 788 |

## 2. 专门决策预算的编制

如前所述，专门决策预算是为企业不经常发生的长期投资项目和一次性专门业务所编制的预算，包括资本支出预算和一次性专门业务预算两种类型。

资本支出预算是企业在投资项目可行性研究的基础上编制的反映长期投资项目投资的时间、规模、收益及资金筹措方式等内容的预算。一次性专门业务预算是为财务部门在日常理财活动中发生的一次性业务而编制的预算。由于这类预算不经常发生且是一次性开支，故这类预算没有表格，仅在准备发生的预算期内计入现金流量。

【情景 6-20】华信食品股份有限公司编制的专门决策预算表如表 6-22 所示。

**表 6-22　专门决策预算表**

单位：元

| 项目 | 第一季度 | 第二季度 | 第三季度 | 第四季度 | 全年 |
|---|---|---|---|---|---|
| 投资支出预算 | 450 000 | 80 000 | 50 000 | 100 000 | 680 000 |
| 借入长期借款 | 600 000 | – | – | | 600 000 |

## 3. 财务预算的编制

财务预算是反映企业预算期现金收支、经营成果和财务状况的综合性预算，具体包括现金预算、预计利润表和预计资产负债表。

1）现金预算的编制

现金预算是根据其他各种预算资料编制的、反映企业在预算期间现金收支详细情况的预算。编制现金预算的目的是合理安排现金收支，正确确定现金多余（或不足）的时间和金额，并随之确定资金运用和资金筹集的方式、时间和金额。现金预算通常包括现金收入、现金支出、现金余缺及现金的筹集与运用四部分。在这里，现金收入由计划期期初现金余额及预计可能发生的现金收入组成；现金支出除以上各预算表所列支出外，还包括固定资产购置、股利支付及缴纳所得税等支出；现金余缺部分是将企业计划期内的现金收支进行对比，用以检查企业的资金运用状况；而现金的筹集与运用则说明企业在计划期间需向银行借款及归还借款的数额。

现金预算的编制可长可短，既可以按日编制，也可以按星期编制，但企业通常都要编制年度分季、季度分月计划。

【情景 6-21】华信食品股份有限公司去年年末的长期借款余额为 100 000 元。所以，第一季度、第二季度、第三季度和第四季度的长期借款利息均为 (100 000+600 000)×12%÷4=21 000 元。其中，理想中的现金余额是 300 000 元，如果资金不足，则可以取得短期借款，银行的要求是借款额必须是 10 000 的整数倍。华信食品股份有限公司今年的现金预算如表 6-23 所示。

**表 6-23　现金预算**

单位：元

| 季度 | 一 | 二 | 三 | 四 | 全年 |
|---|---|---|---|---|---|
| 期初现金余额 | 250 000 | 365 300 | 407 000 | 480 200 | 250 000 |
| 加：现金收入 | 313 200 | 393 600 | 451 200 | 458 400 | 1616 400 |
| 可供使用现金 | 563 200 | 758 900 | 858 200 | 938 600 | 1866 400 |
| 减：现金支出 | | | | | |
| 直接材料 | 280 800 | 169 850 | 187 100 | 192 650 | 830 400 |
| 直接人工 | 31 400 | 34 600 | 39 700 | 37 300 | 143 000 |
| 制造费用 | 24 750 | 26 500 | 30 250 | 29 200 | 110 700 |
| 销售及管理费用 | 7 200 | 7 200 | 7 200 | 7 200 | 28 800 |
| 所得税费用 | 12 000 | 12 000 | 12 000 | 12 000 | 48 000 |
| 购买设备 | 450 000 | 80 000 | 50 000 | 100 000 | 680 000 |
| 股利 | | | | 58 000 | 58 000 |
| 现金支出合计 | 806 150 | 330 150 | 326 250 | 436 350 | 1 898 900 |
| 现金余额 | −242 950 | 428 750 | 531 950 | 502 250 | −32 500 |
| 现金筹集与运用 | | | | | |
| 加：借入长期借款 | 600 000 | | | | 600 000 |
| 取得短期借款 | 30 000 | | | | 30 000 |
| 减：归还短期借款 | | | 30 000 | | 30 000 |
| 短期借款利息（年利 10%） | 750 | 750 | 750 | | 2 250 |
| 长期借款利息（年利 12%） | 21 000 | 21 000 | 21 000 | 21 000 | 84 000 |
| 期末现金余额 | 365 300 | 407 000 | 480 200 | 481 250 | 481 250 |

2）预计利润表的编制

企业产销活动方面的预算编制完成后，预计利润表就可以表格的形式反映未来预算期内的经营成果，以便与既定目标相对照，随时检查企业的生产经营情况。预计利润表是用来综合反映企业在预算期内经营活动最终成果的报表。其主要作用是，根据销售预算、生产预算和各项费用预算的有关收入、成本和费用支出的预计资料，测算企业在预算期内可能实现的利润总额。预计利润表可以用于衡量企业预算期内的经营业绩，是全面预算编制过程中的关键步骤。

【情景 6-22】华信食品股份有限公司编制的预计利润表如表 6-24 所示。

**表 6-24　预计利润表**

单位：元

| 项　目 | 金　额 |
|---|---|
| 销售收入 | 1 704 000 |
| 销售成本 | 981 788 |
| 毛利 | 722 212 |
| 销售及管理费用 | 33 300 |
| 利息 | 86 250 |
| 利润总额 | 602 662 |
| 所得税费用（估计） | 48 000 |
| 净利润 | 554 662 |

3）预计资产负债表的编制

预计资产负债表是用来反映企业在预算期终了时的财务状况的报表。编制本报表的主要目的是对预算期期末企业的财务状况进行预测，看其是否符合企业发展的要求。同时，还可以检验各项预算的相关数据是否衔接，有无差错。

编制预计资产负债表的基础是预计的上期资产负债表，并将其作为本报表的期初数加以反映，然后根据上述各项预算中与企业财务状况有关的数据资料，填列为各项目的期末数。

【情景 6-23】华信食品股份有限公司编制的预计资产负债表如表 6-25 所示。

**表 6-25　预计资产负债表**

单位：元

| 资产 | 年初余额 | 年末余额 | 负债和股东权益 | 年初余额 | 年末余额 |
|---|---|---|---|---|---|
| 流动资产： | | | 流动负债： | | |
| 货币资金 | 250 000 | 481 250 | 短期借款 | | 0 |
| 应收账款 | 90 000 | 177 600 | 应付账款 | 200 000 | 94 600 |
| 存货 | 50 742 | 67 654 | 流动负债合计 | 200 000 | 94 600 |
| 流动资产合计 | 390 742 | 726 504 | 非流动负债： | | |
| 非流动资产： | | | 长期借款 | 100 000 | 700 000 |
| 固定资产 | 500 000 | 475 500 | 非流动负债合计 | 100 000 | 700 000 |

续表

| 资产 | 年初余额 | 年末余额 | 负债和股东权益 | 年初余额 | 年末余额 |
|---|---|---|---|---|---|
| 在建工程 | 1 000 000 | 1 680 000 | 负债合计 | 300 000 | 794 600 |
| 非流动总产合计 | 1 500 000 | 2 155 500 | 股东权益: | | |
| | | | 股本 | 400 000 | 400 000 |
| | | | 资本公积 | 220 000 | 220 000 |
| | | | 盈余公积 | 123 654 | 179 120 |
| | | | 未分配利润 | 847 088 | 1 288 284 |
| | | | 股东权益合计 | 1 590 742 | 2 087 404 |
| 资产总计 | 1 890 742 | 2 882 004 | 负债和股东权益合计 | 1 890 742 | 2 882 004 |

### 6.2.4 预算执行

预算执行一般按照预算控制、预算调整等程序进行。

预算控制，是指企业以预算为标准，通过预算分解、过程监督、差异分析等促使日常经营不偏离预算标准的管理活动。企业应建立预算授权控制制度，强化预算责任，严格执行预算控制。

企业应建立预算执行的监督、分析制度，提高预算管理对业务的控制能力。

企业应将预算目标层层分解至各预算责任中心。预算分解应按各责任中心权、责、利相匹配的原则进行，既公平合理，又有利于企业实现预算目标。

企业应通过信息系统展示、会议、报告、调研等多种途径及形式，及时监督、分析预算执行情况，分析预算执行差异形成的原因，并提出对策建议。

年度预算经批准后，原则上不做调整。企业应在制度中严格明确预算调整的条件、主体、权限和程序等事宜，当内外战略环境发生重大变化或突发重大事件等，导致预算编制的基本假设发生重大变化时，可进行预算调整。

### 6.2.5 预算考核

预算考核主要针对定量指标进行考核，是企业绩效考核的重要组成部分。企业应按照公开、公平、公正的原则实施预算考核。企业应建立健全预算考核制度，并将预算考核结果纳入绩效考核体系，切实做到有奖有惩、奖惩分明。

预算考核主体和考核对象的界定应坚持上级考核下级、逐级考核、预算执行与预算考核职务相分离的原则。

预算考核以预算完成情况为考核核心，通过预算执行情况与预算目标的比较，确定差异并查明产生差异的原因，进而据以评价各责任中心的工作业绩，并通过与相应的激励制度挂钩，促进其与预算目标相一致。

# 7 决策

## ——贯穿整个管理过程的活动

### CFO导语

管理即决策，要掌握决策的方法，针对不同问题进行科学决策。

### 本项目架构

- 决策概述
  - 短期决策
    - 资本投资决策

# 7.1 决策概述

## ——了解决策

**cfo 要求你知道**

1. 决策的概念
2. 经济决策的类型

**关键术语**

战略决策（Strategic Decision）
管理决策（Management Decision）
微观经济决策（Microeconomical Decision）
宏观经济决策（Macroeconomic Decision）

7-1

## 7.1.1 决策的概念及要求

### 1. 决策的概念

决策是企业管理的组成部分，是企业为达到预定目标而采取的某种对策。在企业管理过程中，经营决策就是在企业经营思想和经营方针的指导下，确定未来的经营目标，并从企业两个或两个以上的备选方案中选择一个最佳方案的分析决断过程。

就决策本身而言，可以有广义和狭义两种解释。从广义的角度来看，我们把决策理解为一个过程。企业的各种决策都不应简单、随意地做出，而要经过缜密的分析和研究，确定决策目标后，制定备选方案。在大量搜集有关数据资料的基础上，对备选方案进行比较分析，经过筛选确定最优方案。方案确定实施后，还应对该方案进行检查和监督，及时纠正方案执行中的偏差。因此，一个好的决策者必须懂得如何进行决策、怎样才能做出正确的决策。从狭义的角度来看，决策是某一方案的最终选择。但这种方案事前都有确定的目标，并有已制定的各种方案和筛选比较的基础。否则，就不可能做出正确的决策。

**2. 决策的要求**

一个合理的决策必须满足以下要求：

（1）有明确的目标和要求达到目标的具体标准。决策是对企业行动的选择，对决策有短期和长期目标的要求。因此，要解决的问题必须十分明确，有一定标准，可以进行比较。

（2）做出分析评价。企业的经营目标不同，为实现经营目标选择的方案不同，对企业经营成果的影响也就不同。基于以上原因，企业对所确定的目标及实现目标所使用的方法等要做出决策分析和方案的评价。

（3）合理选择方案。任何方案都需要以数据作为科学判断的依据，以保证其经济上合理，技术上可行，国家有关经济政策、社会大环境、道德观念等情况允许。在将备选方案进行全面比较后选择最佳方案。

（4）量力而行，充分考虑外部因素。企业决策要满足上一级目标或总体目标的要求，要有相应资源作为保证，并在充分考虑人力、物力和财力，设备、原材料和技术，时间、地点、市场信息和管理能力等各方面因素的条件下满足企业的预期要求。

（5）遵循以尽可能少的耗费取得尽可能多的财务成果的原则。企业要达到的目标和衡量达到目标的具体标准应以耗费少、成果大为预测的基本原则。

（6）必须有切实可行、便于管理的行动规划。企业的经营以决策为基础，因而决策必须有助于运行和管理的行动规划。通过制定经营战略、合理安排有关人员并确定责任等具体工作，保证企业目标的实现。

（7）必须具有应变能力。决策总是面向未来的，而未来具有不确定性。在市场经济条件下，由于经营决策所处的外部环境存在多种变化的可能性，所以决策中必须充分估计备选方案可能存在的各种风险，事前制定应变措施，以免出现风险时企业缺乏应变能力，造成不必要的损失。

（8）增强企业实力， 努力开拓市场。企业决策应在增强实力的前提下，不断开发新产品，扩大经营项目，提高企业的知名度和竞争能力。

## 7.1.2 经济决策的类型

对企业而言，经济决策是对企业或企业内部某一部门所做出的决策，如企业的产品生产决策、销售决策、固定资产更新决策等。按照不同的分类标准，经济决策可以分为以下几类。

（1）按决策时期的长短分类，经济决策可以分为短期决策和长期决策。

短期决策（又称经营决策）是企业当年的行动决策，一般涉及一年或一年以内的一次性专门业务，只对决策期内的经济收益产生影响，但影响期较短，如产品的定价决策、是否追加订货的决策、亏损产品应否继续生产的决策等。这些决策只针对某批产品，不考虑企业长期投资需要和取得的成果。进行短期决策的目的在于使企业的人力、物力和财力资源在现有条件下得到更为合理的利用。

长期决策（又称资本投资决策）是对较长时期（一年以上）的经营收益产生影响的决策。对固定资产的投资决策、固定资产的更新改造决策等都属于长期决策。长期决策影响企业的时间较长，资金一旦投入，在很长的一段时期内都将对企业的收益产生持续性的影响。因此，对这类决策应着重考虑如何使企业的投资获得最佳经济效益。

（2）按决策的目的性分类，经济决策可以分为战略决策、管理决策和业务决策。

战略决策往往是整个企业较长时期的、对企业的未来产生重大影响的决策，如企业的经营方针和目标、技术革新或改造、产品的改型及更新的决策等。总体来看，企业的战略决策是对企业施加影响，具有决定性意义的决策。

管理决策是企业在执行战略决策的过程中所做的具体的战术性决策，如产品的生产计划和销售计划的制订、产品的定价、新产品试制投产等都属于这类决策。

业务决策是企业在日常经济活动中，为提高工作效率、完成生产任务所做的决策，如生产定额的制订、生产任务的分配等都属于这类决策。

（3）按决策范围的大小分类，经济决策可以分为微观经济决策和宏观经济决策。

微观经济决策，是指在一个企业范围内所做的决策，如产品的定价决策、销售决策等。

宏观经济决策，是指对整个国民经济或国民经济中一个乃至几个部门所做的决策，如建立经济特区、高新技术开发区、某一项影响范围很大的工程等都属于宏观决策。

（4）按决策产生的后果分类，经济决策可以分为确定型决策、风险型决策和非确定型决策。

确定性决策是各备选方案都只有一种确定状态的决策，即决策人能够确定某一方案所发生的必然后果，并据以做出确定性的假定。例如，某公司可以从同一地区的 A、B、C 3 个供货商购得同一种产品。假定 3 个供货商的产品质量相同，运输费相差无几，仅购进单价分别为 1 500 元、1 450 元和 1 600 元，则可以很明确地做出应购买供货商 B 提供的产品的决策。这就属于确定性决策。

风险型决策又称统计型决策，是各备选方案所需条件大都为已知，但每一方案的执行都会出现不同后果的决策。由于各方案都有不可知因素，所以决策中存在着不同程度的风险。例如，产品销售量的决策就属于这类决策。原因在于：影响销售量的因素虽然很多，但决策者只能通过市场调查和预测分析进行估计。进行风险型决策时，应首先确定一个适当的决策标准，使企业有目的地进行工作。

非确定型决策，是指各备选方案的后果是未知的，决策结果不确定，需要经过主观判断才能得出结论的决策。有些决策问题的某些因素不能确定，或由于客观条件的限制，使决策人对未来情况出现的可能性既无法估计，又无法确定其出现的概率。因此，决策中需要通过主观判断，从中选择最优方案。这类决策较为复杂，也应有事先制定决策的标准。

（5）按决策的基本职能分类，经济决策可以分为计划的决策和控制的决策。

计划的决策是指为规划未来经营活动所做的决策，如开发研制新产品或新工艺、新产品投产、更新设备或改造旧设备的决策等都是计划的决策。这类决策主要是在分析比较的基础上，对各种备选方案可能产生的后果进行评价，为选取最优方案提供可能的依据。

控制的决策是指为控制企业日常生产经营活动而做出的决策。这类决策属于决策执行过程中的控制措施，目的在于保证企业的日常生产经营活动与计划相比不致出现太大的偏差。例如，随时调整企业的生产设备、改变原材料供应地、调整运输路线、生产人员调动等都属于这类决策。

# 7.2 短期决策
## ——日常经营活动中方案的选择

**cfo 要求你知道**

1. 短期决策的方法
2. 生产决策
3. 存货决策

**关键术语**

贡献毛益法（Contribution Margin Approach）
定价决策（Pricing Decision）
价格弹性（Price Elasticity）
成本定价（Cost Pricing）
目标成本定价法（Target Cost Pricing）

### 7.2.1 短期决策的方法

短期决策所应用的方法因决策的具体内容不同而有所区别，常用的方法有差量分析法和贡献毛益分析法。

**1. 差量分析法**

差量分析所涉及的收入和成本因素是差量收入和差量成本。差量收入是指两个备选方案的预期收入之间的差异数。影响预期收入的主要因素是预计销售量和预计销售单价。差量成本指两个备选方案的预期成本之间的差异数。不同方案的经济效益往往可以通过差量成本的对比来反映。

当差量收入大于差量成本，而其他因素不变时，这个方案就是较优的方案；同样，当差量成本降低额大于差量收入的降低额，而其他因素不变时，这个方案也是可取的方案。

差量分析法是指通过对不同方案的收入、成本差量的比较，从中选出最优方案的方法。它可以分为广义的差量分析法和狭义的差量分析法。广义的差量分析法包括所有的决策分析的方法，因为任何决策分析的方法最终都是通过不同方案之间的差别进行比较的。狭义的差量分析法则是通过差量收入、差量成本和差量利润来确定哪个方案最优的方法。

【情景 7-1】华信食品股份有限公司同一机器可以生产面包，也可以生产蛋糕。现已知面包的单位变动成本为 75 元，单位售价为 100 元，计划销售量为 5 000 箱；蛋糕的单位变动成本为 100 元，单位售价为 120 元，计划销售量为 6 000 箱。分析公司经营哪种产品更为合理。

（1）计算差量收入。

经营蛋糕与经营面包的差量收入＝ 6 000×120−5 000×100=220 000（元）

（2）计算差量成本。

经营蛋糕与经营面包的差量成本＝ 6 000×100−5 000×75=225 000（元）

（3）计算差量利润。

经营蛋糕与经营面包的差量利润（或差量损失）=220 000−225 000=−5 000（元）

（4）结论。

经过分析可以发现（见表 7-1），经营蛋糕比经营面包盈利额少 5 000 元，故华信食品股份有限公司应经营面包。

表 7-1　差量分析表

单位：元

| 摘　要 | 面包 | 蛋糕 | 差 量 |
|---|---|---|---|
| 差量收入 | | | |
| 面包 | 500 000 | | |
| 蛋糕 | | 720 000 | 220 000 |
| 差量成本 | | | |
| 面包 | 375 000 | | |
| 蛋糕 | | 600 000 | 225 000 |
| 经营蛋糕与经营面包的差量利润（或差量损失） | | | 5000 |

2. 贡献毛益分析法

通过对产品所创造的贡献毛益进行分析来确定哪个方案最优的方法被称为贡献毛益分析法。在通常情况下，经营决策是在维持原有生产能力、固定成本保持不变的情况下做出的。因此，决策时只需要对产品所创造的贡献毛益进行分析，就可以确定最优方案。而当固定成本在相关范围内保持稳定时，采用贡献毛益分析法对备选方案进行比较则更为简便易行。

使用贡献毛益分析法时，不仅要看单位贡献毛益额的大小，更要注意贡献毛益总额对企业收支的影响。对企业而言，尽管贡献毛益是反映企业盈利能力的重要指标，但企业决策考虑的重点不是某件产品可以创造的贡献毛益额有多少，而是某种产品可以创造的贡献毛益总额。只有这样计算，才能使企业看到有可能得到的收益。换言之，在正常生产经营活动情况下，单位贡献毛益最大并不意味着企业能够取得最大的收益，而贡献毛益总额最大的方案总是最优方案。

【情景 7-2】华信食品股份有限公司生产并销售面包和蛋糕，面包每箱售价 100 元，单位变动成本为 75 元；蛋糕每箱售价 120 元，单位变动成本为 100 元；固定成本为 20 000 元。在计划期内，面包最多可销售 7 000 箱，蛋糕最多可销售 8 000 箱。现分析该公司应经营哪一种产品（假定只允许公司产销一种产品，不得混合经营）。

在计划期内，公司产销量已定，固定成本也已确定。由于产销任一产品固定性开支均以同等金额存在，故可以不考虑其数额。在这一条件下，应以贡献毛益总额最大的方案为最优方案。

（1）计算单位贡献毛益。

面包的单位贡献毛益 =100−75=25（元）

蛋糕的单位贡献毛益 =120−100=20（元）

（2）计算贡献毛益总额。

面包的贡献毛益总额 =100×7 000−75×7 000=175 000（元）

蛋糕的贡献毛益总额 =120×8 000−100×8 000=160 000（元）

（3）结论。

经计算分析可知，面包的单位贡献毛益比蛋糕多 5（25−20）元，且其销售总量比蛋糕多提供贡献毛益额 15 000（175 000−160 000）元，因此公司应经营面包。

## 7.2.2 定价决策

### 1. 影响产品定价的因素

对于管理人员来说，为一个组织的产品或服务定价是很重要的决策，也是很困难的决策，因为影响定价的因素多种多样，并且处于不断变化当中。实际上，定价决策出现在所有类型的企业中，如制造商要为其生产的产品制定价格，商业企业要为其商品制定价格，服务业企业要为其所提供的服务制定价格，等等。非营利组织通常也需要制定价格，如政府机构需要为交通工具登记、停车场使用及公共设施服务等定价。定价的最佳方法通常视客观情况而定。一个企业对于已经经营了很长一段时间的成熟产品或服务的定价方法，很可能与新推出的产品或服务的定价方法有很大不同。公共事业行业的定价还常常受到政治因素的影响，其定价方式和需要考虑的因素与其他企业不同，而且往往需要政府相关部门的批准。

产品或服务的价格是影响企业经济效益的重要因素之一，它直接影响产品的销售量。在以销定产的经营模式下，产品的产量和成本水平又受到销售量的影响，因此产品价格直接影响企业的盈利水平和经营性现金流量。同时，产品价格还是企业在竞争市场上保持竞争优势的一个关键要素。产品定价是否合理，直接影响企业的生存和发展。

影响产品定价的因素很多，既有宏观因素，如国民可支配收入水平、国家经济政策等，又有中观层面的行业因素和微观层面的企业战略、生产经营条件和竞争者行为等因素。根据经济学理论，产品价格主要受供求关系的影响，而影响供求关系的主要是产品的市场需求和市场供给。消费者需求、竞争者行为和产品成本是影响产品供求的 3 种主要因素，因此，我们重点分析这 3 种因素对产品定价的影响。

1）消费者需求

在企业运营过程中的所有阶段，消费者需求都是至关重要的，贯穿了从产品设计到制定价格的全过程。一方面，在提倡个性化产品和服务的今天，产品设计与定价相互影响、相互制约。例如，消费者需要一艘高品质的航船，就意味着要耗费更多的制造时间和更为昂贵的原材料，其结果是产生更高的售价。另一方面，管理者不能脱离市场需求而为其产品定价。比如，产品的过度包装会导致产品成本和价格上升，超过了消费者愿意接受的价格范围就会导致产品积压。

清楚地了解消费者需求至关重要，并且是一个连续不断的过程，公司要定期从市场研究人员那里获取信息，同时从营销人员那里得到信息反馈。

2）竞争者行为

每家企业的管理者都希望独家占有产品市场，但事实上真正处于垄断地位的企业并不多。竞争者都在努力将同质的或相似的产品出售给相同的消费者，如果一个竞争者降低了产品价格，消费者就会转而购买该竞争者的产品，企业就会因此失去消费者，从而导致销售量下降。所以，企业应当密切关注竞争者的定价行为。

企业界定主要竞争对手时要谨慎。在现实市场中，有提供工艺类似的产品或服务的直接竞争对手，竞争对手的价格直接影响公司的销售量；也有提供不同产品但功能相似的间接竞争对手，如销售铅笔的商家如果改变铅笔的价格，就会影响钢笔厂商的销售量。因此，在考虑竞争者行为时，管理层必须谨慎从事，全面考虑，针对不同的竞争者行为采取不同的应对策略。

3）产品成本

在制定价格时，成本扮演的角色在不同的定价模式中作用不同。比如，在完全竞争的市场中，产品价格基本上由市场力量决定，企业对产品价格的影响较小，为了获得利润，必须保证生产成本处于市场价格以下。但在完全垄断的市场中，企业能够影响产品的价格，管理者可以根据生产成本制定价格。比如，移动通信服务、航空运输服务等，企业倾向于使用以成本为基础的定价方法。而像发电厂和天然气公司这样的公用事业企业，价格通常由政府的管理机构决定，生产成本是评价该类企业经营效率的重要因素。

一般情况下，产品的价格一方面受市场供求的影响，另一方面企业对产品价格也有一定的影响。企业在制定产品价格时，必须同时考虑市场供求和成本这两种因素。

除市场供求和成本因素外，政治、法律等其他因素也会对产品价格的制定产生影响。例如，法律一般会阻止公司在制定价格时歧视消费者，即禁止企业对于同一种产品，针对不同的消费者制定不同的价格，即使为不同消费者提供产品所需费用不同。还有一些国家的法律禁止价格制定过程中的串通行为，即生产者为了自身利益，相互之间达成协议，不实行价格竞争，而将价格始终维持在一个较高水平。政治因素同样影响定价决策。

**2. 定价决策的目标**

产品价格是企业获得利润的重要因素。当其他因素不变时，价格的高低直接决定企业的盈利状况。一般情况下，价格越低，市场需求量越大，供应量相应减少；价格越高，市场需求量越小，供应量相应增加。定价过低会影响企业的总收入，导致利润下降；定价过高会使销售量减少，也直接影响企业的总收入，导致利润额降低。因此，如何制定合理的价格，运用价格杠杆调节市场供求关系，不断增加企业利润，是决策者必须重视的问题。

定价决策就是企业在一定经营环境中制定产品价格，运用价格杠杆实现企业的经营目标。企业的定价决策一般考虑以下内容。

1）利润最大化

确定产品价格时，利润最大化是首先要考虑的指标。若其他影响利润的指标一定，提高价格就是增加利润的有效途径。当产品具有竞争优势，占有一定的市场份额时，通常会采取高定价的方式取得利润。

2）增加投资收益

确定利润最大化的总目标后，企业要根据投资额确定产品价格以达到预期的投资收益。长期稳定的收益率可以保证企业取得更多的利润。

3）提高市场占有率

为了提高市场占有率，企业也可以制定低于竞争对手的价格水平，通过牺牲短期利润来达到提高或保持市场占有率的目的。但前提条件是：产品有极大市场，企业具有很强的生产能力，且不会因为增加产品销售量而导致成本大幅增加。

4）稳定价格

对有标准化考量制造的产品，一般会采用稳定价格的方法以避免行业内过度竞争导致竞争双方或多方出现损失。这一行业中的企业通常会维持一个业内企业可接受的价格，作为本企业产品的销售价格。

5）注重品牌效应

作为重要的无形资产，企业在定价时往往根据自身的品牌效应确定产品价格。为了树立高端形象，企业会以较高的定价确定产品价格；而为了树立普众形象，企业会以较低的定价确定产品价格。

### 3. 经济利润最大化模型

大多数企业的产品定价受市场供求和产品成本两种因素的影响。按照经济学理论，市场需求和市场供给决定产品的市场价格，消费者的收入决定需求水平，产品成本决定厂商的供给水平。因此，企业制定产品价格时，必须清楚消费者的收入和产品成本是怎样影响价格的。

1）总收入、边际收入和需求曲线

总收入曲线反映厂商销售收入总额与销售量之间的关系：边际收入曲线反映每增加单位销售量引起的销售收入总额的变化量；需求曲线反映需求量和价格的关系。假如华信食品股份有限公司蛋糕的月销售量、单位售价和销售收入如表 7-2 所示。

表 7-2　蛋糕每月销售情况

| 月销售量（箱）<br>$Q$ | 单位售价（元）<br>$P$ | 每月总收入（元）<br>$R=Q\times P$ | 总收入变动（元）<br>$\Delta R=\Delta(Q\times P)$ | 边际收入（元 / 箱）<br>$MR=\Delta R\div\Delta Q$ |
|---|---|---|---|---|
| 100 | 120 | 12 000 | — | |
| 200 | 115 | 23 000 | 11 000 | 110 |
| 300 | 100 | 30 000 | 7 000 | 70 |
| 400 | 95 | 38 000 | 8 000 | 80 |
| 500 | 90 | 45 000 | 7 000 | 70 |
| 600 | 85 | 51 000 | 6 000 | 60 |

根据表 7-2 中的数据，描绘出总收入曲线，如图 7-1 所示。根据月销售量与单位售价的关系，描绘出需求曲线；根据月销售量与边际收入的关系，描绘出边际收入曲线，如图 7-2 所示。

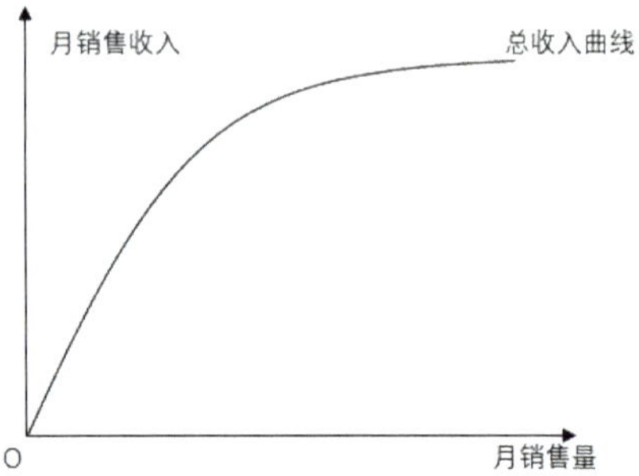


图 7-1　总收入曲线

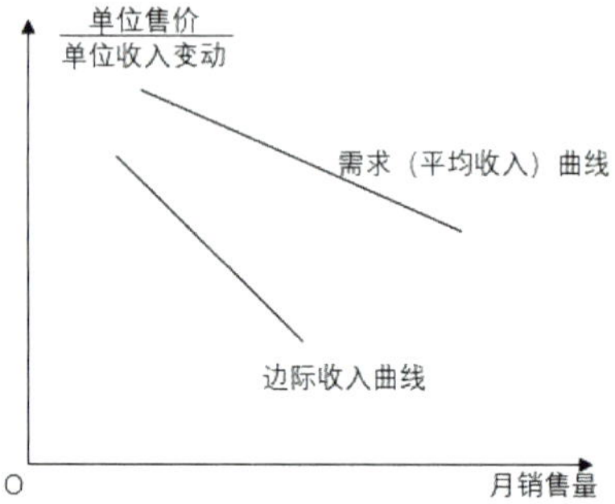


图 7-2　需求曲线和边际收入曲线

由图 7-1 可以看出，总收入在一定范围内随着月销售量的增加呈增长趋势，但是增长率随着月销售量的增加而逐渐下降。由图 7-2 中的需求曲线可以看出，需求在一定范围内随着月销售量的增加呈下降趋势。需求曲线又被称为平均收入曲线，因为它同时反映了特定销售量所对应的平均价格（单位售价）。由图 7-2 中的边际收入曲线可以看出，边际收入在一定范围内随着月销售量的增加呈下降趋势。

2）总成本和边际成本曲线

在很多经营决策活动中，成本信息都是至关重要的，定价决策也不例外。假如上述华信股份有限公司蛋糕的月销售量和成本资料如表 7-3 所示。

表 7-3　蛋糕月销售量和成本资料

| 月销售量（箱）<br>$Q$ | 平均总成本（元）<br>$AC$ | 每月总成本（元）<br>$TC=Q\times AC$ | 总成本变动（元）<br>$\Delta TC=\Delta(Q\times AC)$ | 边际成本（元 / 箱）<br>$MC=\Delta TC\div\Delta Q$ |
|---|---|---|---|---|
| 100 | 192 | 19 200 | — | |
| 200 | 124 | 24 800 | 5 600 | 56 |
| 300 | 105 | 31 500 | 6 700 | 67 |

续表

| 月销售量（箱）<br>$Q$ | 平均总成本（元）<br>$AC$ | 每月总成本（元）<br>$TC=Q\times AC$ | 总成本变动（元）<br>$\Delta TC=\Delta(Q\times AC)$ | 边际成本（元 / 箱）<br>$MC=\Delta TC\div\Delta Q$ |
|---|---|---|---|---|
| 400 | 88 | 35 200 | 3 700 | 37 |
| 500 | 85 | 42 500 | 7 300 | 73 |
| 600 | 89 | 53 400 | 10 900 | 109 |

我们可以在坐标内描绘出总成本和边际成本的情况，如图 7-3 和图 7-4 所示。

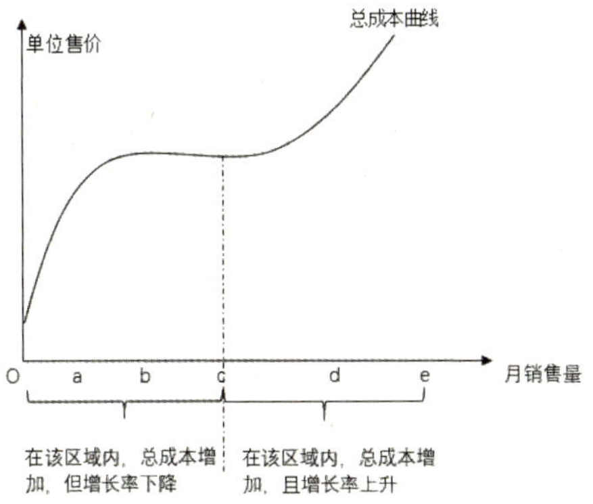


图 7-3　总成本曲线

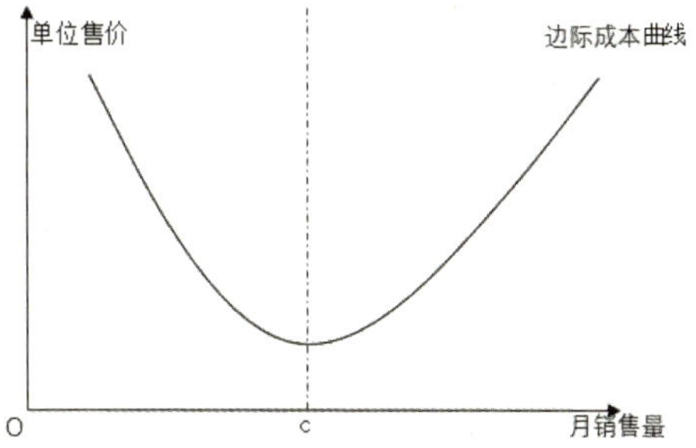


图 7-4　边际成本曲线

图 7-3 中描绘的是公司的总成本曲线，该曲线直观地描述了总成本与月销售量之间的关系：总成本在一定的范围内随着月销售量的增加呈上升趋势。与总成本曲线密切相关的是边际成本曲线，它表明了月销售量变动一个单位所引起总成本的变动额。当月销售量从原点增加至 c 点时，边际成本逐渐下降；当月销售量达到 c 点时，边际成本达到最小值；当月销售量超过 c 点后，边际成本逐渐上升，如图 7-4 所示。

3）利润最大化下的价格和销售量

知道了总收入曲线和总成本曲线后，我们就拥有了确定利润最大化下的价格和销售量的分析工具。将上述收入和成本数据结合起来，就可以得到表 7-4。

**表 7-4　蛋糕收入、成本、利润情况**

| 月销售量（箱） | 单位售价（元） | 每月总收入（元） | 每月总成本（元） | 每月利润（元） |
|---|---|---|---|---|
| 100 | 120 | 12 000 | 19 200 | −7 200 |
| 200 | 115 | 23 000 | 24 800 | −1 800 |
| 300 | 100 | 30 000 | 31 500 | −1 500 |
| 400 | 95 | 38 000 | 35 200 | 2 800 |
| 500 | 90 | 45 000 | 42 500 | 2 500 |
| 600 | 85 | 51 000 | 53 400 | −2 400 |

通过表 7-4 我们可以看到，当月销售量达到 400 箱、单位售价为 100 元时，蛋糕的销售利润达到最大化。

这个结论同样可以从总收入和总成本曲线及边际收入和边际成本曲线中得到，如图 7-5 和图 7-6 所示。

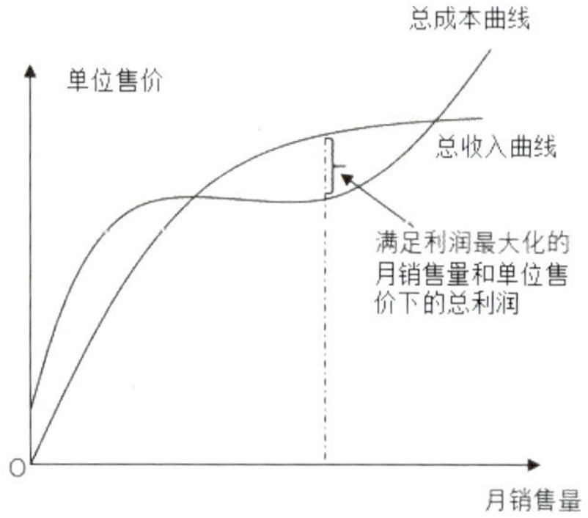


图 7-5　总收入和总成本曲线

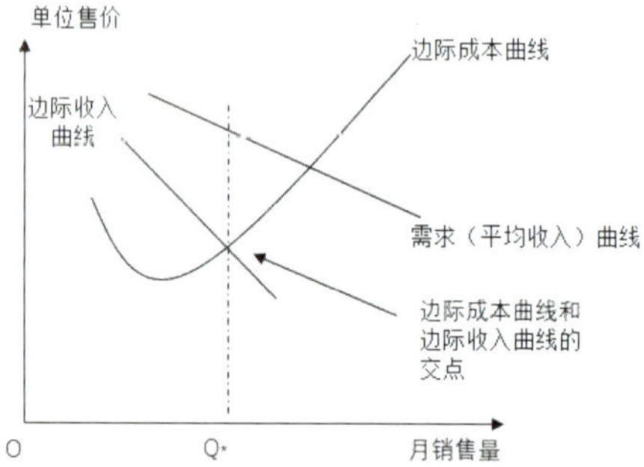


图 7-6　边际收入和边际成本曲线

由图 7-5 和图 7-6 可以看出，利润最大化下的月销售量由边际成本曲线和边际收入曲线的交点所决定。产品利润达到最大化时的月销售量为最优产销量，此时的价格为最优价格。

4）价格弹性

价格弹性是指需求量对价格变化的敏感性，即某种商品的价格上升 1%，该商品的需求量将会发生多大的百分比变化。价格弹性可以表示为：

$$E_P=\frac{\Delta Q/Q}{\Delta P/P}=\frac{P}{Q}\times\frac{\Delta Q}{\Delta P}$$

式中，$E_P$——价格弹性。

$Q$——产品需求量。

$P$——价格。

在通常情况下，产品需求量与价格成反方向变化，因此价格弹性是一个负数。当价格弹性的绝对值大于 1 时，说明需求具有弹性，因为此时需求量下跌的百分比要大于价格上涨的百分比。当价格弹性的绝对值小于 1 时，说明需求缺乏弹性，价格的变动对需求不具影响或影响很小。

一般来说，一种商品的价格弹性在很大程度上取决于该商品的替代商品。替代商品价格的上涨会使消费者增加某商品的购买。一般用交叉价格弹性（Cross-price Elasticity) 来衡量一种商品价格增加 1% 所引起的另一种商品需求量变化的百分比。交叉价格弹性可以表示为：

$$E_{Q_1P_2}=\frac{\Delta Q/Q}{\Delta P/P}=\frac{P_2}{Q_1}\times\frac{\Delta Q_1}{\Delta P_2}$$

如果两种商品的交叉价格弹性值是正的，则说明它们是替代商品；如果两种商品的交叉价格弹性值是负的，则说明它们是互补商品，即一种商品价格的上升不但减少该商品的需求量，同时还减少另一种商品的需求量，这两种商品之间存在互补关系。

价格弹性和交叉价格弹性对确定利润最大化下的价格非常重要。对于具有弹性的产品，价格下跌可能会刺激需求，从而增加销售额；但对于缺乏弹性的产品，价格下跌会导致销售收入的下降。当然，产品销售量不仅受本身价格的影响，其他产品的价格也是影响产品销售量的重要因素。

5）经济利润最大化模型的局限性

经济利润最大化模型为定价决策提供了一个有用的框架，但在实际运用时该模型具有一定的局限性：

首先，需求曲线和收入曲线很难准确预计。市场调研能够搜集产品需求的某些信息，但有些需求信息很难获取，因此管理人员很难精确估计需求曲线和收入曲线。

其次，边际收入、边际成本曲线并不适用于所有的市场环境。比如，在寡头市场环境中，只有极少量的生产者之间存在竞争关系，竞争者对公司定价决策的反应必须被纳入考虑的范围。

最后，在计量边际成本的过程中存在较大的困难。成本会计系统并不能充分反映销售量逐个增加时所发生的成本边际变动，了解边际变动要了解边际成本，需要增加特殊的会计核算体系。这种会计核算体系所带来的核算成本往往是管理人员放弃使用这种模型的主要原因。

**4. 定价决策的方法**

成本定价是指以成本信息为基础的定价决策。因为价格首先要弥补成本支出，然后才考虑利润的大小。定价所需的成本信息既可以是完全成本法下的产品成本，也可以是变动成本法下的变动成本。成本定价主要有以下几种方法。

1）完全成本加成定价法

（1）成本利润率加成法。这种定价方法以完全成本为基础，加上按成本利润率计算的利润额作为产品的售价。其公式为：

$$产品价格 = 单位制造成本 \times (1+ 成本利润率)$$

【情景 7-3】华信食品股份有限公司生产面包，其成本的构成为：直接材料 1 000 元，直接人工 1 600 元，制造费用 1 200 元。产品总量为 400 箱，成本利润率为 10%，计算面包的售价。

$$面包的单位成本 =(1\,000+1\,600+1\,200)\div 400=9.5（元）$$

$$面包的售价 =9.5\times(1+10\%)=10.45（元）$$

（2）资金利润率加成法。该定价方法以完全成本为基础，加上按资金利润率计算的利润作为产品的售价。其计算公式为：

$$产品价格 = 单位制造成本 +( 资金占用额 \times 资金利润率 )\div 产品数量$$

【情景 7-4】承【情景 7-3】，面包所占用的资金总额为 18 000 元，资金的利润率为 6%，采用资金利润率加成法计算面包的售价。

$$面包的售价 =9.5+(18\,000\times 6\%)\div 400=12.2（元）$$

完全成本加成定价法广泛使用的原因如下：

第一，一般情况下，价格必须能够弥补所有的成本并获取正常的利润。如果把定价的依据建立在变动成本的基础上，则会制定一个较低的价格，虽然能够促进销售，但公司无法弥补其固定成本。

第二，完全成本加成定价法提供了一个被所有利益相关者认为公正的价格。大多数人通常认为，一个公司必须从它的产品或服务中获取利润，以维持经营的正常进行。因此，将价格界定为全部生产成本加上合理的利润额是一种比较公平的方法。

第三，当公司和其竞争者具有相同的成本结构时，完全成本加成定价法给管理者提供了分析竞争者制定价格的框架。

第四，完全成本信息由公司的成本会计体系产生，信息的获取比较方便。而其他的定价方法要求获得特定成本数据，收集这类信息需要企业付出代价。

完全成本加成定价法最主要的缺点是混淆了公司的成本行为模式。完全成本中包含了分摊的固定成本，不能清楚地表明产量和总成本的关系。另外，该方法不能与本量利分析保持一致。本量利分析强调固定成本和变动成本之间的差异，使管理人员能够预测价格和销售量的变动对利润的影响，但完全成本加成定价法无法准确地区分变动成本和固定成本。

2）变动成本加成定价法

变动成本加成定价法又称边际贡献率法，是按产品的变动成本和边际贡献率确定售价的方法。其计算公式为：

$$产品售价 = 单位变动成本 \div (1- 边际贡献率)$$

【情景 7-5】承【情景 7-3】，面包的变动成本总额为 4 500 元，边际贡献率为 30%，采用边际贡献率法确定面包的售价。

$$面包的单位变动成本 =4\ 500 \div 400=11.25（元）$$

$$面包的售价 =11.25 \div (1-30\%) \approx 16.07（元）$$

这种定价方法具有以下优点：

第一，变动成本信息与本量利分析保持一致，使得管理人员可以经常使用该方法来了解价格和销量变动对利润的影响。

第二，变动成本数据不需要将整个公司的固定成本分摊到个别的产品线上。

第三，当面对某一具体决策时，如要求决策是否接受一项特殊订单，变动成本数据恰恰成为管理人员需要的决策信息。

3）目标成本定价法

以上两种定价方法是在产品成本的基础上加上适当的利润来确定产品价格的，但有时也可以采用相反的方法，即公司先通过市场调研估计顾客可能接受的产品价格，在该价格和公司目标利润的约束下，管理会计人员核算产品成本最高限额，然后工程技术人员设计不超过本限额的产品。这种方法即目标成本定价法（Target Costing），被广泛地运用于新产品的开发阶段。

新产品的目标成本是企业的一项长期预计成本，采用目标成本可以使企业的新产品顺利投放市场，成功参与竞争。目标成本包括产品规划、概念设计、前期设计、细节设计和测试、生产、销售及售后服务等成本项目。当分析产品的目标成本时，必须与产品的生命周期成本一致。如果新产品的实际成本超过了目标成本，那么企业必须要想方设法地降低无增值成本，以减少实际成本支出。密切关注公司的价值链有助于管理人员成功降低成本。

作业成本法是分析目标成本的一种有用方法。作业成本法提供的信息能够帮助设计者减少新产品的生产活动并在特定的作业活动中尝试降低成本支出，以使新产品的实际成本和目标成本一致。

**5. 其他定价方法**

1）竞争招标定价法

在竞争招标的环境中，两个或更多的公司将密封的招标书（或价格）提交给一种产品、服务或工程的潜在购买者，这些购买者根据各个竞标价格和特定的设计方案，从中选择一家公司。竞争招标的关键是定价问题，因为竞标公司的管理人员直接面对一方或多方的竞争者，如果所有竞争者都提供完全相同的产品或服务，那么竞标价格就成为买方选择合作者的唯一准则。竞标价格定得越高，公司签订合作协议后，从工作中受益越大。但较高的竞标价格会降低达成协议、实施工作的可能性。在提高竞标价格、获取较高利润和降低竞标价格、确保达成协议之间，公司必须做出权衡。在竞争招标中，往往会出现所谓的“胜利者的灾难”的结果，这意味着公司将竞标价格定得很低，以击败其他竞争者，但很可能由于收入过低以至于不能从这份工作中获取基本的利润。尽管“胜利者的灾难”不那么令人愉快，但竞争招标仍然是很多公司选择承包商的常用方式。

在竞标价格的实际制定工作中，经常使用的定价方法是期望利润法。期望利润是某一价格下公司所获利润和该价格成功竞标概率的乘积。

2）新产品的战略性定价

为新产品定价是一个极具挑战性的决策问题，产品的种类越新，定价决策的难度就越大。因为影响新产品的因素具有很大的不确定性，为一种新产品定价要比为成熟产品定价困难得多。这种不确定性来自研发、生产、销售等多个环节，比如产品生产成本是怎样构成的；每部分需要支付多少；当产品推向市场后，怎样确认该产品的目标顾客；顾客愿意为新产品支付多高的价格；等等。如果一家企业要推出一种新产品，那么管理人员在对新产品进行定价时就不得不对上述问题做出合理的估计。

新产品定价策略主要有两种：

一种是撇脂定价法，又称先高后低法。该方法在新产品投放市场的初期，即竞争不太激烈的情况下，把价格定得很高，以保证初期获取高额利润。

该定价策略的优点是：新产品上市初期，利用顾客的求新心理，以较高价格刺激消费，开拓早期市场；由于价格较高，可以在短期内获取较大利润，同时在竞争者大量进入市场时便于主动降价，增强竞争能力。

该定价策略的缺点是：在新产品没有树立良好的声誉之前，定价过高不利于开拓市场；高额的利润容易引来竞争者，使价格回落到正常利润水平。

因此，采用该方法应注意其适用条件：

第一，产品包含一定的技术含量，产品的研制难度较大，不易复制，竞争者很难模仿。

第二，市场在高价格下仍有一定的需求，顾客的需求价格弹性不大。

第三，对新产品的未来需求或成本较难估计，先以高价试探市场需求的虚实。

第四，高价在一定程度上意味着高品质，可以在进入市场初期树立优质的形象。

另一种定价策略是渗透定价法。与撇脂定价法相反，渗透定价法在产品投放市场的初期，把价格定得相对偏低，以便获得顾客认可，迅速打开并占领市场。

该定价策略的优点是：可以利用低价迅速打开销路，占领市场；低价可以有效阻止竞争者进入市场，有利于控制市场。

该定价策略的缺点是：低价销售使公司获取的利润较少，投资回收期较长，风险较大。

该策略的适用条件如下：

第一，新产品技术含量较低，产品容易复制，竞争者较快进入市场，企业可以利用低价阻止竞争者，抢占市场。

第二，企业拥有较强的生产能力，该产品规模效益显著，大批量生产的成本很低。

第三，市场需求的弹性很大，低价可以扩大销售，吸引较多顾客，扩大市场份额。

3）心理定价策略

心理定价策略是针对顾客不同的消费心理制定销售价格。常见的有针对中低档商品的尾数定价法，如市场上常见的 88 元和 999 元等，使顾客感觉便宜；针对高档产品的整数定价法，以提高产品的身价，刺激顾客的购买欲望，因为整数定价使顾客感觉该产品价高质优；针对需要降价出售的商品的对比定价法，将降价前后的价格同时列出，促使顾客通过降价前后价格的比较产生购买欲望，如常见的打折销售等。

## 7.2.3 生产决策

### 1. 自制或外购决策

企业产品在生产过程中所需要的零部件，可以由企业的辅助生产车间自己加工，也可以从市场上购买。对此管理人员应该根据具体情况做出决策，以保证所需的零部件成本最低。

### 2. 半成品或联产品是否深加工决策

1）半成品是否深加工决策

半成品是企业连续生产过程中的中间产品，它们既可以直接出售，也可以经过深加工后再出售，如纺织企业的棉纱、煤炭企业的原煤等。一般情况下，半成品的售价要低于深加工后的成品价格，但同时要追加一定的成本。因此，企业管理人员经常要对半成品是否直接出售进行决策。

该类决策的关键是区分相关成本和无关成本。半成品的成本是两种方案的共同成本，因为无论是直接出售还是深加工，都无法避免该成本，因此该成本与决策无关，属于无关成本。半成品深加工所发生的追加成本是相关成本，决策时必须要考虑。深加工后的成品销售收入扣除追加成本后的余额如果大于半成品直接出售的收入，则应深加工；否则，直接出售半成品。

【情景 7-6】华信食品股份有限公司生产蛋糕需要两道工序，完成第一道工序的半成品可以直接出售，半成品的售价为 80 元，单位变动成本为 55 元。如果继续加工，完成第二道工序的成品销售价格为 100 元，但单位变动成本需追加 10 元，并追加固定成本 5 000 元。如果该企业生产 1 000 箱蛋糕，试分析半成品是否应该深加工。

根据上述资料可知，半成品的单位变动成本属于无关成本，不用考虑。

直接出售的收入 =1 000×80=80 000（元）

继续深加工的收入 =1 000×100−1 000×10−5 000=85 000（元）

由此可知，深加工的成品的收入要大于半成品直接出售的收入，因此企业应该深加工后再出售。

2）联产品是否深加工决策

联产品是指生产过程中用同一种原材料在同一生产过程中同时生产出来的若干种产品。联产品在分离点前共同加工并发生相同的成本，在分离点后成为不同的产品。例如，某种矿含有铜和金，在铜和金分离之前，必须共同进行开采、粉碎和加工，分离后称为铜产品和金产品。产品分离的瞬间称为分离点，分离点之前发生的成本属于共同成本，如开采、粉碎和加工的成本是两种产品的共同成本，这类成本与决策无关，属于无关成本。分离后分别继续加工的成本称为可分成本，这类成本属于相关成本，是决策时需要重点考虑的成本。有些联产品可以直接出售，也可以深加工后再出售。联产品的生产决策是选择在分离点出售还是继续加工。该项决策主要比较深加工后预计增加的收入和预计的可分成本。如果前者大于后者，则继续加工；反之，则直接出售。

**3. 取消某种服务、产品或部门决策**

公司的管理人员通常要决定某个分部或某种产品是应该保留还是予以撤销。以变动成本法为基础编制的分部报告为取舍决策提供了十分有价值的信息，产品的边际贡献或分部边际贡献和分部毛益是公司决定该产品或部门是否继续经营的重要指标。如果一种产品或一个部门的总经营利润是亏损的，但边际贡献为正数，则说明这种产品或这个部门不仅能够弥补本身的变动成本，而且还能弥补部分固定成本，因此对企业还是有贡献的，企业不应该停止这类产品或部门的经营；如果它们的边际贡献为负数，则说明它们的收入不能弥补其变动成本，对企业不利，应该停止或撤销这类产品或部门的经营。下面以亏损产品是否应该停产为例说明怎样进行这类决策。

亏损产品是指销售利润为负数的产品，这类产品是否应该停产是企业管理人员经常遇到的生产经营决策。管理人员在进行决策时通常要将亏损产品分为两类：一类是销售收入大于变动成本、边际贡献为正数，但扣除固定成本后的销售利润为负数的亏损产品；另一类是销售收入小于变动成本、边际贡献为负数，且扣除固定成本后的销售利润仍为负数的亏损产品。

对于第一类亏损产品，由于边际贡献为正数，对企业还是有贡献的，能够弥补部分固定成本，如果停止生产，那么不但不能减少亏损，反而会增加亏损。对于第二类亏损产品，由于其边际贡献为负数，生产这类产品会造成更多亏损，因此应停产。

【情景 7-7】华信酱菜加工厂生产泡菜类、酸菜类和酱菜类产品，会计人员编制的本年预计收益如表 7-5 所示。

**表 7-5 华信酱菜加工厂信息表**

单位：元

| 项目 | 泡菜类 | 酸菜类 | 酱菜类 | 合计 |
|---|---|---|---|---|
| 销售收入 | 4 500 000 | 9 000 000 | 3 800 000 | 17 300 000 |
| 减：变动成本 | 2 000 000 | 8 500 000 | 3 850 000 | 14 350 000 |
| 边际贡献 | 2 500 000 | 500 000 | −50 000 | 2 950 000 |
| 减：固定成本 | | | | |
| 工资 | 400 000 | 500 000 | 420 000 | 1 320 000 |
| 广告费 | 100 000 | 100 000 | 100 000 | 300 000 |
| 折旧费 | 350 000 | 400 000 | 200 000 | 950 000 |

续表

| 项目 | 泡菜类 | 酸菜类 | 酱菜类 | 合计 |
|---|---|---|---|---|
| 固定费用合计 | 850 000 | 1 000 000 | 720 000 | 2 570 000 |
| 销售利润 | 1 650 000 | −500 000 | −770 000 | 380 000 |

从表 7-5 中可以看出，酸菜类和酱菜类产品的销售利润均为负数，但是酸菜类产品的边际贡献为正数，不仅能弥补其变动成本，还能弥补 500 000 元的固定成本，因此酸菜类产品应该继续生产。而酱菜类产品非但不能弥补固定成本，而且销售收入比变动成本还要低，所以华信酱菜加工厂的总经理应考虑是否要取消酱菜类产品的生产线。由于种种原因，采取措施增加酱菜类产品的销售收入或降低成本以提高酱菜类产品的盈利能力都是行不通的。

4. 生产经营决策

产品生产经营决策是现代企业管理的重要内容，是加强企业管理、合理组织生产经营活动的关键环节。

所谓生产经营决策，就是在现有生产经营条件下，为取得相应最优经营成果所做的选择。不同企业生产经营不同产品，但无论在哪一个时期经营，企业总是围绕生产何种产品、产品的产量、如何生产产品及产品价格的变化等问题来进行决策的。在决策过程中，企业主要根据会计记录所提供的有关数据资料及市场信息、产品供需情况等外部条件，结合企业内部因素制定企业的生产经营目标，以期通过决策调整投资方向和企业的经营结构，为企业找出一条正确的、能够在目前条件下取得最大效益的生产经营之路。除此之外，企业决策者还必须考虑我国国民经济的发展变化情况、市场情况、企业管理水平情况及争取最大限度地减少损失和浪费等实际问题，考虑如何最有效地利用各种资源合理组织企业的生产经营活动，使企业的资金能够得到合理、有效的利用。

【情景 7-8】华信食品股份有限公司生产面包和蛋糕两种产品，面包和蛋糕的售价分别为 100 元和 120 元，单位变动成本分别为 65 元和 77 元，两种产品的单位产品所需的人工工时分别为 2 小时和 4 小时。如果公司总的人工劳动时间为 1 000 个工时，则两种产品如何安排？

如果用 $x$ 和 $y$ 分别表示两种产品的产量，则两种产品的产量满足下列关系式（见图 7-7）：

$$2x+4y \leqslant 1\ 000$$

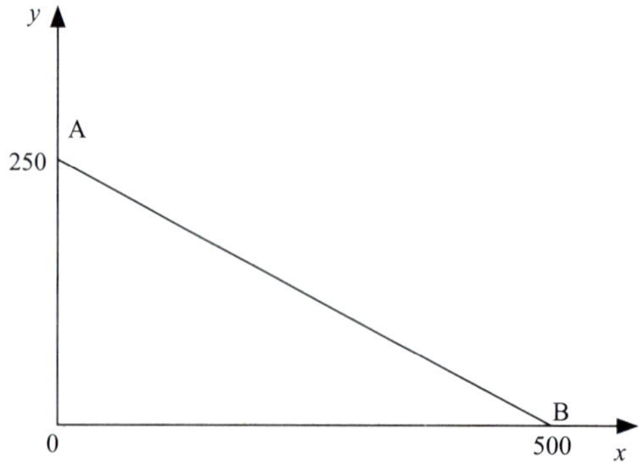


图 7-7　两种产品生产关系图

图 7-7 中的 A 点表示如果只生产蛋糕，则 1 000 个工时能生产 250 箱蛋糕；B 点表示如果只生产面包，则 1 000 个工时能生产 500 箱面包。AB 线称为等产量线，线上任意一点所对应的 $x$ 和 $y$ 的值，表示在 1 000 个工时的约束下能够产生两种产品产量的组合。面包的单位边际贡献为 35 元，蛋糕的单位边际贡献为 43 元。单位工时面包所创造的边际贡献为 17.5 元，单位工时蛋糕所创造的边际贡献为 10.75 元。因此，为使企业总边际贡献最大，应尽可能多地安排生产面包。具体有两种方式：一种是先满足面包的最大可能销售量，余下的工时生产蛋糕。假如面包的最大销售量为 300 箱，则面包生产 300 箱，蛋糕生产 100 箱。另一种是先安排蛋糕的最低需求量，余下的工时全部生产面包。假如蛋糕最低需要生产 50 箱，则蛋糕生产 50 箱，剩余的 800 个工时（1 000−50×4）全部生产面包。此时，面包可生产 400 箱。前一种方法适用于两种产品都是非必需品的情况，企业可以自由选择。如果有一种产品为必需品，那么在决策时就不能仅仅考虑利润，而至少应满足最低需求，在这种情况下可以采用第二种方式。

**5. 是否接受订货决策**

受各种因素的影响，企业在完成现有生产任务后，若有剩余生产能力且又无法转作他用，由于固定成本属于无关成本，所以，只要追加订货的单价高于其单位变动成本，就可以接受特殊订货。

**6. 特殊订单决策**

一般情况下，企业接受正常价格的订单，但有时也会遇到特殊订单。特殊订单的价格一般低于正常产品的价格，甚至低于产品成本。因此，企业管理人员应该对是否接受这类特殊订单进行决策。对于这类决策，管理人员应该注意两方面的问题：一是接受特殊订单是否影响正常产品的销售；二是特殊订单的价格是否高于该产品的单位变动成本。如果特殊订单和正常订单在两个互相独立的市场上销售，两者互不影响，且特殊订单的价格高于其单位变动成本，则可以接受；否则，企业就应拒绝该订单。

1）在公司有闲置生产能力情况下的特殊订单决策

在公司有闲置生产能力的情况下，公司接受特殊订单并不追加固定成本，只需增加变动费用即可。当特殊订单不影响正常产品的销售价格且高于单位变动成本时，公司就可以接受特殊订单。

2）在公司没有闲置生产能力情况下的特殊订单决策

在公司没有闲置生产能力的情况下，公司接受特殊订单要追加固定成本或者会减少正常产品的产量。订单中的商品增加了机会成本，此时管理人员应该依据增加机会成本后的产品边际贡献进行决策。

3）整体固定成本

为了计算产品成本，管理人员经常按照某些特定指标把固定成本分摊给单个产品。尽管这样做是合理的，但有时却会给决策制定带来不良影响。比如，有些产品的销售利润可能是负数，但其边际贡献为正数，这说明该产品的销售收入不仅补偿了本身的变动成本，而且还弥补了部分固定成本，对企业盈利能力的提升是有益的。因此，企业在决定是否停止这类产品的生产时，不能只考虑销售利润。是否分摊固定成本要视具体情况而定，谨慎对待。

7. 产品最优组合决策

企业可以通过决策确定生产哪种产品能够获得更多的利润。但由于企业生产经营产品的种类较多，决策者必须决定以哪些产品为主要生产对象，并按一定的方法分析企业获得利润的主要来源。在此基础上，对能够创造利润的产品进行合理生产搭配，用最优组合计算企业的利润，调整企业的生产结构，以企业现有的人力、物力和财力实现企业的最佳效益。进行生产品种最优组合的选择时，可以采用贡献毛益法，也可以使用其他方法，只要在分析中能够运用正确的决策方法对企业的生产经营活动做出正确的决策即可。

1）贡献毛益法

利用产品提供的贡献毛益指标进行比较，以能提供更大贡献毛益指标的产品为优。

2）逐次测试法

确定企业生产哪种产品较为容易，但如何利用现有的生产能力实现产品生产的最优组合，就需要进行认真的比较和分析，以确定最优方案。对这类决策可以采用逐次测试法。

3）图解法

企业可以采用逐次测试法确定生产多种产品时的最优组合，但这种方法较为烦琐，要经过多次测试才能够找到比较满意的答案。为简化决策过程，可以采用数学形式表述产品生产的组合。

## 7.2.4 存货决策

1. 存货的功能和成本

存货是指企业在日常生产经营过程中持有以备使用或出售的货物，主要包括各类材料包装物、商品、在产品、半成品和产成品等。不同行业的企业存货储备比重不一，通常在商业和制造业中存货比重大，服务业相对小一些。可见，对于商业和制造业而言，存货的管理显得尤为重要。

1）存货的功能

存货在企业生产经营过程中起着重要的作用，主要表现在以下几个方面。

（1）维持生产过程的连续性。持有适量的存货是企业维持生产过程连续性的前提条件。一方面，供货方的生产和销售往往会因各种原因出现中断，从而影响企业所需存货的供应，进而影响企业的持续生产；另一方面，适量的存货能使企业生产的各个环节紧密联系，不会因为等待缺货而使生产中断。可见，为了确保企业生产经营过程不出现中断，持有适量的存货还是很有必要的。

（2）增强市场应变能力。存货的储备能增强企业在采购、生产和销售环节的市场应变能力。企业有了足够的材料储备，在一定时期内就无须担心材料货源问题，特别是在货源紧缺阶段。若是处在物价上涨时期，企业还会因为其储存一定量的存货而获得市场物价上涨的好处。另外，若企业储存足够量的畅销产品，那么不仅不会坐失当前的销售商机，而且还会因有货源提供而使其拥有的客户量增加。

（3）降低进货成本。通常大批量的存货购入会使企业享有价格上的优惠，获得较多的商业折扣，由此降低存货的进货成本。当然，在具体操作时，还应考虑其他因素，不应仅考虑价格上的优惠。

2）存货的成本

企业存货成本主要由 3 部分构成，即取得成本、储存成本和缺货成本。

（1）取得成本。取得成本是指企业以外购或自制的方式获得存货所发生的外购成本和自制成本。考虑到外购存货方式是企业取得存货的主要渠道，这里主要讨论外购成本。外购成本通常包括订购成本和采购成本。订购成本是企业在订购存货的过程中发生的成本，通常包括企业采购部门的经营费用（如采购人员的工资、折旧费和水电费等）和专门为订购存货发生的业务费用（差旅费、邮寄费等）。订购成本是混合成本，有些与订购次数无关，如经营费用属于固定成本，为决策无关成本；有些与订购次数相关，如业务费用属于变动成本，为决策相关成本。存货的采购成本主要包括买价和附带支出。附带支出主要包括运输费、装卸费、运输途中的合理损耗和入库前的挑选整理费等。可见，采购成本与订购数量和存货单价相关，订购数量越多或单价越高，采购成本越大。

（2）储存成本。储存成本是指企业为储存存货而发生的成本，包括显性成本和隐性成本。显性成本主要包括保险费、财产税、损耗、支付给仓储企业的仓储费或自有仓库的一切费用。隐性成本主要指存货资金占用的机会成本。在储存成本中，有些成本与存货持有水平直接相关，如保险费、财产税、损耗和变动性仓储费用；有些成本与存货持有水平无关，如固定性仓储费用（仓库折旧费、仓库职工工资等）。

（3）缺货成本。缺货成本是指因存货不足给企业带来的各种损失，包括材料供应中断造成的停工损失、产成品销售供应中断造成的信誉损失及丧失销售机会的损失等。缺货成本能否成为决策相关成本，应视企业是否允许出现存货短缺情形而定。如果不允许，则不存在缺货成本，无须考虑；如果允许，则缺货成本与存货持有水平负相关。

**2. 存货管理方法**

传统的存货管理方法有经济批量管理法、存储期管理法和 ABC 分类管理法。

1）经济批量管理法

订货批量是指企业一次采购存货的数量。经济批量又称最优批量，是指能使企业存货总成本最小化的订购数量。订购数量的多少关系到企业存货的持有水平，存货成本因不同的持有水平而有所差异。如何确定企业存货的经济批量呢？下面首先介绍经济批量的基本模型，然后介绍其扩展模型。

① 经济批量基本模型：一次购入、均匀使用

假设存货不存在数量折扣并且不允许缺货，那么此时存货总成本仅考虑取得成本和储存成本两部分。取得成本中因采购成本与订货次数不相关，因此只考虑变动性订货成本即可。储存成本中仅有变动部分与订货次数相关，故存货总成本仅考虑变动性订货成本和变动性仓储成本。企业最高储存量为 Q，最低储存量为 0，因此平均储存量为 Q/2。经济批量基本模型存货成本计算公式为：

存货总成本 = 取得成本 + 储存成本 = 变动性订货成本 + 变动性储存成本

即

$$TC=\frac{Q}{2}\cdot C+\frac{D}{Q}\cdot P$$

式中，$TC$——存货总成本。

$Q$——订货批量。

$C$——单位存货平均储存成本。

$D$——存货全年需求量。

$P$——每次订货成本。

对总成本函数求一阶导数并令其等于零，计算得出 $TC$ 最小的经济订货批量 $Q^*$ 和此时的存货最低总成本 $TC^*$。

$$\text{经济订货批量}Q^*=\sqrt{\frac{2DP}{C}}$$

$$\text{存货最低总成本 }TC^*=\sqrt{2DPC}$$

$$\text{年最佳订货次数 }N^*=\frac{D}{Q^*}=\frac{D}{\sqrt{\frac{2DP}{C}}}=\sqrt{\frac{CD}{2P}}$$

$$\text{最佳订货周期 }T^*=\frac{360}{N^*}$$

【情景 7-9】华信食品股份有限公司全年原材料需要量为 1 200 千克，原材料平均年单位仓储成本为 12 元，每次平均订货成本为 240 元。试用经济批量基本模型确定公司原材料经济批量及相应的原材料总成本。

$$\text{经济订货批量 }Q^*=\sqrt{\frac{2DP}{C}}=\sqrt{\frac{2\times1\,200\times240}{12}}\approx219\text{（千克）}$$

$$\text{存货最低总成本 }TC^*=\sqrt{2DPC}=\sqrt{2\times1\,200\times240\times12}\approx2\,629\text{（元）}$$

$$\text{年最佳订货次数 }N^*=\frac{D}{Q^*}=\frac{1\,200}{219}\approx5.5\text{（次）}$$

$$\text{最佳订货周期 }T^*=\frac{360}{N^*}=\frac{360}{5.5}\approx65.5\text{（天）}$$

② 经济批量拓展模型一：陆续送货、均匀使用

假定企业存货并非一次送货，而是在一定送货期平均供货，其他假设和经济批量基本模型相同。

在陆续购入、均匀使用的情形下，企业存货的最高储存量不再是经济批量 $Q$，因为到达的存货一部分被随时领用了。假定每次送货量为 $n$，每日存货领用量为 $m$，每次订货后日存货入库量高于使用量的部分逐渐累积，直到该批订货全部入库完毕，这天的储存量为最高储存量。最高储存量是每日累积的存货（$n-m$）与每批订货全部入库所需的时间（$Q/n$）的乘积，即 $Q\times(1-m/n)$。平均储存量为最高储存量的一半。因此，此种情况下的平均储存量应为：

$$\text{平均储存量}=\frac{Q}{2}\cdot\left(1-\frac{m}{n}\right)$$

存货总成本的计算公式为：

$$TC=\frac{Q}{2}\cdot\left(1-\frac{m}{n}\right)\cdot C+\frac{D}{Q}\cdot P$$

$$Q^*=\sqrt{\frac{2DP}{C\left(1-\frac{m}{n}\right)}}$$

此时存货总成本最小：

$$TC^*=\sqrt{2DPC\left(1-\frac{m}{n}\right)}$$

相应地，也可以计算出每年的订货次数和订货周期。

【情景 7-10】承【情景 7-9】，每次订购的原材料陆续入库，日入库量为 120 千克，日使用量为 100 千克，其他条件相同，则公司订购原材料的经济批量和相应的材料成本为：

$$Q^*=\sqrt{\frac{2DP}{C\left(1-\frac{m}{n}\right)}}=\sqrt{\frac{2\times 1\,200\times 240}{12\times\left(1-\frac{100}{120}\right)}}\approx 536.7\text{（千克）}$$

$$TC^*=\sqrt{2DPC\left(1-\frac{m}{n}\right)}=\sqrt{2\times 1\,200\times 240\times 12\times\left(1-\frac{100}{120}\right)}\approx 1\,073\text{（元）}$$

③ 经济批量拓展模型二：考虑数量折扣

在上述模型中，假设采购存货时不存在数量折扣，由此采购成本与订购批量不相关。然而，数量折扣在现实经济生活中是不可避免的，数量折扣的存在使得采购成本与订货批量相关。一般来说，订货批量越大，相应的数量折扣越多。在经济批量基本模型的基础上考虑数量折扣，应如何定义存货的总成本及相应的经济批量呢？

在考虑数量折扣的情形下，与订货批量相关的成本包括订货成本、采购成本和储存成本。存货总成本的计算公式为：

$$TC=\frac{Q}{2}\cdot C+\frac{D}{Q}\cdot P+D\cdot(1-d)\cdot p$$

式中，$d$——数量折扣率。

$p$——供货商价目表上的存货单价。

由于公式中的 $d$ 不是固定值，它随着订货批量的不同而不同，因此经济批量的计算与前面两种模型不同，无法通过数学方程式求导的方式直接求得经济批量的计算公式。这里介绍一种比较简单的经济批量计算方法：先计算各个订货批量界点的存货总成本；然后比较各个订货批量界点的存货总成本，找到总成本最低的订货批量界点，即为数量折扣情形下的经济批量。

④ 经济批量拓展模型三：考虑缺货成本

若企业允许出现存货短缺，则此时存货总成本中应考虑缺货成本。

当考虑缺货成本时，存货总成本的计算公式为：

$$TC=\frac{(Q-S)^2}{2Q}\cdot C+\frac{D}{Q}\cdot P+\frac{S^2}{2Q}\cdot V$$

式中，$S$——允许的缺货量。

$V$——单位平均缺货成本。

式中的$\frac{(Q-S)^2}{2Q}$表示日平均存货量。假设企业存货的时间为$t_1$，日平均存货量为$(Q-S)/2$；缺货时间为$t_2$，日平均存货量为0，加权平均计算企业日平均存货量即可得$\frac{(Q-S)^2}{2Q}$。

式中的$\frac{S^2}{2Q}$表示日均缺货量。假设企业不缺货时间为$t_1$，日平均缺货量为0；缺货时间为$t_2$，日平均缺货量为$S/2$，加权平均计算企业日平均缺货量即可得$\frac{S^2}{2Q}$。

同样对$Q$求导，可得出经济批量和最低存货总成本的公式：

$$Q^*=\sqrt{\frac{2DP}{C\left(\frac{V}{C+V}\right)}}$$

此时存货最低总成本为：

$$TC^*=\sqrt{2DPC\frac{V}{C+V}}$$

【情景 7-11】承【情景 7-9】，假如公司允许缺货，单位年均缺货成本为 8 元，其他条件相同。此时的经济批量和最低存货总成本为：

$$Q^*=\sqrt{\frac{2DP}{C\left(\frac{V}{C+V}\right)}}=\sqrt{\frac{2\times 1\,200\times 240}{12\times\frac{8}{12+8}}}\approx 346\text{（千克）}$$

$$TC^*=\sqrt{2DPC\frac{V}{C+V}}=\sqrt{2\times 1\,200\times 240\times 12\times\frac{8}{12+8}}\approx 1\,663\text{（元）}$$

⑤ 安全储存量和订货点决策管理

在经济订货模型中，假定交货期固定、日耗用量稳定，但在实际经营中，交货期和日耗用量都是变化的。因此，为保证生产经营的顺利进行，需要确定安全储存量和订货点。

安全储存量又称保险储存量，是企业为满足生产或销售临时需要而储存的存货。安全储存量的计算公式为：

安全储存量 = ( 预计每天最大耗用量 − 平均每天正常耗用量 ) × 订货提前天数

订货提前天数（订货提前期）是指企业为保证不缺货而提前订货的时间。

安全储存量和提前期内正常耗用量之和为订货点。所谓订货点，就是企业开始订货时的存货储存量。订货点的计算公式为：

订货点 = ( 平均每天正常耗用量 × 订货提前天数 ) + 安全储存量

【情景 7-12】华信食品股份有限公司原材料的经济批量为 500 千克，每间隔 30 天订一次货，订货提前期为 10 天，平均每天正常耗用量为 25 千克，最大耗用量为 30 千克。计算该原材料的安全储存量和订货点。

$$该原材料的安全储存量 = (30-25)\times10=50（千克）$$

$$该原材料的订货点 =25\times10+50=300（千克）$$

2）存储期管理法

存货储存期的长短与存货储存成本正相关。储存期越长，储存成本越高，所以企业应尽量加速存货的周转，缩短存货储存期，以减少存货因占用资金所产生的机会成本和其他损失。存货储存期多长时企业能够保本？如果企业能确定保本点存货的储存期，则可督促企业采取措施降低存货储存期。

企业存货储存成本根据与储存时间的相关性可分为固定储存成本和变动储存成本两类，固定储存成本的大小与储存期无直接关系，如固定性管理费用、仓储损耗等；变动储存成本的大小与储存期有直接关系，如存货资金占用产生的机会成本、变动性管理费用等。

计算保本点储存期的存货公式为：

$$存货利润 = 存货毛利 - 固定性储存成本 - 销售税金及附加 - 变动性储存成本$$

$$变动性储存成本 = 日变动储存成本 \times 储存天数$$

$$存货保利储存天数 = \frac{毛利 - 固定性储存成本 - 销售税金及附加 - 目标利润}{日变动储存成本}$$

$$存货利润 = 变动性储存成本 \times( 保本储存天数 - 实际储存天数 )$$

【情景 7-13】华信食品股份有限公司购进面包 1 000 箱，单位进货成本为 75 元，单位售价为 100 元，商品销售税金及附加为 1 000 元。该批商品固定性储存成本为 20 000 元，商品月保管费用率为 0.60%，假定银行利率为 10%。

要求：

（1）计算存货保本储存期。

（2）若公司要求 5% 的投资利润率，计算存货保利储存期。

（3）若公司实际储存 100 天，计算公司该批存货的利润。

$$日保管成本率 = \frac{月保管费用率}{30} =0.6\%\div30=0.02\%$$

$$日机会成本率 = \frac{银行年利率}{360} =10\%\div360 \approx 0.028\%$$

日变动储存成本率 = 日保管成本率 + 日机会成本率 =0.02%+0.028%=0.048%

保本储存期 =[1 000×(100−75)−20 000−1 000]÷(1 000×75×0.048%) ≈ 112（天）

保利储存期 =[1 000×(100−75)−20 000−1 000−1 000×5%×75]÷(1 000×75×0.048%) ≈ 7（天）

存货利润 =1 000×75×0.048%×(112−100) ≈ 432（元）

3）ABC 分类管理法

许多企业的存货种类繁多，数量很大，每种存货的价值和重要性也不同，如果将所有的存货同等看待，每种都计算经济订货批量、最低存货总成本等指标，则计算的工作量很大，而且企业也不可能对所有类别的存货都精心管理。ABC 分类管理法是将存货按照金额和数量标准进行分类，一般划分为 A、B、C 3 类，A 类存货约占总存货品种的 10%，金额约占存货全部价值的 70%；B 类存货约占存货品种的 20%，金额约占存货全部价值的 20%；C 类存货约占企业存货品种的 70%，金额约占存货全部价值的 10%。企业针对不同类别的存货，采用不同的管理方法。

A 类存货品种数量较少，但占用资金较多。企业应该重点管理这类存货，准确估计经济批量、订货点和安全储存量，设立永续盘存制度，详细记录存货的收发金额和数量，采取一定的措施降低该类存货的库存，对于发现的问题及时调查原因并采取解决措施。

C 类存货品种较多，价值较小，不是企业存货管理的重点。企业不应在此类存货上多下功夫，可以适当增加订货批量，减少订货次数。存货收发记录也没有必要详细记录。

B 类存货介于 A 类存货与 C 类存货之间，企业的管理方式也应介于两种存货管理方法之间。

### 3. 物料需求计划

1）物料需求计划的功能

传统的存货管理模式只能实现独立存货的控制，但在企业中很多物料的需求是相关的，如生产过程中的零部件、外购件、标准件等的需求量是相关的。传统的存货管理模式在对这些存货进行管理时有很大的局限性。物料需求计划（MRP）是以最终产品的生产计划为主要信息制订生产和库存计划，因此特别适用于相关需求的物料控制。MRP 主要解决为满足生产计划需要用什么样的物料、企业目前已经有了什么物料、还需要增加什么物料等问题。正因为 MRP 具有这样的功能，所以它受到了广大企业的欢迎，并开发出相应的软件。其具体功能如下：

（1）向生产和供应部门提供精确、完整的物料清单及其需要期限。

（2）充分利用库存来控制进货批量和时间，在保证满足生产需要的前提下最大限度地降低库存。

（3）按产品的出产进度要求，根据零部件的工艺流程和定额工时，制订各时间周期物料需求计划。

（4）对所需的各种物料进行优化，提出每一时间周期优先供应的物料，保证生产活动按产品生产进度计划进行。

（5）动态跟踪物料计划的执行情况，根据生产实际进度、生产能力的变化及时调整物料计划。

2）物料需求计划的基本原理

在现代制造企业中，产品结构复杂，品种繁多，编制各种物料计划十分烦琐。IBM 公司于 1965 年提出了独立需求物料和相关需求物料的概念。物料是指构成产品的所有物品，包括原材料、毛坯、零件、部件等。独立需求是指一种物料的需求和其他物料的需求没有关系，如企业最终产品就是独立需求，因为它主要由顾客决定。相关需求是指一种物料的需求取决于其他物料的需求，物料需求之间具有一定的相关性，这种相关性表现在时间、空间和数量 3 个方面。随着计算机技术的发展及其在企业管理决策中的应用，计算机软件的编制人员开发出了用于装配型产品生产与控制的 MRP 计划系统软件。该系统软件利用计算机处理的强大功能，极大地提高了生产计划的正确性和准确性。MRP 是根据主生产计划（Master Production Schedule，MPS）、物料清单（Bill of Material，BOM）、存货单等资料，经过计算而制订物料生产和采购计划，同时提出各种订单补充建议，并对已实施的计划进行修正的一种计划系统。MRP 系统由功能系统和信息系统组成，具体包括以下 3 个子系统。

（1）主生产计划子系统。主生产计划是根据顾客要求的产品品种、规格、质量和交货期等条件制订的企业生产计划。根据主生产计划可以估计物料的需求种类和数量，物料需求计划系统中的各种计划都以主生产计划为依据。

（2）物料需求计划子系统。物料需求计划子系统是 MRP 的核心内容。按产品结构层次，由上至下逐层开始制订相关计划，即由主生产计划制订部件需求计划、组件需求计划等。在制订每层计划时，都要先检查这层物料的可用库存量。如果库存充足，就不用采购了；否则，要为不足部分制订采购计划。某一物料的需要时间就是其上层的投产时间，投产时间可以按生产周期逆推出来。

（3）库存账务资料核算子系统。该子系统中的库存主要指半成品和毛坯库等中间库存。库存控制是 MRP 的主要构成部分，在确定物料需求量时，必须考虑该物料的库存量，根据剩余或短缺情况计算生产量或采购量。因此，企业必须建立物料库存管理和增减及结余的财务核算系统。该系统主要提供两类数据：一类是固定数据，如物料的代码、名称、单价、来源、供应提前期等，它们在一定时期内不会变动；另一类是变动数据，如现有库存量、最小储备量、最大储备量等，这些数据随时变动，要及时反映它们的变化。库存数据是否准确直接影响 MRP 运行的效果，因此必须建立专门的财务管理制度并严格执行。良好的 MRP 系统可以保证企业既不会因为物料短缺而中断生产，又不会使企业的库存量很高，可以降低采购成本和储存成本，使企业应对供应环境的变化能力得到提升，并且增强企业供应系统的协调性。因此，MRP 系统是一种较为科学的存货管理系统。

#### 4. JIT 存货管理

上面所分析的内容基于存货合理的前提，是在企业必须持有存货时对存货的控制和管理。但是，一方面由于市场竞争的日益加剧及运输和通信手段的进步，企业越来越多地面临着来自全球的竞争压力；另一方面，技术进步缩短了产品的生命周期，产品越来越个性化，这些竞争压力不得不使企业重新比较存货的收益和为之付出的成本。现代企业存货管理的目标之一是降低库存，JIT 系统就是比较理想的方法之一。

JIT 系统有 2 个战略目标，即增加盈利和提高公司的竞争能力。实现这 2 个目标的手段有 3 种，即控制成本、改进服务和提高质量。JIT 系统认为控制成本的主要途径是减少浪费，而存货就是一种浪费，因为它不仅占用了企业的资金、空间和劳动力等资源，还掩盖了生产经营中的低效率，增加了企业的管理决策成本。JIT 系统对存货的管理与传统管理的不同主要表现在以下几个方面。

1）拉动式系统

传统的需求推动是指生产管理部门根据未来的需要制订生产计划，并以此制订所需要的原料、零部件、组件等采购、生产和库存等相关计划，以保证生产的顺利进行。JIT 系统主张生产应以现在的需求为依据，而不是以预期需求为基础、按既定时间安排向前推进。例如，麦当劳快餐店就是采用拉动式系统控制存货的。当顾客购买某种食品时，售货员从货架上取下来给他们。当货架上的食品太少时，厨师开始制作新的食品。食品生产量是由顾客需求拉动的。该系统同样适用于制造业，每道工序生产的半成品数量只要能够满足下一工序所需即可。如果所有的材料或半成品都能够及时到达，就不需要存货了。

推行 JIT 系统的一个优点是能够将存货降低到一个非常低的水平。追求低水平存货，对该系统成功完成两个战略目标具有重要的意义。但是这种追求低水平存货的观念，必然会对持有存货的传统观念造成冲击。比如，传统观念认为存货可以维持生产过程的连续性，可以增强企业市场应变能力，有时大批量的存货可以享受价格折扣，从而降低采购成本。JIT 系统反对存货的上述功能，它认为存货不仅是一种浪费，而且对公司的竞争力有很大的副作用。如果公司持有大量存货，则表明该公司存在应引起重视的问题。存货水平高通常意味着产品销路不好、提前期长或者在及时处理其他事情方面做得不够好。JIT 系统为公司提供了一种解决问题的方法，这种方法并不要求保持大量存货。

2）JIT 方法

传统存货管理方法认为生产或准备成本（主要指订货成本）应该存在，并试图找到合适的存货数量，使准备成本和持有成本之和达到最低。JIT 方法则不承认准备成本存在的合理性，试图将其减少至零，同时通过减少存货水平降低存货的持有成本。一般情况下，JIT 方法利用以下两种方法降低存货成本。

（1）与供应商建立密切的关系可以降低订货成本。

（2）与供应商签订长期供货合同，能够减少订货次数及相应的订货成本。企业需要建立连续供货系统。在连续供货系统下，供应商承担了企业的存货管理职能，供应商通知企业什么时间供应多少存货，企业如果认为合理，就可以批准订货。全球著名零售商沃尔玛和宝洁公司就建立了这种供货系统。该系统减少了沃尔玛的存货量，还解决了存货短缺的问题。宝洁公司也成为沃尔玛的首选供应商，其产品在沃尔玛拥有更多的货架，可以占据超市中最重要的位置，不仅提升了产品的销售量，而且也更加稳定。这使得宝洁公司能够更准确地预测产品需要量，进而可以进行连续的小批量生产和供货。这正是 JIT 方法的目标。同样，生产商和供应商也可以建立类似的供货系统。

连续供货系统的实施需要利用电子数据交换系统（Electronic Date Interchange，EDI）。通过 EDI，供应商可以进入购货企业的联机数据库，了解购货企业的生产安排后，可以及时供应购货企业所需的物资。供应商根据购货企业的生产安排来制订本企业的生产和发货计划。当供应商发货后，购货企业会收到一条电子信息，货物到达后，扫描条形码进入系统并且通知付款。显然，电子数据交换系统要求供求双方在工作安排上紧密配合，如同一家公司内的两个部门。通用汽车公司所属的土星轿车厂和各零配件供货商就建立了电子数据交换系统，这种系统使双方都降低了制造费用。

降低生产准备成本还需要企业减少生产准备时间，企业应该寻求新的、更有效的方法完成生产准备。经验表明，生产准备时间是可以降低的。哈利戴维森公司推行 JIT 系统后，节省了 75% 的机器准备时间，从以前的几小时降至几分钟。其他一些公司也获得了同样的效果。

3）JIT 解决方案

JIT 系统是通过企业适时生产系统完成的。适时生产系统是指生产线上每种半成品都在下一道工序需要时才立即生产的系统。在适时生产线上，任何一道工序的制造活动都是在下一道工序需要时立即生产的。需求带动了生产流程中的每一生产步骤，从顾客对最终产品的需求开始，一直逆推到最初对物料的需求。

4）JIT 系统避免停产和保证生产过程可靠性的方法

大多数停产是因为以下 3 种原因：机器故障、材料或零部件不合格及供应不及时，解决这些问题的传统方法是储备存货。但 JIT 系统认为，储备存货并不能真正解决这些问题，只是把这些问题掩盖了。假设把这些问题比作湖中的岩石，湖水就是存货，当存货水平提高时，企业管理人员看不到岩石，岩石当然也不会引起他们的注意；而当存货水平很低时，岩石必然会暴露出来，管理人员也就没有办法视而不见了。JIT 系统通过综合预防性维护、全面质量管理及看板系统，从根本上解决停产问题。

① 综合预防性维护

实现机器零故障是综合预防性维护追求的目标。通过致力于预防性维护可以使大部分机器故障得以避免。JIT 系统倡导综合训练的劳动哲学，使生产工人接受维修他所操作的机器方面的训练，拥有维修技术。JIT 的拉动式需求使生产工人拥有闲暇时间，让生产工人在闲暇时间里参与预防性维护是 JIT 系统降低机器故障的重要举措。

② 全面质量管理

全面质量管理是 JIT 系统保证零部件质量的重要方法。JIT 系统不是依靠存货来替换有缺陷的零部件或原材料，而是通过致力于实现零缺陷来解决零部件不合格问题。通过全面质量管理，使公司全体人员参与质量管理，从而使不合格零部件或原材料大幅度降低，基于生产过程不可靠而储备存货这一理由就没有说服力了。

③ 看板系统

看板系统可以保证零部件及时供应，解决由于零部件供应不及时造成的停产问题。看板系统是一种信息系统，通过使用卡片等控制生产，保证必需的产品足额及时供应，是 JIT 存货管理的核心部分。一个基本的看板系统有 3 种卡片：领取看板、生产看板和供应商看板。前两种看板控制生产过程，第三种看板控制零部件在制造过程中与外部供应商之间的移动。领取看板表明后道工序需要从前一工序领取的加工品数量；生产看板表明前道工序应当生产的物品数量；供应商看板用来通知外部供应商供应零配件的数量和时间，各种看板通常附在零部件或盛放零部件的容器上。生产和运送工作指令是看板的基本功能。公司生产管理部门只需将生产指令下达给总装配线，各道工序的生产都根据看板进行。看板中记载着生产和运送的数量、时间、目的地、放置场所、搬运工具等信息，从装配工序逐次向前追溯。

下面通过一个简单的例子说明如何使用看板系统控制工作流程。假定生产某种产品需要两道工序：第一道工序制造和测试电路板；第二道工序将八块电路板装入从供应商处购入的部件中。假定每八块电路板放在一个容器里，附在该容器上的是一块生产看板；装有八块电路板的另一个容器放在装配线附近，附有领取看板。现在假设根据生产安排要求立即组装一台产品，则整个看板系统的运行如下：

（1）装配线上的一名工人来到领取点，取出八块电路板并进行组装，同时取下领取看板将它放在标志杆上。

（2）标志杆上的领取看板说明装配工序需要八块电路板。

（3）装配线上的另一名工人（传递员）从标志杆上取下领取看板，将它放在电路板存放点。

（4）在电路板存放点，传递员从盛有八块电路板的容器上取下生产看板，将它放在订货标志杆上。

（5）传递员接着将领取看板附在盛有八块电路板的容器上，将容器送至装配工序。

（6）订货标志杆上的生产看板提醒第一道工序的生产工人，应该开始生产下批电路板了。

（7）第一道工序的工人开始生产电路板，并将完工的八块电路板放入容器，附上生产看板，接着开始新的循环。

从上面的例子中可以清晰地看出，看板系统的使用确保了后道工序能够及时地从前道工序领取需要的零部件，同时看板系统也控制了前道工序生产的零部件数量，使之正好满足后道工序的需要。这样，存货就可以保持在最低水平。同样的步骤也可以用于外购部件，唯一的差异就是用供应商看板取代生产看板，订货标志杆上的供应商看板向供应商表明需要一批新的订货。JIT 系统需要供应商频繁地小批量供货，要求企业在工作上与供应商密切合作。

5）折扣与价格上升：适时采购与持有存货比较

按照传统的观点，公司大批量采购物品可以享受价格折扣，从而节省采购成本，并可避免物价上涨造成的不利影响。JIT 系统能以零存货的方式达到同样的目的。因为实施 JIT 系统的企业与供应商签订了长期合作协议，让供应商广泛参与企业的生产经营。企业选择供应商的标准并不仅仅是价格，零配件的质量和及时交货的能力也是关键因素。长期合同可以规定订货价格、质量水平及交货要求，同时也减少了订货次数，降低了订货成本。

6）JIT 系统的局限

JIT 不是一种简单或者容易实施的方法，与其说是一个突变的过程，不如说是一个渐进的过程。例如，与供应商建立密切合作关系就需要企业付出长期的努力，要求供应商在送货次数和产品质量方面做出迅速反应，有时也是不切实际的。企业与供应商的关系应以合作为基础，而不是强求。为了实施 JIT 系统，公司有可能单方面调整与供应商的关系，要求修改订货合同中有关供货时间、批量和质量方面的条款，这些都会招致供应商的反感，从而导致供应商可能会寻找新的市场以更宽松的条款向其他厂家供货。上述行为说明 JIT 系统的成功实施需要企业付出长期的努力。

工人也会抵制实施 JIT 系统进行管理。研究表明，存货储备降低后，工作流程将更加严密，生产工人的劳动强度将提高，企业应有计划地、谨慎地降低存货水平，激发工人参与实施 JIT 系统，并使他们从中受益。过快的降低存货水平可能会导致销售量下降、工人精神紧张。推行 JIT 系统不是一件轻而易举的事情，需要细致周密的计划和准备，在推行过程中公司将会面临许多斗争和挫折。

JIT 系统最大的缺陷在于没有存货储备而造成的生产中断。销售经常会遇到预料之外的生产中断的威胁。事实上，问题出现之后，JIT 系统的对策是在继续生产活动之前，找出产生问题的原因并解决该问题。如果销售量远远超过了供应商的供货，生产厂家就不可能迅速地对订货做出调整，可能会造成生产和销售的中断。

# 7.3 资本投资决策
## ——非日常经营活动中方案的选择

**cfo 要求你知道**

1. 资本投资决策的分类
2. 资本投资决策的一般程序
3. 现金流量的计算
4. 项目投资决策的基本指标

**关键术语**

资本投资（Capital Investment）
资本预算（Capital Budget）
现金流量（Cash Flow）
投资利润率（Profit Rate on Investment）
净现值（Net Present Value）
内部收益率（Internal Rate of Return）

7-3

### 7.3.1 资本投资决策概述

#### 1. 资本投资决策的概念和意义

资本投资是指投入大量资金，获取报酬或收益的时间超过 1 年，能在较长时间内影响企业获利能力的投资。投资活动所形成的各项支出通常不能由当期营业收入弥补，而需要在未来各期逐渐转化为费用。这类支出在会计中称为资本性支出，因此资本投资决策又称资本支出决策或资本预算。

资本投资项目涉及较长的生产周期，需要巨额资金，并将决定企业的长期获利能力，同时伴随着较大的风险，因此资本投资决策是一项极为重要的管理活动，管理当局必须慎重对待。

资本投资决策有 3 个阶段：

第一阶段，确定可能的投资项目。

第二阶段，选择出将要进行的投资（包括搜集用于帮助决策的数据）。

第三阶段，投资的事后监测或事后审核。

管理会计人员在第二和第三阶段中扮演着重要角色。

管理者在选择投资项目时使用许多不同的资本预算模型，每种模型都通过一定的方式汇总某项投资现在及未来的情况，并提供信息给决策者。本节将比较不同资本预算模型的用途和局限性，特别关注对相关成本的分析。所有的资本支出都有风险，企业在将资金投入到某些方案或项目中时并不能确定这些投资今后能产生多少回报，许多影响未来回报的因素是未知的。但一个高水平的管理人员在决策前会尽可能地收集并量化可知或可预测的各项因素，资本预算模型有助于这一过程的实现。

### 2. 资本投资的特点

资本投资，尤其是固定资产投资，往往具有以下几个特点：

（1）决定性。企业的投资报酬率归根结底是企业前后各个项目投资报酬率的加权平均。因此，资本投资对于保持和提高企业的长期获利能力具有决定性的影响。

（2）长期性。固定资产寿命长，投资回收期长，因此，固定资产投资影响企业盈亏的时间也长。

（3）耗资大。资本投资耗资大，对企业财务成果和资本构成的影响也大，需要进行专门的筹资工作。

（4）不可逆转性。资本投资一旦完成，往往就无法再改变或代价太大。例如，机器设备不易改变用途，也难以出售；改建房屋、建筑物花费甚多，拆迁易地更是犹如新建。

（5）风险大。投资项目交付使用后的收益情况和项目寿命受内外部各种因素的制约，而这些因素相互间的关系错综复杂，因此在投资决策中无法对未来各因素的发展变化做出完全准确的预测。预测准确性有限，风险自然就较大。

### 3. 资本投资决策的分类

按照不同的标准，资本投资决策可以分为不同类别。

1）按投资所涉及的内容分类

（1）设备更新决策：即决定是否对设备立即予以淘汰或继续使用。

（2）扩充生产线的决策：例如，增添新厂房、生产线或仓储设施，扩充生产能力。

（3）研究开发决策：即决定是否花费资金研究开发新产品。

（4）设备选择与更新决策：即依据成本效益原则决定是否购置新设备或购置何种设备。

2）按投资方案的性质分类

（1）独立项目决策：即选择或放弃某个投资方案进行投资，并不会影响其他可行方案的选择及其现金流量。例如，购置机器和建造厂房是各自独立的项目投资，它们之间存在着相互依赖的关系，但不能相互取代。

（2）互斥项目决策：即若选择某个投资方案进行投资，就必须要放弃其他可行方案。例如，企业考虑是继续使用旧设备还是用新设备来替换，就是互斥项目的决策，因为两种投资方案只能取其一。

3）按决策者掌握的信息和资料情况分类

（1）确定型投资决策：即决策者准确无误地掌握了投资方案有关变量的取值，因而事先可以确定决策后果的各种投资决策。

（2）风险型投资决策：即决策者掌握了投资方案有关变量的概率分布，因而事先知道决策所有可能的后果及每一种后果出现的概率的投资决策。

（3）不确定型投资决策：即决策者无法掌握投资方案有关变量的数值或其概率分布，因而事先不知道决策的所有可能后果，或者虽然知道所有可能后果，但不知道它们出现的概率的投资决策。

4）按投资方案的现金流动模式分类

（1）常规投资决策：即在建设和生产经营年限内随开始年份出现现金流出量之后，以后每年均为现金流入量的投资方案决策。

（2）非常规投资决策：指在建设和生产经营年限内，各年现金净流量的正负值交错出现，且正负符号变换在一次以上的投资方案决策。

**4. 资本投资决策的一般程序**

（1）估计投资方案的现金流量。固定资产的现金流量是指由该投资方案引起的在一定期间内发生的现金流出量、现金流入量和现金净流量。

（2）估计预期现金流量的风险。由于资本投资所涉及的时间较长，涉及企业生产经营的各个方面，因此面临着许多不确定因素。企业在估计预期现金流量时，必须充分考虑现金流量的不确定性，对其做出合理的估计。

（3）确定资本成本的一般水平。资本投资需要投入大量的资金，而资金是不能无偿使用的，必须付出代价，要负担成本。资本成本在资本投资决策中非常重要，是一个投资项目能否接受的最低报酬率。任何投资项目，如果它的预期获利水平不能达到最低报酬率，则将被舍弃；反之，如果它的预期获利水平超过最低报酬率，就可以采纳。资本成本在资本投资决策中是计算资金的货币时间价值和投资的风险价值的依据，是确定投资项目取舍的标准。企业通常根据银行的挂牌利率、证券的实际利率、股东权益获利水平及该项资本投资所冒风险的程度等多项因素进行周密考虑，来确定资本成本的一般水平。

（4）确定投资方案的现金流量现值。根据以上步骤估计的预期现金流量和资本成本计算投资方案的现金流入量现值、现金流出量现值，并计算出投资方案的净现值。

（5）决定方案的取舍。比较投资方案的净现值，如果净现值大于零，则说明该投资方案的现金流入量现值大于现金流出量现值，可以接受该投资方案；反之，如果净现值小于零，则说明该投资方案的现金流入量现值小于现金流出量现值，应拒绝该投资方案。

## 7.3.2 投资环境分析

**1. 投资环境分析的意义**

投资环境是指影响企业投资目的的实现的各种因素的总和。企业在进行特定项目投资时，应认真考察与投资项目有关的投资环境，并进行深入剖析，以确保投资决策的正确性。具体来说，对投资环境进行分析的意义主要体现在以下几个方面：

（1）有利于正确投资决策的形成。通过对投资环境的分析，可以使企业充分掌握与特定投资项目有密切关系的影响因素，如投资项目所生产产品的市场供求状况、生产产品所需的原材料供给状况及影响产品销售的交通运输等基础设施状况。只有对这些影响因素进行深入的调查和分析，才能较为准确地预计投资项目的未来现金流入和现金流出情况，进而根据这些预计数据用量化指标评价投资项目的可行性，选择正确的投资方案。

（2）有利于投资决策的适时调整。投资环境是一个动态概念。就拿基础设施这一投资环境来说，目前对基础设施环境的评价可能较差，但未来基础设施可能会有较大的改善。这就要求企业对投资环境进行动态评价。如果存在有利的投资环境，则应抓住投资机会；如果存在不利的投资环境，则应及时采取措施改变或停止投资，避免或减轻因投资环境带来的不利影响。可见，对投资环境的持续分析，有利于企业对投资决策做出适时调整。

（3）有利于提高企业投资决策的预见性。投资环境的深入分析，不仅能使企业了解当前的投资环境，更能增强企业对未来投资环境的预见性。企业对未来投资环境的预见性对企业投资决策来说非常重要。

**2. 投资项目环境的内容**

按照是否仅与特定的投资项目相关，可将投资环境分为一般环境和特有环境。

1）一般环境

投资项目的一般环境是指与所有投资项目均相关的一系列因素，主要包括政治形势、经济形势和文化背景。

（1）政治形势。政治形势主要指国家政局是否稳定，有无战争风险、国家政策有无重大变化等。正确预测国家政治形势有赖于对世界各国时事政治的关心，有赖于对各国法律法规的研读。政治形势的好坏对投资项目的决策行为会产生重大影响。

（2）经济形势。经济形势主要包括区域经济发展状况、经济发展水平、经济增长的持续稳定性、国民经济结构、国家产业政策和劳动生产率等。经济形势与企业投资的规模和类型密切相关。

（3）文化背景。文化背景主要指受教育程度、文化水平、宗教、风俗习惯等，这些因素也会对投资产生重大影响。

2）特有环境

投资项目的特有环境是指与特定投资项目相关的系列因素，主要包括以下内容。

（1）市场环境。企业投资项目所生产的产品是否有充分的市场需求，是投资项目能否为企业增加价值的关键所在。企业在进行项目投资前务必审慎分析市场的竞争状况和市场供需状况。

（2）资源环境。企业投资项目能否达到预期的目的，与原材料、水电、劳动力等资源的供应状况有很大关系。例如，原材料、水电、劳动力等资源的就近供应能够降低投资项目生产产品的成本，使企业在激烈的市场竞争中获得成本优势，进而获得价格优势。

（3）科技环境。科技环境主要指与特定投资项目有关的生产工艺、技术等方面的状况。生产工艺、技术装备等的科技含量对产品的质量具有很大的影响，高科技含量的设备和技术一方面降低了产品的生产成本；另一方面有利于赢得客户的信赖，增强市场竞争力。

市场环境、资源环境和科技环境的好坏对于项目投资的成败极为重要。除此之外，基础设施建设（主要指交通、能源、通信、生活条件等）、地理位置和政策优惠因素也是特定项目投资时必须要考虑的环境因素。

### 7.3.3 项目投资现金流量

**1. 项目投资的概念**

项目投资是一种以特定项目为对象，直接与新建项目或改造项目有关的长期投资行为。从性质上看，项目投资是企业直接的、生产性的对内实物投资，通常包括固定资产投资、无形资产投资、开办费投资和流动资金投资等内容。

**2. 项目计算期的构成和项目投资的内容及资金投入方式**

1）项目计算期的构成

项目计算期是指投资项目从投资建设开始到最终清理结束的整个过程的全部时间，即项目的有效持续期间。完整的项目计算期包括建设期和生产经营期。其中，第一年初称为建设起点，通常也被认为是第零年末，建设期的最后一年末称为投产日。项目计算期的最后一年末称为终结日，从投产日到终结日之间的时间间隔称为生产经营期。项目计算期的计算公式为：

项目计算期 = 建设期 + 生产经营期

2）项目投资的内容及资金投入方式

① 原始总投资

原始总投资又称为初始投资，是反映项目所需现实资金水平的价值指标。从项目投资角度看，原始总投资是企业为使项目完全达到设计生产能力、开展正常经营而投入的全部现实资金，包括建设投资和流动资金投资两项内容。

（1）建设投资是指在建设期内按一定生产经营规模和建设内容进行的投资，包括固定资产投资、无形资产投资和开办费投资三项内容。

（2）流动资金投资是指项目投产后分次或一次投放于流动资产项目的投资增加额，又称垫支流动资金或营运资金垫支。其计算公式为：

本年流动资金增加额（垫支数）= 本年流动资金需用数 – 截至上年的流动资金投资额

经营期流动资金需用数 = 该年流动资产需用数 – 该年流动负债需用数

② 投资总额

投资总额是一个反映项目投资总体规模的价值指标，其等于原始总投资与建设期资本化利息之和。其中，建设期资本化利息是指在建设期发生的与项目所需的固定资产、无形资产等长期资产有关的借款利息。

③ 资金投入方式

从时间特征上看，投资者将原始总投资注入具体项目的方式有集中投入和分次投入两种。集中投入方式是指全部投资额在建设期的某一时点一次性发生；分次投入方式是指全部投资额分若干次在建设期陆续发生。

**3. 现金流量及其计算**

1）现金流量的含义

现金流量是指投资项目在其计算期内因资本循环而可能或应该发生的各项现金流入量和现金流出量的总称，是计算项目投资评价决策指标的主要依据和重要信息。

2）现金流量的构成

现金流量可分为现金流入量和现金流出量。现金流入量是指能够使投资方案的现实货币资金增加的项目，简称现金流入，包括营业收入、回收固定资产残值、回收流动资金、其他现金流入等。现金流出量是指能够使投资方案的现实货币减少的项目或需要动用现金的项目，简称现金流出，包括建设期投资（含更改投资）、流动资金投资、经营成本、各项税款、其他现金流出等。

投资决策中的现金流量一般由以下三部分构成。

① 初始现金流量

初始现金流量是指开始投资时发生的现金流量，一般包括以下几个部分：（1）固定资产上的投资，包括固定资产的购买或建造成本、运输成本和安装成本等；（2）流动资产上的投资，包括对材料、在产品、产成品和现金等流动资产的投资；（3）其他投资费用，指与项目投资有关的职工培训费、谈判费、注册费用等；（4）原有固定资产的变价收入，主要指固定资产更新时原有固定资产变卖所得的现金收入。

② 营业现金流量

营业现金流量是指投资项目投入使用后，在其寿命周期内由于生产经营所带来的现金流入和流出的数量。这种现金流量一般按年度进行计算。

假设一个投资项目每年的销售收入等于营业现金收入，付现成本（指不包括折旧的成本）等于营业现金支出，则年营业现金净流量可用下列公式计算：

现金净流量（NCF）= 营业收入 − 付现成本 − 所得税 + 该年回收额

= 营业收入 − (营业成本 − 非付现成本) − 所得税 + 该年回收额

= 净利润 + 非付现成本 + 该年回收额

该年回收额主要包括以下两个方面：固定资产残值收入或变价收入；原来垫支在各种流动资产上的资金收回。

③ 终结现金流量

终结现金流量是指投资项目完结时所发生的现金流量，一般为现金流入，主要包括：固定资产的残值收入或变价收入；垫支在各种流动资产上的资金收回；停止使用的土地的变价收入等。

3）现金流量的计算

**【情景 7-14】**华信食品股份有限公司拟购入一台机器，购入价为 1 200 000 元，使用期限为 10 年，期满预计残值为 40 000 元，设备购入后即可安装投产。在设备安装过程中支付安装费 8 000 元。合同规定，设备价款在 3 年内分 3 期付清。设备投产后每年生产销售产品取得收入 300 000 元，总成本为 200 000 元，采用直线法计提折旧。设备投产之初，公司需为此投入流动资金 120 000 元。

有关现金流量分析如下：

投产后年净利润 =300 000–200 000=100 000（元）

固定资产年计提折旧额 =(1 200 000+8 000–40 000)÷10=116 800（元）

现金净流量 = 年净利润 + 固定资产年计提折旧额 =100 000+116 800=216 800（元）

该投资方案各年现金流量情况如表 7-6 所示。

表 7-6　投资方案各年现金流量情况

单位：元

| 项 目 | 现金流量 | | | | | | | | | | 总计 |
|---|---|---|---|---|---|---|---|---|---|---|---|
| | 1 | 2 | 3 | 4 | 5 | 6 | 7 | 8 | 9 | 10 | |
| 设备价款 | -400 000 | -400 000 | -400 000 | | | | | | | | -1 200 000 |
| 安装费 | -8 000 | | | | | | | | | | -8 000 |
| 年折旧额 | 116 800 | 116 800 | 116 800 | 116 800 | 116 800 | 116 800 | 116 800 | 116 800 | 116 800 | 116 800 | 1 168 000 |
| 年营业利润 | 100 000 | 100 000 | 100 000 | 100 000 | 100 000 | 100 000 | 100 000 | 100 000 | 100 000 | 100 000 | 1 000 000 |
| 流动资金投入 | -120 000 | | | | | | | | | 120 000 | |
| 设备残值 | | | | | | | | | | 40 000 | 40 000 |
| 现金流量合计 | -311 200 | -183 200 | -183 200 | 216 800 | 216 800 | 216 800 | 216 800 | 216 800 | 216 800 | 376 800 | 1 000 000 |

“-”号表示现金流出，开始投资时的流动资产投入应在设备报废停产时收回。

**4. 项目投资决策的基本指标**

投资决策指标是评价方案是否可行及评价不同方案优劣的标准。投资决策指标按其是否考虑资金时间价值可以分为静态指标和动态指标两种。静态指标又称为非贴现现金流量指标，包括静态投资回收期和投资利润率等；动态指标又称为贴现现金流量指标，包括净现值、内部收益率、获利指数等。投资决策指标按其在决策中的地位分为主要指标和辅助指标。净现值、内部收益率等是主要指标，而投资回收期、投资利润率和获利指数等是辅助指标。

1）静态指标的含义和计算方法

① 静态投资回收期（PP）

静态投资回收期又称全部投资回收期，简称回收期，是指以投资项目的经营净现金流量抵偿原始总投资额所需要的全部时间。静态投资回收期是一个静态的绝对量反指标。其优点是：概念易懂，计算简便；缺点是：既不考虑回收期内现金流入量发生的时间先后，又不考虑回收期满后的现金流量情况。静态投资回收期是反映项目清偿能力的重要指标，一般越短越好。

静态投资回收期的计算公式如下：

$$\text{静态投资回收期（PP）}=\frac{\text{原始投资额}}{\text{每年现金净流量}}$$

② 投资利润率（ARR）

投资利润率又称投资报酬率，是指年平均利润占投资总额的百分比。投资利润率是一个静态的相对量正指标。其优点是：容易理解，计算简便；缺点是：计算每年平均现金流入量时不考虑现金流入的时间先后，不能准确地反映项目的优劣。

投资利润率的计算公式如下：

$$\text{投资利润率（ARR）}=\frac{\text{年平均利润额}}{\text{投资总额}}\times 100\%$$

2）动态指标的含义和计算方法

① 净现值（NPV）

净现值是指在项目的寿命周期内，按设定的折现率或行业基准收益率计算的各年现金净流量现值的代数和。净现值指标是一个折现的绝对量正指标，是进行投资项目评价的重要指标之一，在投资活动中被广泛使用。其优点是：考虑了每项现金流量发生的时间先后，充分体现了对货币时间价值的要求；缺点是：无法直接反映投资项目的实际收益水平。

净现值的计算公式如下：

$$\text{NPV}_A=\sum_{t=1}^{n}\frac{\text{NCF}_t}{(1+i)^t}$$

式中，NPV——投资项目净现值。

$i$——企业设定的折现率或行业基准收益率。

**提示**

只有净现值为正的投资方案才是可行的，且净现值越大越好，若净现值为负，则方案不可行。对于投资额相同、互斥的几个方案，净现值为正且最大的方案为最优方案。

【情景 7-15】现有甲方案、乙方案两个投资方案，甲方案需一次性投资 12 000 元，设备可用 6 年，残值为 2 000 元，每年取得税后营业利润 4 000 元；乙方案需一次性投资 12 000 元，设备可用 5 年，无残值，第一年获利 3 000 元，以后每年递增 10%。如果资本成本率为 10%，则应采用哪种方案？

由于两个方案中设备的使用年限不同，所以净现值是不可比的，应考虑它们的各年现金净流量。

甲方案营业期每年 $NCF$=4 000+(12 000−2 000)÷6 ≈ 5666.67（元）

乙方案营业期各年 NCF：

第一年 =3 000+12 000/5=5 400（元）

第二年 =3 000×(1+10%)+12 000/5=5 700（元）

第三年 =3 000×$(1+10\%)^2$+12 000/5=6 030（元）

第四年 =3 000×$(1+10\%)^3$+12000/5=6 393（元）

第五年 =3 000×$(1+10\%)^4$+12 000/5=6 792.3（元）

甲方案净现值 =(5 666.67+2 000)×($P/F$,10%,6)+5 666.67×($P/A$,10%,5)−12 000 ≈ 13 809（元）

乙方案净现值 =6 792.3×($P/F$,10%,5)+6 393×($P/F$,10%,4)+6 030×($P/F$,10%,3)+5 700×($P/F$,10%,2)
+5 400×($P/F$,10%,1)−12 000 ≈ 10 734（元）

$$甲方案的各年现金净流量=\frac{13\ 809}{(P/A,10\%,6)}\approx 3\ 171（元）$$

$$乙方案的各年现金净流量=\frac{10\ 734}{(P/A,10\%,5)}\approx 2\ 832（元）$$

由上可知，甲方案的净现值大于乙方案的净现值，且甲方案的年金净流量 > 乙方案的年金净流量，所以选择甲方案。

② 获利指数（PI）

获利指数又称现值指数，是指项目投产后各年的净现金流量现值总和与原始投资现值总和之比，反映了项目的投入与产出的关系。获利指数也是一个折现的相对量正指标。其优点是：考虑了时间价值因素，能够从动态的角度反映项目投资的资金投入与总产出之间的关系；缺点是：计算复杂，在互斥选择决策中，获利指数的选择有时与按净现值指标的选择不一致，而后者的选择往往对企业更为有利。

获利指数的计算公式如下：

$$获利指数（PI）=\frac{未来报酬的总现值}{原始投资现值合计}$$

**提示**

当项目的获利指数大于 1 时，项目才可行；若项目的获利指数小于 1，则项目不可行。

【情景 7-16】华信食品股份有限公司现有 A、B、C 3 个投资项目，有关初始投资额、净现值数据如表 7-7 所示。

**表 7-7　各项目的初始投资额、净现值数据**

单位：元

| 项目 | A | B | C |
|---|---|---|---|
| 初始投资额 | 400 000 | 300 000 | 500 000 |
| 净现值 | 200 000 | 150 000 | 100 000 |

要求：计算各投资项目的获利指数。

$$PI_A=(200\ 000+400\ 000)\div 400\ 000=1.5$$

$$PI_B=(150\ 000+300\ 000)\div 300\ 000=1.5$$

$$PI_C=(100\ 000+500\ 000)\div 500\ 000=1.2$$

③内部收益率（IRR）

内部收益率又称内部报酬率或内含报酬率，是指项目投资实际可望达到的收益率，即能使投资项目的净现值为零时的贴现率。内部收益率指标是一个折现的相对量正指标。它是评价项目经济效益的一个重要指标，反映了投资项目的真实报酬率。其主要优点与净现值类似，既考虑了资金的时间价值，又考虑了项目在整个寿命周期内的全部情况，但与净现值不同的是，利用内部收益率评价项目时不需要事先确定一个基准收益率（而在实际中如何确定基准收益率是非常困难的），因而内部收益率指标在实践中得到了广泛的应用。

内部收益率的计算公式如下：

$$\sum_{t}^{n}\frac{NCF_t}{(1+IRR)^t}=0$$

式中，IRR 为内部收益率。

由计算公式可以看出，内部收益率的计算是求解一个一元多次方程的过程。在实际应用中，一般采用一种称为线性插值算法的近似方法来求得内部收益率的近似解。基本步骤如下：

首先，根据经验选定一个适当的折现率 $i_0$。根据投资方案的现金流量情况，利用选定的折现率 $i_0$，求出方案的净现值 NPV。

如果 NPV>0，则适当使 $i_0$ 继续增大。

如果 NPV<0，则适当使 $i_0$ 继续减小。

重复上述步骤，直到找到这样的两个折现率 $i_1$ 和 $i_2$，其所对应求出的净现值 $NPV_1>0$，$NPV_2<0$，其中（$i_2-i_1$）一般不超过 2% ～ 5%。

然后采用线性插值公式求出内部收益率的近似解，其公式为：

$$IRR=i_1+\frac{NPV_1}{NPV_1-NPV_2}\times(i_2-i_1)$$

采用内部收益率指标进行决策的规则是，在只有一个备选方案的采纳与决策中，如果计算出的内部收益率大于或等于企业的资本成本或必要报酬率就采纳；反之，则拒绝。在有多个备选方案的互斥选择决策中，选用内部收益率超过资本成本或必要报酬率最多的投资项目。

【情景 7-17】华信食品股份有限公司拟购入一台新型设备，购价为 1 000 000 元，使用年限为 8 年，无残值。该方案的最低投资报酬率要求为 10%（以此作为贴现率）。使用新设备后，估计每年产生现金净流量 200 000 元。要求：用内含报酬率指标评价该方案是否可行。

$$200\,000\times(P/A,i,n)-1\,000\,000=0$$

整理得：

$$(P/A,i,n)=5$$

现已知设备的使用年限为 8 年，查年金现值系数表可知，期数 8、系数 5 所对应的贴现率在 10% ～ 12% 之间。采用插值法求得：

$$IRR=i_1+\frac{NPV_1}{NPV_1-NPV_2}\times(i_2-i_1)=10\%+\frac{5-5.334\,9}{4.967\,6-5.334\,9}\times(12\%-10\%)\approx 11.82\%$$

该方案的内含报酬率为 11.82%，高于最低投资报酬率 10%，所以方案可行。

【情景 7-18】华信食品股份有限公司有一个投资方案，需一次性投资 58 000 元，设备使用年限为 4 年，每年现金净流量分别为 10 000 元、20 000 元、25 000 元、15 000 元。要求：计算该投资方案的内含报酬率，并据以评价该方案是否可行。

由于该方案每年的现金净流量不相同，所以需逐次测算方案的内含报酬率。测算过程如表 7-8 所示。

表 7-8 内含报酬率的测算过程

单位：元

| 年份 | 每年现金净流量 | 第一次测算 | 6% | 第二次测算 | 8% | 第三次测算 | 7% |
|---|---|---|---|---|---|---|---|
| 1 | 10 000 | 0.943 4 | 9 434 | 0.925 9 | 9 259 | 0.934 6 | 9 436 |
| 2 | 20 000 | 0.89 | 17 800 | 0.857 3 | 17 146 | 0.873 4 | 17 468 |
| 3 | 25 000 | 0.839 6 | 20 990 | 0.793 8 | 19 845 | 0.816 3 | 20 407.5 |
| 4 | 15 000 | 0.792 1 | 11 881.5 | 0.735 | 11 025 | 0.762 9 | 11 443.5 |
| 未来现金净流量现值合计 | | | 60 105.5 | | 57 275 | | 58 665 |
| 减：原始投资额现值 | | | 58 000 | | 58 000 | | 58 000 |
| 净现值 | | | 2 105.5 | | (725) | | 665 |

第一次测算，采用折现率 6%，净现值为正数，说明方案的内含报酬率高于 6%。第二次测算，采用折现率 8%，净现值为负数，说明方案的内含报酬率低于 8%。第三次测算，采用折现率 7%，净现值仍为正数，但已较接近于零。因而可以估算，方案的内含报酬率在 7% ～ 8% 之间。进一步运用插值法，得出方案的内含报酬率为 7.48%。

$$\frac{8\%-\text{IRR}}{-725-0}=\frac{8\%-7\%}{-725-665}$$

$$\text{IRR}=7.48\%$$

# 8 报告和绩效管理

## ——输出管理会计信息

CFO 导语

报告和绩效管理是管理会计的最后程序，管理层通过报告和绩效管理发现问题，提出切实可行的解决方案。

## 本项目架构

- 企业管理会计报告
  - 绩效管理

# 8.1 企业管理会计报告
## ——通过对内报告，提高管理水平

cfo 要求你知道

1. 企业管理会计报告的种类
2. 战略层管理会计报告
3. 经营层管理会计报告
4. 业务层管理会计报告

关键术语

经营（Operating）

8-1

## 8.1.1 企业管理会计报告概述

企业管理会计报告是指企业运用管理会计方法，根据财务和业务的基础信息加工整理形成的，满足企业价值管理和决策支持需要的内部报告。企业管理会计报告的编制、审批、报送、使用等应与企业组织结构相适应。

（1）企业管理会计报告的目标、组织体系和对象。企业管理会计报告的目标是为企业各层级进行规划、决策、控制和评价等管理活动提供有用的信息。企业应建立管理会计报告组织体系，根据需要设置管理会计报告相关岗位，明确岗位职责。企业各部门都应履行提供管理会计报告所需信息的责任。企业管理会计报告的对象是对管理会计信息有需求的各个层级、各个环节的管理者。

（2）企业管理会计报告的形式要件和内容。企业管理会计报告的形式要件包括报告的名称、报告期间或时间、报告对象、报告内容及报告人等。企业管理会计报告的内容应根据管理需要和报告目标而定，要易于理解并具有一定的灵活性。

（3）企业管理会计报告的期间和报告体系。企业可根据管理的需要和管理会计活动的性质设定报告期间。一般应以日历期间（月度、季度、年度）作为企业管理会计报告期间，也可根据特定需要设定企业管理会计报告期间。企业管理会计报告体系应根据管理活动的全过程进行设计，在管理活动各环节形成基于因果关系链的结果报告和原因报告。

（4）企业管理会计报告体系的分类。企业管理会计报告体系可按照多种标准进行分类，包括但不限于以下几类。

- 按照企业管理会计报告使用者所处的管理层级，企业管理会计报告可分为战略层管理会计报告、经营层管理会计报告和业务层管理会计报告。
- 按照企业管理会计报告的内容，企业管理会计报告可分为综合企业管理会计报告和专项企业管理会计报告。
- 按照管理会计功能，企业管理会计报告可分为管理规划报告、管理决策报告、管理控制报告和管理评价报告。
- 按照责任中心，企业管理会计报告可分为投资中心报告、利润中心报告和成本中心报告。
- 按照报告主体的整体性程度，企业管理会计报告可分为整体报告和分部报告。

## 8.1.2 战略层管理会计报告

战略层管理会计报告是为战略层开展战略规划、决策、控制和评价及其他方面的管理活动提供相关信息的对内报告。战略层管理会计报告应精炼、简洁、易于理解，报告主要结果、主要原因，并提出具体的建议。

战略层管理会计报告的报告对象是企业的战略层，包括股东大会、董事会和监事会等。战略层管理会计报告包括但不限于战略管理报告、综合业绩报告、价值创造报告、经营分析报告、风险分析报告、重大事项报告、例外事项报告等。这些报告可独立提交，也可根据不同需要整合后提交。

（1）战略管理报告。战略管理报告的内容一般包括内外部环境分析、战略选择与目标设定、战略执行及其结果，以及战略评价等。

（2）综合业绩报告。综合业绩报告的内容一般包括关键绩效指标预算及其执行结果、差异分析，以及其他重大绩效事项等。

（3）价值创造报告。价值创造报告的内容一般包括价值创造目标、价值驱动的财务因素与非财务因素、内部各业务单元的资源占用与价值贡献，以及提升公司价值的措施等。

（4）经营分析报告。经营分析报告的内容一般包括过去经营决策的执行情况回顾、本期经营目标执行的差异及其原因、影响未来经营状况的内外部环境与主要风险分析、下一期的经营目标及管理措施等。

（5）风险分析报告。风险分析报告的内容一般包括企业全面风险管理工作回顾、内外部风险因素分析、主要风险识别与评估、风险管理工作计划等。

（6）重大事项报告。重大事项报告是针对企业的重大投资项目、重大资本运作、重大融资、重大担保事项、关联交易等事项进行的报告。

（7）例外事项报告。例外事项报告是针对企业发生的管理层变更、股权变更、安全事故、自然灾害等偶发性事项进行的报告。

### 8.1.3 经营层管理会计报告

经营层管理会计报告是为经营管理层开展与经营管理目标相关的管理活动提供相关信息的对内报告。经营层管理会计报告的报告对象是经营管理层。经营层管理会计报告应做到内容完整、分析深入。经营层管理会计报告主要包括全面预算管理报告、投资分析报告、项目可行性报告、融资分析报告、盈利分析报告、资金管理报告、成本管理报告、绩效评价报告等。

（1）全面预算管理报告。全面预算管理报告的内容一般包括预算目标的制定与分解、预算执行差异分析及预算考评等。

（2）投资分析报告。投资分析报告的内容一般包括投资对象、投资额度、投资结构、投资进度、投资效益、投资风险和投资管理建议等。

（3）项目可行性报告。项目可行性报告的内容一般包括项目概况、市场预测、产品方案与生产规模、厂址选择、工艺与组织方案设计、财务评价、项目风险分析，以及项目可行性研究结论与建议等。

（4）融资分析报告。融资分析报告的内容一般包括融资需求测算、融资渠道与融资方式分析及选择、资本成本、融资程序、融资风险及其应对措施和融资管理建议等。

（5）盈利分析报告。盈利分析报告的内容一般包括盈利目标及其实现程度、利润的构成及其变动趋势、影响利润的主要因素及其变化情况，以及提高盈利能力的具体措施等。企业还应对收入和成本进行深入分析。盈利分析报告可基于企业集团、单个企业，也可基于责任中心、产品、区域、客户等进行。

（6）资金管理报告。资金管理报告的内容一般包括资金管理目标、主要流动资金项目（如现金、应收票据、应收账款、存货）的管理状况、资金管理存在的问题及解决措施等。企业集团资金管理报告的内容一般还包括资金管理模式（集中管理还是分散管理）、资金集中方式、资金集中程度、内部资金往来等。

（7）成本管理报告。成本管理报告的内容一般包括成本预算、实际成本及其差异分析、成本差异形成的原因及改进措施等。

（8）绩效评价报告。绩效评价报告的内容一般包括绩效目标、关键绩效指标、实际执行结果、差异分析、考评结果及相关建议等。

### 8.1.4 业务层管理会计报告

业务层管理会计报告是为企业开展日常业务或作业活动提供相关信息的对内报告。业务层管理会计报告的报告对象是企业的业务部门、职能部门，以及车间、班组等。

业务层管理会计报告应做到内容具体、数据充分。业务层管理会计报告应根据企业内部各部门、车间或班组的核心职能或经营目标进行设计，主要包括研究开发报告、采购业务报告、生产业务报告、配送业务报告、销售业务报告、售后服务业务报告、人力资源报告等。

（1）研究开发报告。研究开发报告的内容一般包括研发背景、主要研发内容、技术方案、研发进度、项目预算等。

（2）采购业务报告。采购业务报告的内容一般包括采购业务预算、采购业务执行结果、差异分析及改善建议等。采购业务报告要重点反映采购质量、数量及时间、价格等方面的内容。

（3）生产业务报告。生产业务报告的内容一般包括生产业务预算、生产业务执行结果、差异分析及改善建议等。生产业务报告要重点反映生产成本、生产数量及产品质量、生产时间等方面的内容。

（4）配送业务报告。配送业务报告的内容一般包括配送业务预算、配送业务执行结果、差异分析及改善建议等。配送业务报告要重点反映配送的及时性、准确性及配送损耗等方面的内容。

（5）销售业务报告。销售业务报告的内容一般包括销售业务预算、销售业务执行结果、差异分析及改善建议等。销售业务报告要重点反映销售的数量结构和质量结构等方面的内容。

（6）售后服务业务报告。售后服务业务报告的内容一般包括售后服务业务预算、售后服务业务执行结果、差异分析及改善建议等。售后服务业务报告重点反映售后服务的客户满意度等方面的内容。

（7）人力资源报告。人力资源报告的内容一般包括人力资源预算、人力资源执行结果、差异分析及改善建议等。人力资源报告重点反映人力资源使用及考核等方面的内容。

### 8.1.5 企业管理会计报告流程

企业管理会计报告流程包括报告的编制、审批、报送、使用、评价等环节。

企业管理会计报告由管理会计信息归集、处理并报送的责任部门编制。企业应根据报告的内容、重要性和报告对象等，确定不同的审批流程。经审批后的报告方可报出。

企业应合理设计报告的报送路径，确保企业管理会计报告及时、有效地送达报告对象。企业管理会计报告可以根据报告的性质、管理需要进行逐级报送或直接报送。

企业应建立管理会计报告使用的授权制度，报告使用人应在权限范围内使用企业管理会计报告。

企业应对管理会计报告的质量、传递的及时性、保密情况等进行评价，并将评价结果与绩效考核挂钩。

企业应当充分利用信息技术，强化管理会计报告及相关信息集成和共享，将管理会计报告的编制、审批、报送和使用等纳入企业统一信息平台。

企业应定期根据管理会计报告的使用效果及内外部环境变化对管理会计报告体系、内容及编制、审批、报送、使用等进行优化。企业管理会计报告属于内部报告，应在允许的范围内传递和使用，相关人员应遵守保密规定。

# 8.2 绩效管理
## ——对活动的管理

**cfo 要求你知道**

1. 绩效评价系统的构成要素
2. 绩效管理的程序
3. 经济增加值法
4. 平衡计分卡

**关键术语**

杜邦分析法（Dupont Analysis）
净资产收益率（Return on Equity）
总资产净利率（Rate of Return on Total Assets）
销售净利率（Net Profit to Sales Ratio）
总资产周转率（Turnover of Total Assets）

8-2

### 8.2.1 绩效管理概述

绩效管理，是指企业与所属单位（部门）、员工之间就绩效目标及如何实现绩效目标达成共识，并帮助和激励员工取得优异绩效，从而实现企业目标的管理过程。

绩效管理的核心是绩效评价和激励管理。

1. 绩效评价

绩效评价，是指企业运用系统的工具方法，对一定时期内企业营运效率与效果进行综合评判的管理活动。绩效评价是企业实施激励管理的重要依据。

1）绩效评价系统的构成要素

绩效评价系统作为公司管理控制系统中一个相对独立的子系统，由以下几个基本要素构成。

（1）评价主体。企业绩效评价系统的主体是指谁需要对客体进行评价。从绩效评价的产生及发展来看，它是为解决经济活动过程中存在的委托——代理矛盾而建立的，这些矛盾主要包括资产所有者（委托人）和经营管理者（代理人）之间的矛盾，也包括政府部门及其他利益相关主体和企业的矛盾等，这些矛盾的双方构成了系统的主体和客体。对企业进行业绩评价的主体包括资产所有者、经营管理者、政府部门及其他相关利益主体。

（2）评价目标。公司绩效评价系统的目标是整个系统运行的指南和目的，它服从和服务于公司目标。绩效评价系统要处理好评价系统目标和公司目标之间的依存关系，公司目标的实现需要各方面的努力，建立合适的组织架构、建立管理控制系统、制定预算、设计绩效评价系统和激励系统等。

（3）评价客体。客体是由评价主体根据需要确定的，是与主体相对应的矛盾的另一方。由主体需求可以看出，评价客体主要包括整个企业、部门、经营管理者等。从母公司角度来看，业绩评价客体主要指子公司。子公司的类型有全资子公司、控股子公司，参股子公司和关联子公司，不同的客体具有不同的特性，这些特性在设计具体系统时直接影响着指标体系的确立。

（4）评价指标。绩效评价指标是指对评价对象的哪些方面进行评价。绩效评价系统关心的是评价对象与公司目标的相关方面，即所谓的关键成功因素（Critical Success Factors，CSFs），这些关键成功因素具体表现在评价指标上。关键成功因素有财务方面的，如投资报酬率、销售利润率、每股税后利润等；也有非财务方面的，如售后服务水平、产品质量、创新速度和能力等。因此，作为用来衡量绩效的指标，也分为财务指标和非财务指标，如何将关键成功因素准确地体现在各具体指标上，是绩效评价系统设计的首要问题。

（5）评价标准。绩效评价标准是判断评价对象业绩优劣的基准，选择什么标准作为评价的基准取决于评价的目的。在公司绩效评价系统中，常用的 3 类标准分别为年度预算标准、资本预算标准及竞争对手标准。为了全面发挥绩效评价系统的功能，同一个系统中应根据不同的评价对象选择不同的评价标准。在具体选用标准时，应与评价对象密切联系。一般来讲，当评价对象为管理者时，采用年度预算标准较恰当；而当评价对象为企业时，最好采用资本预算标准和竞争对手标准。

（6）评价方法。评价方法是企业业绩评价的具体手段，有了评价指标和评价标准，还要采用一定的评价方法将评价指标和评价标准运用到实际中，以取得公正的评价结果。没有科学、合理的评价方法，评价指标和评价标准就成了孤立的评价要素，也就失去了存在的意义。

（7）评价报告。绩效评价报告是绩效评价系统的输出信息，也是绩效评价系统的结论性文件。绩效评价人员以绩效评价对象为单位，通过会计信息系统及其他信息系统，获取与评价对象有关的信息，经过加工整理后得出绩效评价对象的评价指标数值或状况。将该评价对象的评价指标数值或状况与预先确定的评价标准进行对比，通过差异分析，找出产生差异的原因和责任及发生的影响，得出评价对象业绩优劣的结论。

上述 7 个要素共同组成一个完整的绩效评价系统，它们之间相互联系、相互呼应。不同的目标选择不同的对象、不同的指标和不同的标准，其报告的形式也不同。可以说，目标是绩效评价系统的中枢，没有明确的目标，整个绩效评价系统将处于混乱状态。

2）绩效评价的理论基础

① 资本保全论

在市场经济条件下，企业是出资者的企业，是一个资本集合体，所有者是唯一的剩余风险承担者和剩余利润享受者，出资者利益是企业的最高利益。企业追求利益最大化直接表现为资本增值最大化（企业价值最大化）。资本保全和资本增值最大化成为企业经营绩效评价的基本前提，从而构成企业经营绩效评价最直接的理论基础。

② 委托代理理论

随着现代公司制度的诞生，企业的所有权和经营权开始分离。因为现代公司迫于市场竞争的压力，需要不断扩大规模和拓展经营领域，企业管理过程日益复杂，资本的所有者由于经营能力所限，不得不聘请专业人士进行经营管理。另外，随着资本市场的发展，企业股东越来越分散，众多的股东不可能直接经营企业，只能按照《公司法》的规定，通过股东大会选择具有专业知识和经营能力的经营者去经营管理。但由于没有控制权的资本所有者与没有所有权的经营者处于信息不对称的位置，为了防止经营者侵犯所有者的权利，所有者要借助事后评价的方式，考核经营者是否称职。大股东可以据此决定对经营者的奖惩，中小股东也可以举手投票。

③ 信息不对称理论

在委托代理关系中，委托人和代理人所获得的信息量是不等的，这种现象称为信息不对称。由于信息不对称，使得道德危机和逆向选择随之产生。

委托人虽然能通过会计系统提供的产出计量单位来测算代理人的努力程度，但这些计量单位却不能准确反映代理人所做的努力，代理人不按照合同规定的方式办事，产生偷懒和舞弊的行为，这种现象称为道德危机。

委托人不能直接监督代理人的努力或不能通过某些产出的计量单位来准确推断代理人的努力，可能做出与事实相反的选择，这种现象就叫作逆向选择。

3）绩效评价的意义

为了解决代理人的道德风险和机会主义问题，企业的资本所有者与经营管理者之间的委托代理关系要通过一定的代理合约明确各自的权利与责任，建立起一种有效的监督、激励与约束机制，促成代理人目标和委托人目标相一致，实现委托人目标的最大化。代理合约的一个重要内容是定义代理人的经营绩效与报酬之间的对称安排。兑现合约规定的物质激励需要以企业绩效评价结果为依据。绩效评价本身还是一种约束手段，激励的过程也是对代理人进行监督的过程。代理理论认为，委托人在解除自己的经营管理事务的同时，将要支付一定的代理成本，包括支付给代理人的薪酬、委托人监督费用、代理人问题引起的经营损失和职务侵犯等。其中，前面两项是委托人必须支付的代理成本，可以在一定程度上防止和减少因为代理人问题而导致的经营损失和职务侵犯，从而降低代理总成本。问题的关键是委托人为了提高资本回报水平，将竭力节约代理费用和代理成本。而建立企业绩效评价制度是一项有效的制度安排，不论是事先对代理人的有效监督、约束经营者的行为，还是兑现代理人的薪酬合约、节约监督费用，都需要运用企业绩效评价手段。

因此，在委托代理关系中，委托人与代理人利益目标的不一致和委托人与代理人的信息不对称，决定了企业绩效评价制度存在的逻辑基础，委托代理的层次关系决定了绩效评价的适用范围。在设计绩效评价指标中如何解决代理问题，使得代理人目标和委托人目标相一致，实现委托人目标最大化？传统的绩效评价主要是会计利润、每股收益、股价及投资回报率等。实证研究证明，单一指标或者主要使用收益指标难以完全解决代理问题，需要在绩效指标的设计方面考虑更多的方面。平衡计分卡就是从4个方面来对企业的绩效进行评价的，包括财务方面、客户方面、内部经营过程及学习与成长方面。可以这样说，在进行绩效指标的设计方面，不仅要重视结果指标，如净资产收益率等，还要重视非财务指标，这些非财务指标一般可以揭示管理者将来的发展潜能，越来越受到重视。

委托代理理论说明，在现代企业中，绩效评价的主体是委托方，而客体是受托方，评价的标的设置与方法的选取要能有助于克服代理问题，注重委托方与受托方目标的一致性，注重非财务指标的运用。

2. 激励管理

激励管理，是指企业运用系统的工具方法，调动企业员工的积极性、主动性和创造性，激发企业员工工作动力的管理活动。激励管理是促进企业绩效提升的重要手段。

## 8.2.2 企业绩效管理原则、工具方法和应用环境

1. 企业绩效管理原则

企业进行绩效管理，一般应遵循以下原则：

（1）战略导向原则。绩效管理应为企业实现战略目标服务，支持价值创造能力提升。

（2）客观公正原则。绩效管理应实事求是，评价过程应客观公正，激励实施应公平合理。

（3）规范统一原则。绩效管理的政策和制度应统一明确，并严格执行规定的程序和流程。

（4）科学有效原则。绩效管理应做到目标符合实际，方法科学有效，激励与约束并重，操作简便易行。

2. 绩效管理的工具方法

绩效管理领域应用的管理会计工具方法一般包括关键绩效指标法、经济增加值法、平衡计分卡、股权激励等。企业可以根据自身战略目标、业务特点和管理需要，结合不同工具方法的特征及适用范围，选择一种适合的绩效管理工具方法单独使用，也可以选择两种或两种以上工具方法综合运用。

3. 绩效管理的应用环境

企业进行绩效管理时，应设立薪酬与考核委员会或类似机构，主要负责审核绩效管理的政策和制度、绩效计划与激励计划、绩效评价结果与激励实施方案、绩效评价与激励管理报告等，协调解决绩效管理工作中的重大问题。薪酬与考核委员会或类似机构下设绩效管理工作机构，主要负责制订绩效管理的政策和制度、绩效计划与激励计划，组织绩效计划与激励计划的执行与实施，编制绩效评价与激励管理报告等，协调解决绩效管理工作中的日常问题。

企业应建立健全绩效管理制度体系，明确绩效管理的工作目标、职责分工、工作程序、工具方法、信息报告等内容。

企业应建立有助于绩效管理实施的信息系统，为绩效管理工作提供信息支持。

## 8.2.3 绩效管理的程序

企业应用绩效管理工具方法，一般按照制订绩效计划与激励计划、执行绩效计划与激励计划、

实施绩效评价与激励、编制绩效评价与激励管理报告等程序进行。

1. 制订绩效计划与激励计划

企业应根据战略目标，综合考虑绩效评价期间宏观经济政策、外部市场环境、内部管理需要等因素，结合业务计划与预算，按照上下结合、分级编制、逐级分解的程序，在沟通反馈的基础上，编制各层级的绩效计划与激励计划。

绩效计划是企业开展绩效评价工作的行动方案，包括构建指标体系、分配指标权重、确定绩效目标值、选择计分方法和评价周期、拟定绩效责任书等一系列管理活动。制订绩效计划通常从企业级开始，层层分解到所属单位（部门），最终落实到具体岗位和员工身上。

（1）企业可单独或综合运用关键绩效指标法、经济增加值法、平衡计分卡等工具方法构建指标体系。指标体系应反映企业战略目标实现的关键成功因素，具体指标应含义明确、可度量。

（2）指标权重的确定可选择运用主观赋权法和客观赋权法，也可综合运用这两种方法。主观赋权法是利用专家或个人的知识经验来确定指标权重的方法，如德尔菲法、层次分析法等。客观赋权法是从指标的统计性质入手，由调查数据确定指标权重的方法，如主成分分析法、均方差法等。

（3）绩效目标值的确定可参考内部标准与外部标准。内部标准有预算标准、历史标准、经验标准等；外部标准有行业标准、竞争对手标准、标杆标准等。

（4）绩效评价计分方法可分为定量法和定性法。定量法主要有功效系数法和综合指数法等；定性法主要有素质法和行为法等。

（5）绩效评价周期一般可分为月度、季度、半年度、年度、任期。月度、季度绩效评价一般适用于企业基层员工和管理人员，半年度绩效评价一般适用于企业中高层管理人员，年度绩效评价适用于企业所有被评价对象，任期绩效评价主要适用于企业负责人。

（6）绩效计划制订后，评价主体与被评价对象一般应签订绩效责任书，明确各自的权利和义务，并作为绩效评价与激励管理的依据。绩效责任书的主要内容包括绩效指标、目标值及权重、评价计分方法、特别约定事项、有效期限、签订日期等。绩效责任书一般按年度或任期签订。

激励计划是企业为激励被评价对象而采取的行动方案，包括激励对象、激励形式、激励条件、激励周期等内容。激励计划按激励形式可分为薪酬激励计划、能力开发激励计划、职业发展激励计划和其他激励计划。薪酬激励计划按期限可分为短期薪酬激励计划和中长期薪酬激励计划。短期薪酬激励计划主要包括绩效工资、绩效奖金、绩效福利等；中长期薪酬激励计划主要包括股票期权、股票增值权、限制性股票及虚拟股票等。能力开发激励计划主要包括对员工知识、技能等方面的提升计划。职业发展激励计划主要是对员工职业发展做出的规划。其他激励计划包括良好的工作环境、晋升与降职、表扬与批评等。

激励计划的制订应以绩效计划为基础，采用多元化的激励形式，兼顾内在激励与外在激励、短期激励与长期激励、现金激励与非现金激励、个人激励与团队激励、正向激励与负向激励，充分发挥各种激励形式的综合作用。

2. 执行绩效计划与激励计划

绩效计划与激励计划制订完成后，应经薪酬与考核委员会或类似机构审核，报董事会或类似机构审批。经审批的绩效计划与激励计划应保持稳定，一般不予调整，若受国家政策、市场环境、不可抗力等客观因素影响，确需调整的，应严格履行规定的审批程序。

审批后的绩效计划与激励计划应以正式文件的形式下达执行，确保与计划相关的被评价对象能够了解计划的具体内容和要求。

绩效计划与激励计划下达后，各计划执行单位（部门）应认真组织实施，从横向和纵向两方面落实到各所属单位（部门）、各岗位员工，形成全方位的绩效计划与激励计划执行责任体系。

在绩效计划与激励计划执行过程中，企业应建立配套的监督控制机制，及时记录执行情况，进行差异分析与纠偏，持续优化业务流程，确保绩效计划与激励计划的有效执行。

（1）监控与记录。企业可借助信息系统或其他信息支持手段，监控和记录指标完成情况、重大事项、员工的工作表现、激励措施执行情况等内容。收集信息的方法主要有观察法、工作记录法、他人反馈法等。

（2）分析与纠偏。根据监控与记录的结果，重点分析指标完成值与目标值的偏差、激励效果与预期目标的偏差，提出相应整改建议并采取必要的改进措施。

（3）编制分析报告。分析报告主要反映绩效计划与激励计划的执行情况及分析结果，其频率可以是月度、季度、年度，也可根据需要编制。

在绩效计划与激励计划执行过程中，绩效管理工作机构应通过会议、培训、网络、公告栏等形式，进行多渠道、多样化、持续不断的沟通与辅导，使绩效计划与激励计划得到充分理解和有效执行。

### 3. 实施绩效评价与激励

绩效管理工作机构应根据计划的执行情况定期实施绩效评价与激励，按照绩效计划与激励计划的约定，对被评价对象的绩效表现进行系统、全面、公正、客观的评价，并根据评价结果实施相应的激励。

评价主体应按照绩效计划收集相关信息，获取被评价对象的绩效指标实际值，对照目标值，应用选定的计分方法计算评价分值，并进一步形成对被评价对象的综合评价结果。

绩效评价过程及结果应有完整的记录，结果应得到评价主体和被评价对象的确认，并进行公开发布或非公开告知。公开发布的主要方式有召开绩效发布会、企业网站绩效公示、面板绩效公告等；非公开发布一般采用一对一书面、电子邮件函告或面谈告知等方式进行。

评价主体应及时向被评价对象进行绩效反馈，反馈内容包括评价结果、差距分析、改进建议及措施等，可采取反馈报告、反馈面谈、反馈报告会等形式进行。

绩效结果发布后，企业应依据绩效评价的结果组织兑现激励计划，综合运用绩效薪酬激励、能力开发激励、职业发展激励等多种方式，逐级兑现激励承诺。

### 4. 编制绩效评价与激励管理报告

绩效管理工作机构应定期或根据需要编制绩效评价与激励管理报告，对绩效评价和激励管理的结果进行反映。

绩效评价与激励管理报告是企业管理会计报告的重要组成部分，应确保内容真实、数据可靠、分析客观、结论清楚，为报告使用者提供满足决策需要的信息。

绩效评价报告根据评价结果编制，反映被评价对象的绩效计划完成情况，通常由报告正文和附件构成。报告正文主要包括以下两部分：

（1）评价情况说明，包括评价对象、评价依据、评价过程、评价结果、需要说明的重大事项等。

（2）管理建议。

报告附件包括评价计分表、问卷调查结果分析、专家咨询意见等报告正文的支持性文档。

激励管理报告根据激励计划的执行结果编制，反映被评价对象的激励计划实施情况。激励管理报告主要包括以下两部分：

（1）激励情况说明，包括激励对象、激励依据、激励措施、激励执行结果、需要说明的重大事项等。

（2）管理建议。

其他有关支持性文档可以根据需要以附件形式提供。

绩效评价与激励管理报告可分为定期报告和不定期报告。定期报告主要反映一定期间被评价对象的绩效评价与激励管理情况。每个会计年度至少出具一份定期报告。不定期报告根据需要编制，反映部分特殊事项或特定项目的绩效评价与激励管理情况。

绩效评价与激励管理报告应根据需要及时报送薪酬与考核委员会或类似机构审批。

企业应定期通过回顾和分析，检查和评估绩效评价与激励管理的实施效果，不断优化绩效计划和激励计划，改进未来绩效管理工作。

### 8.2.4 传统的企业绩效评价方法

作为管理者，你会考虑用什么绩效评价方法呢？也许你认为利润或投资回报率都是不错的指标，从股东或出资人的角度看，它们是可以考虑的，但是从管理会计绩效评价的角度来看，不仅要关注经营结果，更要关注企业管理的每个环节。不同于以结果为中心的财务评价，管理会计绩效评价更关注过程和结果评价，从而起到更好的监督作用。传统财务评价指标注重结果评价，现代企业绩效评价体系既包括财务指标，也包括非财务指标；既关注结果，也关注过程的表现。伴随着企业管理的发展和绩效评价目标导向的演变，对于财务指标与非财务指标优劣的讨论、绩效评价指标体系的优化等诸多问题，理论研究者和实务工作者可谓是仁者见仁、智者见智，他们分别从不同角度进行了有益的探索和实践。下面分别介绍、分析和评价传统的和新型的绩效评价方法，希望大家能够批判地继承。

传统的绩效评价方法主要依据企业的财务报表进行分析，主要包括 3 种方法，即财务比率分析法、杜邦分析法和沃尔比重分析法。传统业绩评价体系只由纯粹的财务指标构成，其最初形式为单一的财务指标（如利润、投资报酬率等），当人们发现单一指标难以全面评价企业的财务状况和经营成果时，便开始采用多个指标构成的评价指标体系。其中，运用最为广泛的是由美国杜邦公司创立的杜邦分析法。该方法以权益净利率为源头，利用各财务指标之间的内在联系，对企业综合经营状况及经济效益进行系统分析和评价。杜邦分析法把利润表和资产负债表合并为两个衡量获利能力的综合指标，即投资报酬率和权益报酬率。另外，沃尔比重分析法的应用也相当广泛。同时，市盈率也是人们普遍关注的指标，有关的证券刊物几乎每天都要报道各类股票的市盈率。

1. 财务比率分析法

财务报表中有大量的数据，其反映的内容是一般通用的信息，但不同的信息使用者又有其特殊的需求，所以不同的使用者可以对财务报表的数据进行深加工，计算出相应的比率满足其需要。但是这些计算只是反映问题的手段，重要的是对这些比率进行深入系统的分析，坚持以全面的、历史的眼光看问题，而不能片面地、孤立地、静止地看待比率和财务数据。

常用的财务比率主要有 4 类：短期偿债能力比率、长期负债能力比率、营运能力比率和盈利能力比率。

2. 杜邦分析法

杜邦分析法又称杜邦系统或杜邦财务分析体系，是由美国杜邦公司创造的。杜邦财务分析体系利用企业各个财务比率指标之间的内在联系，通过对企业盈利能力、偿债能力、营运能力等内在关系的分析，使企业信息使用者更加深刻地理解各个比率指标之间的内在关系，从而更全面地了解企业的财务状况。

（1）净资产收益率是最具综合性与代表性的财务指标，在整个财务分析体系中居于核心地位，它反映了所有者投入资金的盈利能力，反映了企业经营活动、筹资活动和投资活动的效率。提高净资产收益率是实现财务管理目标的基本保证，通过研究其他各项财务指标与净资产收益率之间的依存和制约关系，可以揭示影响企业盈利能力的关键因素。净资产收益率的高低直接取决于总资产净利率和权益乘数两个指标。

（2）总资产净利率也是一个重要的财务指标，综合性很强，是销售净利率和总资产周转率的乘积，因此，需要进一步从销售成果和资产管理两方面来进行分析。

（3）销售净利率反映了企业净利润与销售收入的关系。企业的税后净利润是由销售收入扣除成本费用总额加上其他利润再扣除所得税得到的，而成本费用又由制造成本、管理费用、营业费用、财务费用等具体项目构成，通过对这些项目进行分析，可以了解企业净利润增减和销售净利率升降的原因。因此，扩大企业的销售成果、提高销售净利率主要有两条途径，即扩大销售收入和降低成本费用。

（4）总资产周转率反映了企业运用全部资产获得销售收入的综合能力。对总资产周转率的分析，一方面要联系销售收入分析企业资产的总量是否合理，流动资产和长期资产的比例安排是否恰当；另一方面，还要对影响资产周转的各项具体因素进行分析。企业的总资产由流动资产和长期资产构成，它们又由各自的明细项目组成，分别以不同的方式在运行周转。因此，在分析影响资产周转的各项具体因素时，除对各项资产的数量和比例是否合理进行分析外，还要对存货周转率、应收账款周转率、流动资产周转率、固定资产周转率等有关资产组成部分的使用效率进行分析，以查明影响资产周转的关键因素。通过资产构成和周转情况分析，可以发现企业资产管理中存在的问题与不足。

（5）权益乘数是总资产与所有者权益的比值。在总资产规模既定的前提下，企业适当开展负债经营，相对减少所有者权益在总资产中所占的份额，就可以使权益乘数提高，这会给企业带来一定的财务杠杆利益，但同时也会给企业带来一定的财务风险。因此，企业需要妥善安排资本结构。

通过杜邦财务分析体系的层层分解，不仅可以揭示企业各项财务指标间的结构关系，查明各项主要指标变动的影响因素，而且可以为决策者优化决策、提高企业经营效益提供思路：提高企业盈利能力的途径在于扩大销售、节约成本、优化投资配置、加速资金周转、优化资金结构、增强风险意识等。

杜邦财务分析体系的作用是解释指标变动的原因和变动趋势，为采取措施指明方向。但是，该方法仅是一种分解财务比率的方法，而不是另外建立新的财务指标。

**3. 沃尔比重分析法**

财务状况综合评价的先驱者之一是亚历山大·沃尔。他在20世纪初出版的《信用晴雨表研究》和《财务报表比率分析》中提出“信用能力指数”的概念，把若干个财务比率用线性关系结合起来，以评价企业的信用水平。他选择了7种财务比率，分别给定了其在总评价中占的比重，总和为100%；然后确定标准比率，并与实际比率相比较，评出每项指标的得分；最后求出评分。

沃尔比重分析法的操作步骤如下：

第一，选择7种财务比率，分别是流动比率、净资产÷负债、资产÷固定资产、销售成本÷存货、销售额÷应收账款、销售额÷固定资产、销售额÷净资产。

第二，分别确定各个比率在总评价中占的比重，总比重为100%。

第三，确定用来对比的标准比率，一般用行业平均值。

第四，计算7种财务比率的实际值。

第五，求出实际值与标准值的比率，称为关系比率。如果实际比率÷标准比率<1，那么关系比率<1；如果实际比率÷标准比率=1，那么关系比率=1。

第六，用关系比率乘以各指标比重求得各项指标比率的综合指数及全部比率指数合计值。企业综合评分就是综合系数乘以100，其计算公式为：

$$\text{各项比率的综合系数} = \text{各项指标的关系比率} \times \text{比重系数}$$

$$\text{综合系数的合计数} = \sum \text{各项比率的综合系数}$$

$$\text{企业综合评分} = \text{综合系数的合计数} \times 100$$

上述传统绩效评价方法多采用财务指标，主要反映经营结果，缺少反映过程的非财务指标及反映未来潜力的指标。这些绩效评价方法主要用于对独立核算的经营实体进行分析，对于非独立核算的部门和个人难以使用。

## 8.2.5 经济增加值法

基于财务指标的绩效评价方法是站在股东（或企业所有者权益）的角度考虑问题的，而经济增加值（Economic Value Added，EVA）则是站在一个中立的角度看待价值创造的。追求财富增加是经济社会的主要动力，在追求财富增加的同时，我们必须有所付出（投入），扣除我们的投入以后的增加部分才是经济增加值。所以，一般财务指标绩效评价用于财务管理，作为股东的评价工具，而经济增加值则主要用于经济学分析，股权投资和债权投资并不区分，都是资本投入。

一般的经济学模型，投入表现为资本和劳动。在财务指标的绩效评价中，将资本又分为借入资本和投入资本。站在所有者的角度，主要考虑投入资本的回报，而站在社会中立的角度或企业创造价值的角度，将借入资本和投入资本一并考虑为资本。由于税后利润是投入资本的回报，并没有考虑投入资本的成本；考虑（或扣除）投入资本的成本，我们称为经济增加值。

**1. 经济增加值法概述**

1）相关概念

① 经济增加值法

经济增加值法是指以经济增加值为核心，建立绩效指标体系，引导企业注重价值创造，并据此进行绩效管理的方法。

经济增加值法较少单独应用，一般与关键绩效指标法、平衡计分卡等其他方法结合使用。

企业应用经济增加值法进行绩效管理的对象可为企业及其所属单位或部门（可单独计算经济增加值）和高级管理人员。

② 经济增加值

经济增加值是指税后净营业利润扣除全部投入资本的成本后的剩余收益。经济增加值及其改善值是全面评价经营者有效使用资本和为企业创造价值的重要指标。经济增加值为正，表明经营者在为企业创造价值；经济增加值为负，表明经营者在损毁企业价值。

2）经济增加值法的应用环境

（1）企业应用经济增加值法应树立价值管理理念，明确以价值创造为中心的战略目标，建立以经济增加值为核心的价值管理体系，使价值管理成为企业的核心管理制度。

（2）企业应综合考虑宏观环境、行业特点和企业的实际情况，通过价值创造模式的识别，确定关键价值驱动因素，构建以经济增加值为核心的指标体系。

（3）企业应建立清晰的资本资产管理责任体系，确定不同被评价对象的资本资产管理责任。

（4）企业应建立健全会计核算体系，确保会计数据真实可靠、内容完整，并及时获取与经济增加值计算相关的会计数据。

（5）企业应加强融资管理，关注筹资来源与渠道，及时获取债务资本成本、股权资本成本等相关信息，合理确定资本成本。

（6）企业应加强投资管理，把能否增加价值作为新增投资项目决策的主要评判标准，以保持持续的价值创造能力。

3）经济增加值法的应用程序

企业应用经济增加值法，一般按照制订以经济增加值指标为核心的绩效计划、制订激励计划、执行绩效计划与激励计划、实施绩效评价与激励、编制绩效评价与激励管理报告等程序进行。

（1）制定企业级经济增加值指标体系。首先应结合行业竞争优势、组织结构、业务特点、会计政策等情况，确定企业级经济增加值指标的计算公式、调整项目、资本成本等，并围绕经济增加值的关键驱动因素，制定企业的经济增加值指标体系。

（2）制定所属单位（部门）级经济增加值指标体系。根据企业级经济增加值指标体系，结合所属单位（部门）所处行业、业务特点、资产规模等因素，在充分沟通的基础上，确定所属单位（部门）级经济增加值指标的计算公式、调整项目、资本成本等，并围绕所属单位（部门）经济增加值的关键驱动因素，细化制定所属单位（部门）的经济增加值指标体系。

（3）制定高级管理人员的经济增加值指标体系。根据企业级、所属单位（部门）级经济增加值指标体系，结合高级管理人员的岗位职责，制定高级管理人员的经济增加值指标体系。

4）经济增加值的计算

经济增加值的计算公式为：

经济增加值 = 税后净营业利润 − 平均资本占用 × 加权平均资本成本

式中，税后净营业利润衡量的是企业的经营盈利情况；平均资本占用反映的是企业持续投入的各种债务资本和股权资本；加权平均资本成本反映的是企业各种资本的平均成本率。

（1）计算经济增加值时，需要进行相应的会计项目调整，以消除财务报表中不能准确反映企业价值创造的部分。会计调整项目的选择应遵循价值导向性、重要性、可控性、可操作性与行业可比性等原则，根据企业实际情况确定。常用的调整项目有以下几项：

- 研究开发费、大型广告费等一次性支出但收益期较长的费用，应予以资本化处理，不计入当期费用。
- 反映付息债务成本的利息支出，不作为期间费用扣除，计算税后净营业利润时扣除所得税影响后予以加回。
- 营业外收入、营业外支出具有偶发性，将当期发生的营业外收支从税后净营业利润中扣除。
- 将当期减值损失扣除所得税影响后予以加回，并在计算资本占用时相应调整资产减值准备发生额。
- 递延税金不反映实际支付的税款情况，将递延所得税资产及递延所得税负债变动影响的企业所得税从税后净营业利润中扣除，相应调整资本占用。
- 其他非经常性损益调整项目，如股权转让收益等。

（2）税后净营业利润等于会计上的税后净利润加上利息支出等会计调整项目后得到的税后利润。

（3）平均资本占用。

平均资本占用反映的是企业持续投入的各种债务资本和股权资本。平均资本占用是所有投资者投入企业经营的全部资本，包括债务资本和股权资本。其中，债务资本包括融资活动产生的各类有息负债，不包括经营活动产生的无息流动负债。股权资本中包含少数股东权益。平均资本占用除根据经济业务实质相应调整资产减值损失、递延所得税外，还可根据管理需要调整研发支出、在建工程等项目，引导企业注重长期价值创造。

（4）加权平均资本成本。

加权平均资本成本是债务资本成本和股权资本成本的加权平均，反映了投资者所要求的必要报酬率。

债务资本成本是企业实际支付给债权人的税前利率，反映的是企业在资本市场中债务融资的成本率。如果企业存在不同利率的融资来源，则债务资本成本应使用加权平均值。

股权资本成本是在不同风险下，所有者对投资者要求的最低回报率，通常根据资本资产定价模型确定，计算公式为：

$$K_S=R_f+\beta(R_m-R_f)$$

式中，$R_f$ 为无风险收益率；$R_m$ 为市场预期回报率；$R_m-R_f$ 为市场风险溢价；$\beta$ 为企业股票相对于整个市场的风险指数。

上市企业的 $\beta$ 值，可采用回归分析法或单独使用最小二乘法等方法测算确定，也可以直接采用证券机构等提供或发布的 $\beta$ 值；非上市企业的 $\beta$ 值，可采用类比法，参考同类上市企业的 $\beta$ 值确定。

企业级加权平均资本成本确定后，应结合行业情况、不同所属单位（部门）的特点，通过计算（能单独计算的）或指定（不能单独计算的）的方式确定所属单位（部门）的资本成本。

在通常情况下，企业对所属单位（部门）所投入资本即股权资本的成本率是相同的，为简化资本成本的计算，所属单位（部门）的加权平均资本成本一般与企业保持一致。

5）经济增加值法指标体系的构成

经济增加值法指标体系通常包括经济增加值、经济增加值改善值、经济增加值回报率、资本周转率、产量、销量、单位生产成本等。

应用经济增加值法建立的绩效评价体系，应赋予经济增加值指标较高的权重。

6）制订激励计划

经济增加值法的激励计划按激励形式可分为薪酬激励计划、能力开发激励计划、职业发展激励计划和其他激励计划。应用经济增加值法建立的激励体系，应以经济增加值的改善值为基础。

（1）薪酬激励计划主要包括目标奖金、奖金库和基于经济增加值的股票期权。

- 目标奖金。目标奖金是达到经济增加值目标值所获得的奖金，只对经济增加值增量部分实施奖励。
- 奖金库。奖金库是基于对企业经济增加值长期增长目标实施的奖励。企业设立专门的账号管理奖金，将以经济增加值为基准计算的奖金额存入专门账户中，以递延奖金的形式发放。
- 股票期权。根据经济增加值确定股票期权的行权价格和数量，行权价格每年以相当于企业资本成本的比例上升，授予数量由当年所获得的奖金确定。

（2）能力开发激励计划主要包括对员工知识、技能等方面的提升计划。

（3）职业发展激励计划主要是对员工职业发展做出的规划。

（4）其他激励计划包括良好的工作环境、晋升与降职、表扬与批评等。

**2. 经济增加值法的优点和缺点**

经济增加值法的主要优点有：考虑了所有资本的成本，更真实地反映了企业的价值创造能力；实现了企业利益、经营者利益和员工利益的统一，激励经营者和所有员工为企业创造更多价值；能有效遏制企业盲目扩张规模以追求利润总量和增长率的倾向，引导企业注重长期价值创造。

经济增加值法的主要缺点有：一是仅能对企业当期或未来 1 ～ 3 年的价值创造情况进行衡量和预判，无法衡量企业长远发展战略的价值创造情况；二是计算主要基于财务指标，无法对企业的营运效率与效果进行综合评价；三是不同行业、不同发展阶段、不同规模等的企业，其会计调整项和加权平均资本成本各不相同，计算比较复杂，影响指标的可比性。

## 8.2.6 平衡计分卡

### 1. 平衡计分卡的概念

平衡计分卡，是指基于企业战略，从财务、客户、内部业务流程、学习与成长四个维度，将战略目标逐层分解转化为具体的、相互平衡的绩效指标体系，并据此进行绩效管理的方法。

平衡计分卡通常与战略地图等其他工具结合使用。

### 2. 平衡计分卡的应用范围

平衡计分卡适用于战略目标明确、管理制度比较完善、管理水平相对较高的企业。平衡计分卡的应用对象可为企业、所属单位（部门）和员工。

平衡计分卡绩效评价系统的设计和指标确定，应当与企业发展战略的制定、实施、控制结合起来，融为一体，以取得企业的长期竞争优势，实现企业的长期发展目标。平衡计分卡通过把企业 4 个方面各层次的绩效评价指标写在卡片上的方式，记录实际指标完成情况，兼顾财务指标和非财务指标、短期指标和长期指标的平衡，评定企业各层次管理人员的工作成绩，推动企业发展战略的实施。

平衡计分卡可以告诉员工和高层管理者每天需要做到的几件事情，为他们指明工作的方向；平衡计分卡将企业的策略、目标及指标整合在一起，使企业获得整体的发展与成功；平衡计分卡与奖励机制相联系，激励员工为达到目标而努力。因而，在我国现代化企业管理建设中，平衡计分卡在企业中的建立具有非常重大而深远的意义。

自平衡计分卡提出之后，其对企业全方位的考核及关注企业长远发展的观念受到学术界与企业界的充分重视，许多企业尝试引入平衡计分卡作为企业管理的工具。GartnerGroup 的调查表明，到 2000 年为止，在《财富》杂志上公布的世界前 1000 家公司中，有 40% 的公司采用了平衡计分卡系统。

从实践经验来看，平衡计分卡主要适用于具有以下特征的企业。

（1）面临较大竞争压力的企业且这一压力为企业所感知。竞争压力是企业谋求发展的内在动力，是平衡计分卡得以实施的内在原因。但采取行动必须以竞争被企业所感知为前提条件，如果竞争压力大，但企业尚未感知，那么这种竞争也是不会形成发展动力的。对于这样的企业，如果为了赶时髦而引入平衡计分卡，则如同给牛车安上汽车用的轮胎，不会起到应有的积极作用。

（2）以目标、战略作为导向的企业。当我们为企业的长远发展树立了目标之后，战略的作用就是为解决“如何才能达到这个目标”的问题提供思路。平衡计分卡的成功之处就在于将企业战略置于管理的中心，所以企业要应用平衡计分卡需以战略作为企业的导向，即使企业还没有制定出有效的战略，引入平衡计分卡也可以帮助企业重新认识和制定企业的战略。

（3）适用于具有协商式或民主式领导体制的企业，或准备将集权式的领导体制转变为协商式、民主式领导体制的企业。平衡计分卡必须在民主式管理风格的企业平台上运行，使员工能够充分参与企业战略的制定与实施。如果一个企业尚不是民主式管理风格，那么在实施平衡计分卡的过程中，随着员工参与度的提高，可以将其转变为民主式管理风格。从这一意义上来说，平衡计分卡不仅具有业绩评价功能，还具有改变企业文化的作用。

（4）管理会计水平较高的企业。平衡计分卡要求衡量出一位顾客给企业带来的利润是多少，这个要求在传统的管理会计方法下是不能实现的。只有引入新的管理会计方法——作业成本法，才能真正发现每位顾客所能给企业带来的利润情况。当然，除成本外，企业还需要注重产品的质量及其他一些影响顾客的因素。

**3. 平衡计分卡的特点**

（1）平衡计分卡既是一种评价系统，也是战略管理的重要组成部分，还是一种企业管理制度。

（2）平衡计分卡重视对企业长远发展的评价，即评价指标中包括影响企业长远利益的因素。

（3）平衡计分卡所设计的评价指标体系做到了财务指标与非财务指标的有机结合，能够对企业的经营绩效和竞争能力进行系统的评价。

（4）平衡计分卡重视对企业经营过程的评价，即评价企业的经营活动能否满足客户需要。

（5）平衡计分卡重视企业与外部利益相关者，如客户、供应商、战略伙伴及政府等的关系。

（6）平衡计分卡重视对企业可持续发展能力的评价。

（7）平衡计分卡从分析创造企业经营绩效的驱动因素入手，找出企业存在问题的真正症结所在，以确定企业为实现某种战略目标所必须改进或发展的方面。例如，平衡计分卡在对企业要提高资本回报率进行分析时，就可按照下列因果关系链展开：提高投资回报率—提高客户对产品的认可程度—提高准时交货率—缩短产品生产周期并控制产品质量—提高员工技能。

总之，一个合理的平衡计分卡可以反映企业的战略和策略，可以将企业的策略转化为系列相互联系的指标（这些指标由长期决策目标和达到这些目标的途径共同决定），并且明确结果指标和产生这些结果的执行动因间的因果关系。

**4. 平衡计分卡的应用环境**

企业应用平衡计分卡工具方法应有明确的愿景和战略。平衡计分卡应以战略目标为核心，全面描述、衡量和管理战略目标，将战略目标转化为可操作的行动。

平衡计分卡可能涉及组织和流程变革，具有创新精神、变革精神的企业文化有助于成功实施平衡计分卡。

企业应对组织结构和职能进行梳理，消除不同组织职能间的壁垒，实现良好的组织协同，既包括企业内部各级单位（部门）之间的横向与纵向协同，也包括与投资者、客户、供应商等外部利益相关者之间的协同。

企业应注重员工学习与成长能力的提升，以更好地实现平衡计分卡的财务、客户、内部业务流程目标，使战略目标贯彻到每个员工的日常工作中。

平衡计分卡的实施是一项复杂的系统工程。企业一般需要建立由战略管理、人力资源管理、财务管理和外部专家等组成的团队，为平衡计分卡的实施提供机制保障。

**5. 平衡计分卡的应用程序**

企业应用平衡计分卡工具方法，一般按照制定战略地图、制订以平衡计分卡为核心的绩效计划、制订激励计划、制定战略性行动方案、执行绩效计划与激励计划、实施绩效评价与激励、编制绩效评价与激励管理报告等程序进行。下面重点介绍制定战略地图、制订以平衡记分卡为核心的绩效计划、制定战略性行动方案、执行绩效计划与激励计划。

1）制定战略地图

企业首先应制定战略地图，即基于企业愿景与战略，将战略目标及其因果关系、价值创造路径以图示的形式直观、明确、清晰地呈现出来。战略地图基于战略主题构建，战略主题反映企业价值创造的关键业务流程，每个战略主题包括相互关联的一两个目标。

2）制订以平衡计分卡为核心的绩效计划

战略地图制定后，应以平衡计分卡为核心编制绩效计划。绩效计划是企业开展绩效评价工作的行动方案，包括构建指标体系、分配指标权重、确定绩效目标值、选择计分方法和评价周期、签订绩效责任书等一系列管理活动。制订绩效计划通常从企业级开始，层层分解到所属单位（部门），最终落实到具体岗位和员工。

① 构建平衡计分卡指标体系

平衡计分卡指标体系的构建应围绕战略地图，针对财务、客户、内部业务流程和学习与成长4个维度的战略目标，确定相应的评价指标。构建平衡计分卡指标体系的一般程序如下。

（1）制定企业级指标体系。根据企业层面的战略地图，为每个战略主题的目标设定指标，每个目标至少应有1个指标。

（2）制定所属单位（部门）级指标体系。依据企业级战略地图和指标体系，制定所属单位（部门）的战略地图，确定相应的指标体系，协同各所属单位（部门）的行动与战略目标保持一致。

（3）制定岗位（员工）级指标体系。根据企业、所属单位（部门）级指标体系，按照岗位职责逐级形成岗位（员工）级指标体系。

平衡计分卡指标体系构建时，应注重短期目标与长期目标的平衡、财务指标与非财务指标的平衡、结果性指标与动因性指标的平衡、企业内部利益与外部利益的平衡。平衡计分卡每个维度的指标通常为4～7个，总数量一般不超过25个。

平衡计分卡指标体系构建时，企业应以财务维度为核心，其他维度的指标都与核心维度的一个或多个指标相联系。通过梳理核心维度目标的实现过程，确定每个维度的关键驱动因素，结合战略主题，选取关键绩效指标。

财务维度以财务术语描述了战略目标的有形成果。企业常用的指标有投资资本回报率、净资产收益率、经济增加值、息税前利润、自由现金流、资产负债率、总资产周转率等。

客户维度界定了目标客户的价值主张。企业常用的指标有市场份额、客户满意度、客户获得率、客户保持率、客户获利率、战略客户数量等。

内部业务流程维度确定了对战略目标产生影响的关键流程。企业常用的指标有交货及时率、生产负荷率、产品合格率、存货周转率、单位生产成本等。

学习与成长维度确定了对战略重要的无形资产。企业常用的指标有员工保持率、员工生产率、培训计划完成率、员工满意度等。

企业可根据实际情况建立通用类指标库，不同层级单位和部门结合不同的战略定位、业务特点选择适合的指标体系。

② 分配平衡计分卡指标权重

平衡计分卡指标的权重分配应以战略目标为导向，反映被评价对象对企业战略目标贡献或支持的程度，以及各指标之间的重要性水平。企业绩效指标的权重一般设定为5%～30%，对特别重要的指标可适当提高其权重。对特别关键、影响企业整体价值的指标可设立“一票否决”制度，即如果某项绩效指标未完成，无论其他指标是否完成，均视为未完成绩效目标。

③ 确定平衡计分卡绩效目标值

平衡计分卡绩效目标值应根据战略地图的因果关系分别设置。首先确定战略主题的目标值，其次确定主题内的目标值，最后基于平衡计分卡评价指标与战略目标的对应关系，为每个评价指标设定目标值，通常设计3～5年的目标值。平衡计分卡绩效目标值确定后，应规定因内外部环境发生重大变化、自然灾害等不可抗力因素对绩效完成结果产生重大影响时，对目标值进行调整的办法和程序。一般情况下，由被评价对象或评价主体测算确定影响程度，向相应的绩效管理工作机构提出调整申请，报薪酬与考核委员会或类似机构审批。

3）制定战略性行动方案

绩效计划与激励计划制订后，企业应在战略主题的基础上制定战略性行动方案，实现短期行动计划与长期战略目标的协同。战略性行动方案的制定主要包括以下内容。

（1）选择战略性行动方案。制定每个战略主题的多个行动方案，并从中区分、排序和选择最优的战略性行动方案。

（2）提供战略性资金。建立战略性支出的预算，为战略性行动方案提供资金支持。

（3）建立责任制。明确战略性行动方案的执行责任方，定期回顾战略性行动方案的执行进程和效果。

4）执行绩效计划与激励计划

在绩效计划与激励计划执行过程中，企业应按照纵向一致、横向协调的原则，持续地推进组织协同，将协同作为一个重要的流程进行管理，使企业和员工的目标、职责与行动保持一致，创造协同效应。

在绩效计划与激励计划执行过程中，企业应持续深入地开展流程管理，及时识别存在问题的关键流程，根据需要对流程进行优化完善，必要时进行流程再造，使流程改进计划与战略目标相协同。

**6. 平衡计分卡的优点和缺点**

平衡计分卡的实施是一项长期的管理改善工作，在实践中通常采用先试点后推广的方式，循序渐进，分步实施。

平衡计分卡的主要优点有：一是战略目标逐层分解并转化为被评价对象的绩效指标和行动方案，使整个组织行动协调一致；二是从财务、客户、内部业务流程、学习与成长4个维度确定绩效指标，使绩效评价更为全面、完整；三是将学习与成长作为一个维度，注重员工的发展要求和组织资本、信息资本等无形资产的开发利用，有利于增强企业可持续发展的动力。

平衡计分卡的主要缺点有：一是专业技术要求高，工作量比较大，操作难度也较大，需要持续地沟通和反馈，实施比较复杂，实施成本高；二是各指标的权重在不同层级及各层级不同指标之间的分配比较困难，且部分非财务指标的量化工作难以落实；三是系统性强、涉及面广，需要专业人员的指导、企业全员的参与和长期持续地修正与完善，对信息系统、管理能力有较高的要求。

# 复利终值系数表（附表一）

| 期数 | 1% | 2% | 3% | 4% | 5% | 6% | 7% | 8% | 9% | 10% | 11% | 12% | 13% | 14% | 15% |
|---|---|---|---|---|---|---|---|---|---|---|---|---|---|---|---|
| 1 | 1.0100 | 1.0200 | 1.0300 | 1.0400 | 1.0500 | 1.0600 | 1.0700 | 1.0800 | 1.0900 | 1.1000 | 1.1100 | 1.1200 | 1.1300 | 1.1400 | 1.1500 |
| 2 | 1.0201 | 1.0404 | 1.0609 | 1.0816 | 1.1025 | 1.1236 | 1.1449 | 1.1664 | 1.1881 | 1.2100 | 1.2321 | 1.2544 | 1.2769 | 1.2996 | 1.3225 |
| 3 | 1.0303 | 1.0612 | 1.0927 | 1.1249 | 1.1576 | 1.1910 | 1.2250 | 1.2597 | 1.2950 | 1.3310 | 1.3676 | 1.4049 | 1.4429 | 1.4815 | 1.5209 |
| 4 | 1.0406 | 1.0824 | 1.1255 | 1.1699 | 1.2155 | 1.2625 | 1.3108 | 1.3605 | 1.4116 | 1.4641 | 1.5181 | 1.5735 | 1.6305 | 1.6890 | 1.7490 |
| 5 | 1.0510 | 1.1041 | 1.1593 | 1.2167 | 1.2763 | 1.3382 | 1.4026 | 1.4693 | 1.5386 | 1.6105 | 1.6851 | 1.7623 | 1.8424 | 1.9254 | 2.0114 |
| 6 | 1.0615 | 1.1262 | 1.1941 | 1.2653 | 1.3401 | 1.4185 | 1.5007 | 1.5869 | 1.6771 | 1.7716 | 1.8704 | 1.9738 | 2.0820 | 2.1950 | 2.3131 |
| 7 | 1.0721 | 1.1487 | 1.2299 | 1.3159 | 1.4071 | 1.5036 | 1.6058 | 1.7138 | 1.8280 | 1.9487 | 2.0762 | 2.2107 | 2.3526 | 2.5023 | 2.6600 |
| 8 | 1.0829 | 1.1717 | 1.2668 | 1.3686 | 1.4775 | 1.5938 | 1.7182 | 1.8509 | 1.9926 | 2.1436 | 2.3045 | 2.4760 | 2.6584 | 2.8526 | 3.0590 |
| 9 | 1.0937 | 1.1951 | 1.3048 | 1.4233 | 1.5513 | 1.6895 | 1.8385 | 1.9990 | 2.1719 | 2.3579 | 2.5580 | 2.7731 | 3.0040 | 3.2519 | 3.5179 |
| 10 | 1.1046 | 1.2190 | 1.3439 | 1.4802 | 1.6289 | 1.7908 | 1.9672 | 2.1589 | 2.3674 | 2.5937 | 2.8394 | 3.1058 | 3.3946 | 3.7072 | 4.0456 |
| 11 | 1.1157 | 1.2434 | 1.3842 | 1.5395 | 1.7103 | 1.8983 | 2.1049 | 2.3316 | 2.5804 | 2.8531 | 3.1518 | 3.4785 | 3.8359 | 4.2262 | 4.6524 |
| 12 | 1.1268 | 1.2682 | 1.4258 | 1.6010 | 1.7959 | 2.0122 | 2.2522 | 2.5182 | 2.8127 | 3.1384 | 3.4985 | 3.8960 | 4.3345 | 4.8179 | 5.3503 |
| 13 | 1.1381 | 1.2936 | 1.4685 | 1.6651 | 1.8856 | 2.1329 | 2.4098 | 2.7196 | 3.0658 | 3.4523 | 3.8833 | 4.3635 | 4.8980 | 5.4924 | 6.1528 |
| 14 | 1.1495 | 1.3195 | 1.5126 | 1.7317 | 1.9799 | 2.2609 | 2.5785 | 2.9372 | 3.3417 | 3.7975 | 4.3104 | 4.8871 | 5.5348 | 6.2613 | 7.0757 |
| 15 | 1.1610 | 1.3459 | 1.5580 | 1.8009 | 2.0789 | 2.3966 | 2.7590 | 3.1722 | 3.6425 | 4.1772 | 4.7846 | 5.4736 | 6.2543 | 7.1379 | 8.1371 |
| 16 | 1.1726 | 1.3728 | 1.6047 | 1.8730 | 2.1829 | 2.5404 | 2.9522 | 3.4259 | 3.9703 | 4.5950 | 5.3109 | 6.1304 | 7.0673 | 8.1372 | 9.3576 |
| 17 | 1.1843 | 1.4002 | 1.6528 | 1.9479 | 2.2920 | 2.6928 | 3.1588 | 3.7000 | 4.3276 | 5.0545 | 5.8951 | 6.8660 | 7.9861 | 9.2765 | 10.7613 |
| 18 | 1.1961 | 1.4282 | 1.7024 | 2.0258 | 2.4066 | 2.8543 | 3.3799 | 3.9960 | 4.7171 | 5.5599 | 6.5436 | 7.6900 | 9.0243 | 10.5752 | 12.3755 |
| 19 | 1.2081 | 1.4568 | 1.7535 | 2.1068 | 2.5270 | 3.0256 | 3.6165 | 4.3157 | 5.1417 | 6.1159 | 7.2633 | 8.6128 | 10.1974 | 12.0557 | 14.2318 |
| 20 | 1.2202 | 1.4859 | 1.8061 | 2.1911 | 2.6533 | 3.2071 | 3.8697 | 4.6610 | 5.6044 | 6.7275 | 8.0623 | 9.6463 | 11.5231 | 13.7435 | 16.3665 |
| 21 | 1.2324 | 1.5157 | 1.8603 | 2.2788 | 2.7860 | 3.3996 | 4.1406 | 5.0338 | 6.1088 | 7.4002 | 8.9492 | 10.8038 | 13.0211 | 15.6676 | 18.8215 |
| 22 | 1.2447 | 1.5460 | 1.9161 | 2.3699 | 2.9253 | 3.6035 | 4.4304 | 5.4365 | 6.6586 | 8.1403 | 9.9336 | 12.1003 | 14.7138 | 17.8610 | 21.6447 |
| 23 | 1.2572 | 1.5769 | 1.9736 | 2.4647 | 3.0715 | 3.8197 | 4.7405 | 5.8715 | 7.2579 | 8.9543 | 11.0263 | 13.5523 | 16.6266 | 20.3616 | 24.8915 |
| 24 | 1.2697 | 1.6084 | 2.0328 | 2.5633 | 3.2251 | 4.0489 | 5.0724 | 6.3412 | 7.9111 | 9.8497 | 12.2392 | 15.1786 | 18.7881 | 23.2122 | 28.6252 |
| 25 | 1.2824 | 1.6406 | 2.0938 | 2.6658 | 3.3864 | 4.2919 | 5.4274 | 6.8485 | 8.6231 | 10.8347 | 13.5855 | 17.0001 | 21.2305 | 26.4619 | 32.9190 |
| 26 | 1.2953 | 1.6734 | 2.1566 | 2.7725 | 3.5557 | 4.5494 | 5.8074 | 7.3964 | 9.3992 | 11.9182 | 15.0799 | 19.0401 | 23.9905 | 30.1666 | 37.8568 |
| 27 | 1.3082 | 1.7069 | 2.2213 | 2.8834 | 3.7335 | 4.8223 | 6.2139 | 7.9881 | 10.2451 | 13.1100 | 16.7386 | 21.3249 | 27.1093 | 34.3899 | 43.5353 |
| 28 | 1.3213 | 1.7410 | 2.2879 | 2.9987 | 3.9201 | 5.1117 | 6.6488 | 8.6271 | 11.1671 | 14.4210 | 18.5799 | 23.8839 | 30.6335 | 39.2045 | 50.0656 |
| 29 | 1.3345 | 1.7758 | 2.3566 | 3.1187 | 4.1161 | 5.4184 | 7.1143 | 9.3173 | 12.1722 | 15.8631 | 20.6237 | 26.7499 | 34.6158 | 44.6931 | 57.5755 |
| 30 | 1.3478 | 1.8114 | 2.4273 | 3.2434 | 4.3219 | 5.7435 | 7.6123 | 10.0627 | 13.2677 | 17.4494 | 22.8923 | 29.9599 | 39.1159 | 50.9502 | 66.2118 |
| 31 | 1.3613 | 1.8476 | 2.5001 | 3.3731 | 4.5380 | 6.0881 | 8.1451 | 10.8677 | 14.4618 | 19.1943 | 25.4104 | 33.5551 | 44.2010 | 58.0832 | 76.1435 |
| 32 | 1.3749 | 1.8845 | 2.5751 | 3.5081 | 4.7649 | 6.4534 | 8.7153 | 11.7371 | 15.7633 | 21.1138 | 28.2056 | 37.5817 | 49.9471 | 66.2148 | 87.5651 |
| 33 | 1.3887 | 1.9222 | 2.6523 | 3.6484 | 5.0032 | 6.8406 | 9.3253 | 12.6760 | 17.1820 | 23.2252 | 31.3082 | 42.0915 | 56.4402 | 75.4849 | 100.6998 |
| 34 | 1.4026 | 1.9607 | 2.7319 | 3.7943 | 5.2533 | 7.2510 | 9.9781 | 13.6901 | 18.7284 | 25.5477 | 34.7521 | 47.1425 | 63.7774 | 86.0528 | 115.8048 |
| 35 | 1.4166 | 1.9999 | 2.8139 | 3.9461 | 5.5160 | 7.6861 | 10.6766 | 14.7853 | 20.4140 | 28.1024 | 38.5749 | 52.7996 | 72.0685 | 98.1002 | 133.1755 |
| 36 | 1.4308 | 2.0399 | 2.8983 | 4.1039 | 5.7918 | 8.1473 | 11.4239 | 15.9682 | 22.2512 | 30.9127 | 42.8181 | 59.1356 | 81.4374 | 111.8342 | 153.1519 |
| 37 | 1.4451 | 2.0807 | 2.9852 | 4.2681 | 6.0814 | 8.6361 | 12.2236 | 17.2456 | 24.2538 | 34.0039 | 47.5281 | 66.2318 | 92.0243 | 127.4910 | 176.1246 |
| 38 | 1.4595 | 2.1223 | 3.0748 | 4.4388 | 6.3855 | 9.1543 | 13.0793 | 18.6253 | 26.4367 | 37.4043 | 52.7562 | 74.1797 | 103.9874 | 145.3397 | 202.5433 |
| 39 | 1.4741 | 2.1647 | 3.1670 | 4.6164 | 6.7048 | 9.7035 | 13.9948 | 20.1153 | 28.8160 | 41.1448 | 58.5593 | 83.0812 | 117.5058 | 165.6873 | 232.9248 |
| 40 | 1.4889 | 2.2080 | 3.2620 | 4.8010 | 7.0400 | 10.2857 | 14.9745 | 21.7245 | 31.4094 | 45.2593 | 65.0009 | 93.0510 | 132.7816 | 188.8835 | 267.8635 |
| 41 | 1.5038 | 2.2522 | 3.3599 | 4.9931 | 7.3920 | 10.9029 | 16.0227 | 23.4625 | 34.2363 | 49.7852 | 72.1510 | 104.2171 | 150.0432 | 215.3272 | 308.0431 |
| 42 | 1.5188 | 2.2972 | 3.4607 | 5.1928 | 7.7616 | 11.5570 | 17.1443 | 25.3395 | 37.3175 | 54.7637 | 80.0876 | 116.7231 | 169.5488 | 245.4730 | 354.2495 |
| 43 | 1.5340 | 2.3432 | 3.5645 | 5.4005 | 8.1497 | 12.2505 | 18.3444 | 27.3666 | 40.6761 | 60.2401 | 88.8972 | 130.7299 | 191.5901 | 279.8392 | 407.3870 |
| 44 | 1.5493 | 2.3901 | 3.6715 | 5.6165 | 8.5572 | 12.9855 | 19.6285 | 29.5560 | 44.3370 | 66.2641 | 98.6759 | 146.4175 | 216.4968 | 319.0167 | 468.4950 |
| 45 | 1.5648 | 2.4379 | 3.7816 | 5.8412 | 8.9850 | 13.7646 | 21.0025 | 31.9204 | 48.3273 | 72.8905 | 109.5302 | 163.9876 | 244.6414 | 363.6791 | 538.7693 |

续表

| 期数 | 16% | 17% | 18% | 19% | 20% | 21% | 22% | 23% | 24% | 25% | 26% | 27% | 28% | 29% | 30% |
|---|---|---|---|---|---|---|---|---|---|---|---|---|---|---|---|
| 1 | 1.1600 | 1.1700 | 1.1800 | 1.1900 | 1.2000 | 1.2100 | 1.2200 | 1.2300 | 1.2400 | 1.2500 | 1.2600 | 1.2700 | 1.2800 | 1.2900 | 1.3000 |
| 2 | 1.3456 | 1.3689 | 1.3924 | 1.4161 | 1.4400 | 1.4641 | 1.4884 | 1.5129 | 1.5376 | 1.5625 | 1.5876 | 1.6129 | 1.6384 | 1.6641 | 1.6900 |
| 3 | 1.5609 | 1.6016 | 1.6430 | 1.6852 | 1.7280 | 1.7716 | 1.8158 | 1.8609 | 1.9066 | 1.9531 | 2.0004 | 2.0484 | 2.0972 | 2.1467 | 2.1970 |
| 4 | 1.8106 | 1.8739 | 1.9388 | 2.0053 | 2.0736 | 2.1436 | 2.2153 | 2.2889 | 2.3642 | 2.4414 | 2.5205 | 2.6014 | 2.6844 | 2.7692 | 2.8561 |
| 5 | 2.1003 | 2.1924 | 2.2878 | 2.3864 | 2.4883 | 2.5937 | 2.7027 | 2.8153 | 2.9316 | 3.0518 | 3.1758 | 3.3038 | 3.4360 | 3.5723 | 3.7129 |
| 6 | 2.4364 | 2.5652 | 2.6996 | 2.8398 | 2.9860 | 3.1384 | 3.2973 | 3.4628 | 3.6352 | 3.8147 | 4.0015 | 4.1959 | 4.3980 | 4.6083 | 4.8268 |
| 7 | 2.8262 | 3.0012 | 3.1855 | 3.3793 | 3.5832 | 3.7975 | 4.0227 | 4.2593 | 4.5077 | 4.7684 | 5.0419 | 5.3288 | 5.6295 | 5.9447 | 6.2749 |
| 8 | 3.2784 | 3.5115 | 3.7589 | 4.0214 | 4.2998 | 4.5950 | 4.9077 | 5.2389 | 5.5895 | 5.9605 | 6.3528 | 6.7675 | 7.2058 | 7.6686 | 8.1573 |
| 9 | 3.8030 | 4.1084 | 4.4355 | 4.7854 | 5.1598 | 5.5599 | 5.9874 | 6.4439 | 6.9310 | 7.4506 | 8.0045 | 8.5948 | 9.2234 | 9.8925 | 10.6045 |
| 10 | 4.4114 | 4.8068 | 5.2338 | 5.6947 | 6.1917 | 6.7275 | 7.3046 | 7.9259 | 8.5944 | 9.3132 | 10.0857 | 10.9153 | 11.8059 | 12.7614 | 13.7858 |
| 11 | 5.1173 | 5.6240 | 6.1759 | 6.7767 | 7.4301 | 8.1403 | 8.9117 | 9.7489 | 10.6571 | 11.6415 | 12.7080 | 13.8625 | 15.1116 | 16.4622 | 17.9216 |
| 12 | 5.9360 | 6.5801 | 7.2876 | 8.0642 | 8.9161 | 9.8497 | 10.8722 | 11.9912 | 13.2148 | 14.5519 | 16.0120 | 17.6053 | 19.3428 | 21.2362 | 23.2981 |
| 13 | 6.8858 | 7.6987 | 8.5994 | 9.5964 | 10.6993 | 11.9182 | 13.2641 | 14.7491 | 16.3863 | 18.1899 | 20.1752 | 22.3588 | 24.7588 | 27.3947 | 30.2875 |
| 14 | 7.9875 | 9.0075 | 10.1472 | 11.4198 | 12.8392 | 14.4210 | 16.1822 | 18.1414 | 20.3191 | 22.7374 | 25.4207 | 28.3957 | 31.6913 | 35.3391 | 39.3738 |
| 15 | 9.2655 | 10.5387 | 11.9737 | 13.5895 | 15.4070 | 17.4494 | 19.7423 | 22.3140 | 25.1956 | 28.4217 | 32.0301 | 36.0625 | 40.5648 | 45.5875 | 51.1859 |
| 16 | 10.7480 | 12.3303 | 14.1290 | 16.1715 | 18.4884 | 21.1138 | 24.0856 | 27.4462 | 31.2426 | 35.5271 | 40.3579 | 45.7994 | 51.9230 | 58.8079 | 66.5417 |
| 17 | 12.4677 | 14.4265 | 16.6722 | 19.2441 | 22.1861 | 25.5477 | 29.3844 | 33.7588 | 38.7408 | 44.4089 | 50.8510 | 58.1652 | 66.4614 | 75.8621 | 86.5042 |
| 18 | 14.4625 | 16.8790 | 19.6733 | 22.9005 | 26.6233 | 30.9127 | 35.8490 | 41.5233 | 48.0386 | 55.5112 | 64.0722 | 73.8698 | 85.0706 | 97.8622 | 112.4554 |
| 19 | 16.7765 | 19.7484 | 23.2144 | 27.2516 | 31.9480 | 37.4043 | 43.7358 | 51.0737 | 59.5679 | 69.3889 | 80.7310 | 93.8147 | 108.8904 | 126.2422 | 146.1920 |
| 20 | 19.4608 | 23.1056 | 27.3930 | 32.4294 | 38.3376 | 45.2593 | 53.3576 | 62.8206 | 73.8641 | 86.7362 | 101.7211 | 119.1446 | 139.3797 | 162.8524 | 190.0496 |
| 21 | 22.5745 | 27.0336 | 32.3238 | 38.5910 | 46.0051 | 54.7637 | 65.0963 | 77.2694 | 91.5915 | 108.4202 | 128.1685 | 151.3137 | 178.4060 | 210.0796 | 247.0645 |
| 22 | 26.1864 | 31.6293 | 38.1421 | 45.9233 | 55.2061 | 66.2641 | 79.4175 | 95.0413 | 113.5735 | 135.5253 | 161.4924 | 192.1683 | 228.3596 | 271.0027 | 321.1839 |
| 23 | 30.3762 | 37.0062 | 45.0076 | 54.6487 | 66.2474 | 80.1795 | 96.8894 | 116.9008 | 140.8312 | 169.4066 | 203.4804 | 244.0538 | 292.3003 | 349.5935 | 417.5391 |
| 24 | 35.2364 | 43.2973 | 53.1090 | 65.0320 | 79.4968 | 97.0172 | 118.2050 | 143.7880 | 174.6306 | 211.7582 | 256.3853 | 309.9483 | 374.1444 | 450.9756 | 542.8008 |
| 25 | 40.8742 | 50.6578 | 62.6686 | 77.3881 | 95.3962 | 117.3909 | 144.2101 | 176.8593 | 216.5420 | 264.6978 | 323.0454 | 393.6344 | 478.9049 | 581.7585 | 705.6410 |
| 26 | 47.4141 | 59.2697 | 73.9490 | 92.0918 | 114.4755 | 142.0429 | 175.9364 | 217.5369 | 268.5121 | 330.8722 | 407.0373 | 499.9157 | 612.9982 | 750.4685 | 917.3333 |
| 27 | 55.0004 | 69.3455 | 87.2598 | 109.5893 | 137.3706 | 171.8719 | 214.6424 | 267.5704 | 332.9550 | 413.5903 | 512.8670 | 634.8929 | 784.6377 | 968.1044 | 1192.5333 |
| 28 | 63.8004 | 81.1342 | 102.9666 | 130.4112 | 164.8447 | 207.9651 | 261.8637 | 329.1115 | 412.8642 | 516.9879 | 646.2124 | 806.3140 | 1004.3363 | 1248.8546 | 1550.2933 |
| 29 | 74.0085 | 94.9271 | 121.5005 | 155.1893 | 197.8136 | 251.6377 | 319.4737 | 404.8072 | 511.9516 | 646.2349 | 814.2276 | 1024.0187 | 1285.5504 | 1611.0225 | 2015.3813 |
| 30 | 85.8499 | 111.0647 | 143.3706 | 184.6753 | 237.3763 | 304.4816 | 389.7579 | 497.9129 | 634.8199 | 807.7936 | 1025.9267 | 1300.5038 | 1645.5046 | 2078.2190 | 2619.9956 |
| 31 | 99.5859 | 129.9456 | 169.1774 | 219.7636 | 284.8516 | 368.4228 | 475.5046 | 612.4328 | 787.1767 | 1009.7420 | 1292.6677 | 1651.6398 | 2106.2458 | 2680.9025 | 3405.9943 |
| 32 | 115.5196 | 152.0364 | 199.6293 | 261.5187 | 341.8219 | 445.7916 | 580.1156 | 753.2924 | 976.0991 | 1262.1774 | 1628.7613 | 2097.5826 | 2695.9947 | 3458.3642 | 4427.7926 |
| 33 | 134.0027 | 177.8826 | 235.5625 | 311.2073 | 410.1863 | 539.4078 | 707.7411 | 926.5496 | 1210.3629 | 1577.7218 | 2052.2392 | 2663.9299 | 3450.8732 | 4461.2898 | 5756.1304 |
| 34 | 155.4432 | 208.1226 | 277.9638 | 370.3366 | 492.2235 | 652.6834 | 863.4441 | 1139.6560 | 1500.8500 | 1972.1523 | 2585.8215 | 3383.1910 | 4417.1177 | 5755.0639 | 7482.9696 |
| 35 | 180.3141 | 243.5035 | 327.9973 | 440.7006 | 590.6682 | 789.7470 | 1053.4018 | 1401.7769 | 1861.0540 | 2465.1903 | 3258.1350 | 4296.6525 | 5653.9106 | 7424.0324 | 9727.8604 |
| 36 | 209.1643 | 284.8991 | 387.0368 | 524.4337 | 708.8019 | 955.5938 | 1285.1502 | 1724.1856 | 2307.7070 | 3081.4879 | 4105.2501 | 5456.7487 | 7237.0056 | 9577.0018 | 12646.2186 |
| 37 | 242.6306 | 333.3319 | 456.7034 | 624.0761 | 850.5622 | 1156.2685 | 1567.8833 | 2120.7483 | 2861.5567 | 3851.8599 | 5172.6152 | 6930.0709 | 9263.3671 | 12354.3324 | 16440.0841 |
| 38 | 281.4515 | 389.9983 | 538.9100 | 742.6506 | 1020.6747 | 1399.0849 | 1912.8176 | 2608.5204 | 3548.3303 | 4814.8249 | 6517.4951 | 8801.1900 | 11857.1099 | 15937.0888 | 21372.1094 |
| 39 | 326.4838 | 456.2980 | 635.9139 | 883.7542 | 1224.8096 | 1692.8927 | 2333.6375 | 3208.4801 | 4399.9295 | 6018.5311 | 8212.0438 | 11177.5113 | 15177.1007 | 20558.8445 | 27783.7422 |
| 40 | 378.7212 | 533.8687 | 750.3783 | 1051.6675 | 1469.7716 | 2048.4002 | 2847.0378 | 3946.4305 | 5455.9126 | 7523.1638 | 10347.1752 | 14195.4393 | 19426.6889 | 26520.9094 | 36118.8648 |
| 41 | 439.3165 | 624.6264 | 885.4464 | 1251.4843 | 1763.7259 | 2478.5643 | 3473.3861 | 4854.1095 | 6765.3317 | 9403.9548 | 13037.4408 | 18028.2080 | 24866.1618 | 34211.9731 | 46954.5243 |
| 42 | 509.6072 | 730.8129 | 1044.8268 | 1489.2664 | 2116.4711 | 2999.0628 | 4237.5310 | 5970.5547 | 8389.0113 | 11754.9435 | 16427.1754 | 22895.8241 | 31828.6871 | 44133.4453 | 61040.8815 |
| 43 | 591.1443 | 855.0511 | 1232.8956 | 1772.2270 | 2539.7653 | 3628.8659 | 5169.7878 | 7343.7823 | 10402.3740 | 14693.6794 | 20698.2410 | 29077.6966 | 40740.7195 | 56932.1445 | 79353.1460 |
| 44 | 685.7274 | 1000.4098 | 1454.8168 | 2108.9501 | 3047.7183 | 4390.9278 | 6307.1411 | 9032.8522 | 12898.9437 | 18367.0992 | 26079.7837 | 36928.6747 | 52148.1210 | 73442.4664 | 103159.0898 |
| 45 | 795.4438 | 1170.4794 | 1716.6839 | 2509.6506 | 3657.2620 | 5313.0226 | 7694.7122 | 11110.4082 | 15994.6902 | 22958.8740 | 32860.5275 | 46899.4169 | 66749.5949 | 94740.7816 | 134106.8167 |

# 复利现值系数表（附表二）

| 期数 | 1% | 2% | 3% | 4% | 5% | 6% | 7% | 8% | 9% | 10% | 11% | 12% | 13% | 14% | 15% |
|---|---|---|---|---|---|---|---|---|---|---|---|---|---|---|---|
| 1 | 0.9901 | 0.9804 | 0.9709 | 0.9615 | 0.9524 | 0.9434 | 0.9346 | 0.9259 | 0.9174 | 0.9091 | 0.9009 | 0.8929 | 0.8850 | 0.8772 | 0.8696 |
| 2 | 0.9803 | 0.9612 | 0.9426 | 0.9246 | 0.9070 | 0.8900 | 0.8734 | 0.8573 | 0.8417 | 0.8264 | 0.8116 | 0.7972 | 0.7831 | 0.7695 | 0.7561 |
| 3 | 0.9706 | 0.9423 | 0.9151 | 0.8890 | 0.8638 | 0.8396 | 0.8163 | 0.7938 | 0.7722 | 0.7513 | 0.7312 | 0.7118 | 0.6931 | 0.6750 | 0.6575 |
| 4 | 0.9610 | 0.9238 | 0.8885 | 0.8548 | 0.8227 | 0.7921 | 0.7629 | 0.7350 | 0.7084 | 0.6830 | 0.6587 | 0.6355 | 0.6133 | 0.5921 | 0.5718 |
| 5 | 0.9515 | 0.9057 | 0.8626 | 0.8219 | 0.7835 | 0.7473 | 0.7130 | 0.6806 | 0.6499 | 0.6209 | 0.5935 | 0.5674 | 0.5428 | 0.5194 | 0.4972 |
| 6 | 0.9420 | 0.8880 | 0.8375 | 0.7903 | 0.7462 | 0.7050 | 0.6663 | 0.6302 | 0.5963 | 0.5645 | 0.5346 | 0.5066 | 0.4803 | 0.4556 | 0.4323 |
| 7 | 0.9327 | 0.8706 | 0.8131 | 0.7599 | 0.7107 | 0.6651 | 0.6227 | 0.5835 | 0.5470 | 0.5132 | 0.4817 | 0.4523 | 0.4251 | 0.3996 | 0.3759 |
| 8 | 0.9235 | 0.8535 | 0.7894 | 0.7307 | 0.6768 | 0.6274 | 0.5820 | 0.5403 | 0.5019 | 0.4665 | 0.4339 | 0.4039 | 0.3762 | 0.3506 | 0.3269 |
| 9 | 0.9143 | 0.8368 | 0.7664 | 0.7026 | 0.6446 | 0.5919 | 0.5439 | 0.5002 | 0.4604 | 0.4241 | 0.3909 | 0.3606 | 0.3329 | 0.3075 | 0.2843 |
| 10 | 0.9053 | 0.8203 | 0.7441 | 0.6756 | 0.6139 | 0.5584 | 0.5083 | 0.4632 | 0.4224 | 0.3855 | 0.3522 | 0.3220 | 0.2946 | 0.2697 | 0.2472 |
| 11 | 0.8963 | 0.8043 | 0.7224 | 0.6496 | 0.5847 | 0.5268 | 0.4751 | 0.4289 | 0.3875 | 0.3505 | 0.3173 | 0.2875 | 0.2607 | 0.2366 | 0.2149 |
| 12 | 0.8874 | 0.7885 | 0.7014 | 0.6246 | 0.5568 | 0.4970 | 0.4440 | 0.3971 | 0.3555 | 0.3186 | 0.2858 | 0.2567 | 0.2307 | 0.2076 | 0.1869 |
| 13 | 0.8787 | 0.7730 | 0.6810 | 0.6006 | 0.5303 | 0.4688 | 0.4150 | 0.3677 | 0.3262 | 0.2897 | 0.2575 | 0.2292 | 0.2042 | 0.1821 | 0.1625 |
| 14 | 0.8700 | 0.7579 | 0.6611 | 0.5775 | 0.5051 | 0.4423 | 0.3878 | 0.3405 | 0.2992 | 0.2633 | 0.2320 | 0.2046 | 0.1807 | 0.1597 | 0.1413 |
| 15 | 0.8613 | 0.7430 | 0.6419 | 0.5553 | 0.4810 | 0.4173 | 0.3624 | 0.3152 | 0.2745 | 0.2394 | 0.2090 | 0.1827 | 0.1599 | 0.1401 | 0.1229 |
| 16 | 0.8528 | 0.7284 | 0.6232 | 0.5339 | 0.4581 | 0.3936 | 0.3387 | 0.2919 | 0.2519 | 0.2176 | 0.1883 | 0.1631 | 0.1415 | 0.1229 | 0.1069 |
| 17 | 0.8444 | 0.7142 | 0.6050 | 0.5134 | 0.4363 | 0.3714 | 0.3166 | 0.2703 | 0.2311 | 0.1978 | 0.1696 | 0.1456 | 0.1252 | 0.1078 | 0.0929 |
| 18 | 0.8360 | 0.7002 | 0.5874 | 0.4936 | 0.4155 | 0.3503 | 0.2959 | 0.2502 | 0.2120 | 0.1799 | 0.1528 | 0.1300 | 0.1108 | 0.0946 | 0.0808 |
| 19 | 0.8277 | 0.6864 | 0.5703 | 0.4746 | 0.3957 | 0.3305 | 0.2765 | 0.2317 | 0.1945 | 0.1635 | 0.1377 | 0.1161 | 0.0981 | 0.0829 | 0.0703 |
| 20 | 0.8195 | 0.6730 | 0.5537 | 0.4564 | 0.3769 | 0.3118 | 0.2584 | 0.2145 | 0.1784 | 0.1486 | 0.1240 | 0.1037 | 0.0868 | 0.0728 | 0.0611 |
| 21 | 0.8114 | 0.6598 | 0.5375 | 0.4388 | 0.3589 | 0.2942 | 0.2415 | 0.1987 | 0.1637 | 0.1351 | 0.1117 | 0.0926 | 0.0768 | 0.0638 | 0.0531 |
| 22 | 0.8034 | 0.6468 | 0.5219 | 0.4220 | 0.3418 | 0.2775 | 0.2257 | 0.1839 | 0.1502 | 0.1228 | 0.1007 | 0.0826 | 0.0680 | 0.0560 | 0.0462 |
| 23 | 0.7954 | 0.6342 | 0.5067 | 0.4057 | 0.3256 | 0.2618 | 0.2109 | 0.1703 | 0.1378 | 0.1117 | 0.0907 | 0.0738 | 0.0601 | 0.0491 | 0.0402 |
| 24 | 0.7876 | 0.6217 | 0.4919 | 0.3901 | 0.3101 | 0.2470 | 0.1971 | 0.1577 | 0.1264 | 0.1015 | 0.0817 | 0.0659 | 0.0532 | 0.0431 | 0.0349 |
| 25 | 0.7798 | 0.6095 | 0.4776 | 0.3751 | 0.2953 | 0.2330 | 0.1842 | 0.1460 | 0.1160 | 0.0923 | 0.0736 | 0.0588 | 0.0471 | 0.0378 | 0.0304 |
| 26 | 0.7720 | 0.5976 | 0.4637 | 0.3607 | 0.2812 | 0.2198 | 0.1722 | 0.1352 | 0.1064 | 0.0839 | 0.0663 | 0.0525 | 0.0417 | 0.0331 | 0.0264 |
| 27 | 0.7644 | 0.5859 | 0.4502 | 0.3468 | 0.2678 | 0.2074 | 0.1609 | 0.1252 | 0.0976 | 0.0763 | 0.0597 | 0.0469 | 0.0369 | 0.0291 | 0.0230 |
| 28 | 0.7568 | 0.5744 | 0.4371 | 0.3335 | 0.2551 | 0.1956 | 0.1504 | 0.1159 | 0.0895 | 0.0693 | 0.0538 | 0.0419 | 0.0326 | 0.0255 | 0.0200 |
| 29 | 0.7493 | 0.5631 | 0.4243 | 0.3207 | 0.2429 | 0.1846 | 0.1406 | 0.1073 | 0.0822 | 0.0630 | 0.0485 | 0.0374 | 0.0289 | 0.0224 | 0.0174 |
| 30 | 0.7419 | 0.5521 | 0.4120 | 0.3083 | 0.2314 | 0.1741 | 0.1314 | 0.0994 | 0.0754 | 0.0573 | 0.0437 | 0.0334 | 0.0256 | 0.0196 | 0.0151 |
| 31 | 0.7346 | 0.5412 | 0.4000 | 0.2965 | 0.2204 | 0.1643 | 0.1228 | 0.0920 | 0.0691 | 0.0521 | 0.0394 | 0.0298 | 0.0226 | 0.0172 | 0.0131 |
| 32 | 0.7273 | 0.5306 | 0.3883 | 0.2851 | 0.2099 | 0.1550 | 0.1147 | 0.0852 | 0.0634 | 0.0474 | 0.0355 | 0.0266 | 0.0200 | 0.0151 | 0.0114 |
| 33 | 0.7201 | 0.5202 | 0.3770 | 0.2741 | 0.1999 | 0.1462 | 0.1072 | 0.0789 | 0.0582 | 0.0431 | 0.0319 | 0.0238 | 0.0177 | 0.0132 | 0.0099 |
| 34 | 0.7130 | 0.5100 | 0.3660 | 0.2636 | 0.1904 | 0.1379 | 0.1002 | 0.0730 | 0.0534 | 0.0391 | 0.0288 | 0.0212 | 0.0157 | 0.0116 | 0.0086 |
| 35 | 0.7059 | 0.5000 | 0.3554 | 0.2534 | 0.1813 | 0.1301 | 0.0937 | 0.0676 | 0.0490 | 0.0356 | 0.0259 | 0.0189 | 0.0139 | 0.0102 | 0.0075 |
| 36 | 0.6989 | 0.4902 | 0.3450 | 0.2437 | 0.1727 | 0.1227 | 0.0875 | 0.0626 | 0.0449 | 0.0323 | 0.0234 | 0.0169 | 0.0123 | 0.0089 | 0.0065 |
| 37 | 0.6920 | 0.4806 | 0.3350 | 0.2343 | 0.1644 | 0.1158 | 0.0818 | 0.0580 | 0.0412 | 0.0294 | 0.0210 | 0.0151 | 0.0109 | 0.0078 | 0.0057 |
| 38 | 0.6852 | 0.4712 | 0.3252 | 0.2253 | 0.1566 | 0.1092 | 0.0765 | 0.0537 | 0.0378 | 0.0267 | 0.0190 | 0.0135 | 0.0096 | 0.0069 | 0.0049 |
| 39 | 0.6784 | 0.4619 | 0.3158 | 0.2166 | 0.1491 | 0.1031 | 0.0715 | 0.0497 | 0.0347 | 0.0243 | 0.0171 | 0.0120 | 0.0085 | 0.0060 | 0.0043 |
| 40 | 0.6717 | 0.4529 | 0.3066 | 0.2083 | 0.1420 | 0.0972 | 0.0668 | 0.0460 | 0.0318 | 0.0221 | 0.0154 | 0.0107 | 0.0075 | 0.0053 | 0.0037 |
| 41 | 0.6650 | 0.4440 | 0.2976 | 0.2003 | 0.1353 | 0.0917 | 0.0624 | 0.0426 | 0.0292 | 0.0201 | 0.0139 | 0.0096 | 0.0067 | 0.0046 | 0.0032 |
| 42 | 0.6584 | 0.4353 | 0.2890 | 0.1926 | 0.1288 | 0.0865 | 0.0583 | 0.0395 | 0.0268 | 0.0183 | 0.0125 | 0.0086 | 0.0059 | 0.0041 | 0.0028 |
| 43 | 0.6519 | 0.4268 | 0.2805 | 0.1852 | 0.1227 | 0.0816 | 0.0545 | 0.0365 | 0.0246 | 0.0166 | 0.0112 | 0.0076 | 0.0052 | 0.0036 | 0.0025 |
| 44 | 0.6454 | 0.4184 | 0.2724 | 0.1780 | 0.1169 | 0.0770 | 0.0509 | 0.0338 | 0.0226 | 0.0151 | 0.0101 | 0.0068 | 0.0046 | 0.0031 | 0.0021 |
| 45 | 0.6391 | 0.4102 | 0.2644 | 0.1712 | 0.1113 | 0.0727 | 0.0476 | 0.0313 | 0.0207 | 0.0137 | 0.0091 | 0.0061 | 0.0041 | 0.0027 | 0.0019 |

续表

| 期数 | 16% | 17% | 18% | 19% | 20% | 21% | 22% | 23% | 24% | 25% | 26% | 27% | 28% | 29% | 30% |
|---|---|---|---|---|---|---|---|---|---|---|---|---|---|---|---|
| 1 | 0.8621 | 0.8547 | 0.8475 | 0.8403 | 0.8333 | 0.8264 | 0.8197 | 0.8130 | 0.8065 | 0.8000 | 0.7937 | 0.7874 | 0.7813 | 0.7752 | 0.7692 |
| 2 | 0.7432 | 0.7305 | 0.7182 | 0.7062 | 0.6944 | 0.6830 | 0.6719 | 0.6610 | 0.6504 | 0.6400 | 0.6299 | 0.6200 | 0.6104 | 0.6009 | 0.5917 |
| 3 | 0.6407 | 0.6244 | 0.6086 | 0.5934 | 0.5787 | 0.5645 | 0.5507 | 0.5374 | 0.5245 | 0.5120 | 0.4999 | 0.4882 | 0.4768 | 0.4658 | 0.4552 |
| 4 | 0.5523 | 0.5337 | 0.5158 | 0.4987 | 0.4823 | 0.4665 | 0.4514 | 0.4369 | 0.4230 | 0.4096 | 0.3968 | 0.3844 | 0.3725 | 0.3611 | 0.3501 |
| 5 | 0.4761 | 0.4561 | 0.4371 | 0.4190 | 0.4019 | 0.3855 | 0.3700 | 0.3552 | 0.3411 | 0.3277 | 0.3149 | 0.3027 | 0.2910 | 0.2799 | 0.2693 |
| 6 | 0.4104 | 0.3898 | 0.3704 | 0.3521 | 0.3349 | 0.3186 | 0.3033 | 0.2888 | 0.2751 | 0.2621 | 0.2499 | 0.2383 | 0.2274 | 0.2170 | 0.2072 |
| 7 | 0.3538 | 0.3332 | 0.3139 | 0.2959 | 0.2791 | 0.2633 | 0.2486 | 0.2348 | 0.2218 | 0.2097 | 0.1983 | 0.1877 | 0.1776 | 0.1682 | 0.1594 |
| 8 | 0.3050 | 0.2848 | 0.2660 | 0.2487 | 0.2326 | 0.2176 | 0.2038 | 0.1909 | 0.1789 | 0.1678 | 0.1574 | 0.1478 | 0.1388 | 0.1304 | 0.1226 |
| 9 | 0.2630 | 0.2434 | 0.2255 | 0.2090 | 0.1938 | 0.1799 | 0.1670 | 0.1552 | 0.1443 | 0.1342 | 0.1249 | 0.1164 | 0.1084 | 0.1011 | 0.0943 |
| 10 | 0.2267 | 0.2080 | 0.1911 | 0.1756 | 0.1615 | 0.1486 | 0.1369 | 0.1262 | 0.1164 | 0.1074 | 0.0992 | 0.0916 | 0.0847 | 0.0784 | 0.0725 |
| 11 | 0.1954 | 0.1778 | 0.1619 | 0.1476 | 0.1346 | 0.1228 | 0.1122 | 0.1026 | 0.0938 | 0.0859 | 0.0787 | 0.0721 | 0.0662 | 0.0607 | 0.0558 |
| 12 | 0.1685 | 0.1520 | 0.1372 | 0.1240 | 0.1122 | 0.1015 | 0.0920 | 0.0834 | 0.0757 | 0.0687 | 0.0625 | 0.0568 | 0.0517 | 0.0471 | 0.0429 |
| 13 | 0.1452 | 0.1299 | 0.1163 | 0.1042 | 0.0935 | 0.0839 | 0.0754 | 0.0678 | 0.0610 | 0.0550 | 0.0496 | 0.0447 | 0.0404 | 0.0365 | 0.0330 |
| 14 | 0.1252 | 0.1110 | 0.0985 | 0.0876 | 0.0779 | 0.0693 | 0.0618 | 0.0551 | 0.0492 | 0.0440 | 0.0393 | 0.0352 | 0.0316 | 0.0283 | 0.0254 |
| 15 | 0.1079 | 0.0949 | 0.0835 | 0.0736 | 0.0649 | 0.0573 | 0.0507 | 0.0448 | 0.0397 | 0.0352 | 0.0312 | 0.0277 | 0.0247 | 0.0219 | 0.0195 |
| 16 | 0.0930 | 0.0811 | 0.0708 | 0.0618 | 0.0541 | 0.0474 | 0.0415 | 0.0364 | 0.0320 | 0.0281 | 0.0248 | 0.0218 | 0.0193 | 0.0170 | 0.0150 |
| 17 | 0.0802 | 0.0693 | 0.0600 | 0.0520 | 0.0451 | 0.0391 | 0.0340 | 0.0296 | 0.0258 | 0.0225 | 0.0197 | 0.0172 | 0.0150 | 0.0132 | 0.0116 |
| 18 | 0.0691 | 0.0592 | 0.0508 | 0.0437 | 0.0376 | 0.0323 | 0.0279 | 0.0241 | 0.0208 | 0.0180 | 0.0156 | 0.0135 | 0.0118 | 0.0102 | 0.0089 |
| 19 | 0.0596 | 0.0506 | 0.0431 | 0.0367 | 0.0313 | 0.0267 | 0.0229 | 0.0196 | 0.0168 | 0.0144 | 0.0124 | 0.0107 | 0.0092 | 0.0079 | 0.0068 |
| 20 | 0.0514 | 0.0433 | 0.0365 | 0.0308 | 0.0261 | 0.0221 | 0.0187 | 0.0159 | 0.0135 | 0.0115 | 0.0098 | 0.0084 | 0.0072 | 0.0061 | 0.0053 |
| 21 | 0.0443 | 0.0370 | 0.0309 | 0.0259 | 0.0217 | 0.0183 | 0.0154 | 0.0129 | 0.0109 | 0.0092 | 0.0078 | 0.0066 | 0.0056 | 0.0048 | 0.0040 |
| 22 | 0.0382 | 0.0316 | 0.0262 | 0.0218 | 0.0181 | 0.0151 | 0.0126 | 0.0105 | 0.0088 | 0.0074 | 0.0062 | 0.0052 | 0.0044 | 0.0037 | 0.0031 |
| 23 | 0.0329 | 0.0270 | 0.0222 | 0.0183 | 0.0151 | 0.0125 | 0.0103 | 0.0086 | 0.0071 | 0.0059 | 0.0049 | 0.0041 | 0.0034 | 0.0029 | 0.0024 |
| 24 | 0.0284 | 0.0231 | 0.0188 | 0.0154 | 0.0126 | 0.0103 | 0.0085 | 0.0070 | 0.0057 | 0.0047 | 0.0039 | 0.0032 | 0.0027 | 0.0022 | 0.0018 |
| 25 | 0.0245 | 0.0197 | 0.0160 | 0.0129 | 0.0105 | 0.0085 | 0.0069 | 0.0057 | 0.0046 | 0.0038 | 0.0031 | 0.0025 | 0.0021 | 0.0017 | 0.0014 |
| 26 | 0.0211 | 0.0169 | 0.0135 | 0.0109 | 0.0087 | 0.0070 | 0.0057 | 0.0046 | 0.0037 | 0.0030 | 0.0025 | 0.0020 | 0.0016 | 0.0013 | 0.0011 |
| 27 | 0.0182 | 0.0144 | 0.0115 | 0.0091 | 0.0073 | 0.0058 | 0.0047 | 0.0037 | 0.0030 | 0.0024 | 0.0019 | 0.0016 | 0.0013 | 0.0010 | 0.0008 |
| 28 | 0.0157 | 0.0123 | 0.0097 | 0.0077 | 0.0061 | 0.0048 | 0.0038 | 0.0030 | 0.0024 | 0.0019 | 0.0015 | 0.0012 | 0.0010 | 0.0008 | 0.0006 |
| 29 | 0.0135 | 0.0105 | 0.0082 | 0.0064 | 0.0051 | 0.0040 | 0.0031 | 0.0025 | 0.0020 | 0.0015 | 0.0012 | 0.0010 | 0.0008 | 0.0006 | 0.0005 |
| 30 | 0.0116 | 0.0090 | 0.0070 | 0.0054 | 0.0042 | 0.0033 | 0.0026 | 0.0020 | 0.0016 | 0.0012 | 0.0010 | 0.0008 | 0.0006 | 0.0005 | 0.0004 |
| 31 | 0.0100 | 0.0077 | 0.0059 | 0.0046 | 0.0035 | 0.0027 | 0.0021 | 0.0016 | 0.0013 | 0.0010 | 0.0008 | 0.0006 | 0.0005 | 0.0004 | 0.0003 |
| 32 | 0.0087 | 0.0066 | 0.0050 | 0.0038 | 0.0029 | 0.0022 | 0.0017 | 0.0013 | 0.0010 | 0.0008 | 0.0006 | 0.0005 | 0.0004 | 0.0003 | 0.0002 |
| 33 | 0.0075 | 0.0056 | 0.0042 | 0.0032 | 0.0024 | 0.0019 | 0.0014 | 0.0011 | 0.0008 | 0.0006 | 0.0005 | 0.0004 | 0.0003 | 0.0002 | 0.0002 |
| 34 | 0.0064 | 0.0048 | 0.0036 | 0.0027 | 0.0020 | 0.0015 | 0.0012 | 0.0009 | 0.0007 | 0.0005 | 0.0004 | 0.0003 | 0.0002 | 0.0002 | 0.0001 |
| 35 | 0.0055 | 0.0041 | 0.0030 | 0.0023 | 0.0017 | 0.0013 | 0.0009 | 0.0007 | 0.0005 | 0.0004 | 0.0003 | 0.0002 | 0.0002 | 0.0001 | 0.0001 |
| 36 | 0.0048 | 0.0035 | 0.0026 | 0.0019 | 0.0014 | 0.0010 | 0.0008 | 0.0006 | 0.0004 | 0.0003 | 0.0002 | 0.0002 | 0.0001 | 0.0001 | 0.0001 |
| 37 | 0.0041 | 0.0030 | 0.0022 | 0.0016 | 0.0012 | 0.0009 | 0.0006 | 0.0005 | 0.0003 | 0.0003 | 0.0002 | 0.0001 | 0.0001 | 0.0001 | 0.0001 |
| 38 | 0.0036 | 0.0026 | 0.0019 | 0.0013 | 0.0010 | 0.0007 | 0.0005 | 0.0004 | 0.0003 | 0.0002 | 0.0002 | 0.0001 | 0.0001 | 0.0001 | 0.0000 |
| 39 | 0.0031 | 0.0022 | 0.0016 | 0.0011 | 0.0008 | 0.0006 | 0.0004 | 0.0003 | 0.0002 | 0.0002 | 0.0001 | 0.0001 | 0.0001 | 0.0000 | 0.0000 |
| 40 | 0.0026 | 0.0019 | 0.0013 | 0.0010 | 0.0007 | 0.0005 | 0.0004 | 0.0003 | 0.0002 | 0.0001 | 0.0001 | 0.0001 | 0.0001 | 0.0000 | 0.0000 |
| 41 | 0.0023 | 0.0016 | 0.0011 | 0.0008 | 0.0006 | 0.0004 | 0.0003 | 0.0002 | 0.0001 | 0.0001 | 0.0001 | 0.0001 | 0.0000 | 0.0000 | 0.0000 |
| 42 | 0.0020 | 0.0014 | 0.0010 | 0.0007 | 0.0005 | 0.0003 | 0.0002 | 0.0002 | 0.0001 | 0.0001 | 0.0001 | 0.0000 | 0.0000 | 0.0000 | 0.0000 |
| 43 | 0.0017 | 0.0012 | 0.0008 | 0.0006 | 0.0004 | 0.0003 | 0.0002 | 0.0001 | 0.0001 | 0.0001 | 0.0000 | 0.0000 | 0.0000 | 0.0000 | 0.0000 |
| 44 | 0.0015 | 0.0010 | 0.0007 | 0.0005 | 0.0003 | 0.0002 | 0.0002 | 0.0001 | 0.0001 | 0.0001 | 0.0000 | 0.0000 | 0.0000 | 0.0000 | 0.0000 |
| 45 | 0.0013 | 0.0009 | 0.0006 | 0.0004 | 0.0003 | 0.0002 | 0.0001 | 0.0001 | 0.0001 | 0.0000 | 0.0000 | 0.0000 | 0.0000 | 0.0000 | 0.0000 |

# 年金终值系数表（附表三）

| 期数 | 1% | 2% | 3% | 4% | 5% | 6% | 7% | 8% | 9% | 10% | 11% | 12% | 13% | 14% | 15% |
|---|---|---|---|---|---|---|---|---|---|---|---|---|---|---|---|
| 1 | 1.0000 | 1.0000 | 1.0000 | 1.0000 | 1.0000 | 1.0000 | 1.0000 | 1.0000 | 1.0000 | 1.0000 | 1.0000 | 1.0000 | 1.0000 | 1.0000 | 1.0000 |
| 2 | 2.0100 | 2.0200 | 2.0300 | 2.0400 | 2.0500 | 2.0600 | 2.0700 | 2.0800 | 2.0900 | 2.1000 | 2.1100 | 2.1200 | 2.1300 | 2.1400 | 2.1500 |
| 3 | 3.0301 | 3.0604 | 3.0909 | 3.1216 | 3.1525 | 3.1836 | 3.2149 | 3.2464 | 3.2781 | 3.3100 | 3.3421 | 3.3744 | 3.4069 | 3.4396 | 3.4725 |
| 4 | 4.0604 | 4.1216 | 4.1836 | 4.2465 | 4.3101 | 4.3746 | 4.4399 | 4.5061 | 4.5731 | 4.6410 | 4.7097 | 4.7793 | 4.8498 | 4.9211 | 4.9934 |
| 5 | 5.1010 | 5.2040 | 5.3091 | 5.4163 | 5.5256 | 5.6371 | 5.7507 | 5.8666 | 5.9847 | 6.1051 | 6.2278 | 6.3528 | 6.4803 | 6.6101 | 6.7424 |
| 6 | 6.1520 | 6.3081 | 6.4684 | 6.6330 | 6.8019 | 6.9753 | 7.1533 | 7.3359 | 7.5233 | 7.7156 | 7.9129 | 8.1152 | 8.3227 | 8.5355 | 8.7537 |
| 7 | 7.2135 | 7.4343 | 7.6625 | 7.8983 | 8.1420 | 8.3938 | 8.6540 | 8.9228 | 9.2004 | 9.4872 | 9.7833 | 10.0890 | 10.4047 | 10.7305 | 11.0668 |
| 8 | 8.2857 | 8.5830 | 8.8923 | 9.2142 | 9.5491 | 9.8975 | 10.2598 | 10.6366 | 11.0285 | 11.4359 | 11.8594 | 12.2997 | 12.7573 | 13.2328 | 13.7268 |
| 9 | 9.3685 | 9.7546 | 10.1591 | 10.5828 | 11.0266 | 11.4913 | 11.9780 | 12.4876 | 13.0210 | 13.5795 | 14.1640 | 14.7757 | 15.4157 | 16.0853 | 16.7858 |
| 10 | 10.4622 | 10.9497 | 11.4639 | 12.0061 | 12.5779 | 13.1808 | 13.8164 | 14.4866 | 15.1929 | 15.9374 | 16.7220 | 17.5487 | 18.4197 | 19.3373 | 20.3037 |
| 11 | 11.5668 | 12.1687 | 12.8078 | 13.4864 | 14.2068 | 14.9716 | 15.7836 | 16.6455 | 17.5603 | 18.5312 | 19.5614 | 20.6546 | 21.8143 | 23.0445 | 24.3493 |
| 12 | 12.6825 | 13.4121 | 14.1920 | 15.0258 | 15.9171 | 16.8699 | 17.8885 | 18.9771 | 20.1407 | 21.3843 | 22.7132 | 24.1331 | 25.6502 | 27.2707 | 29.0017 |
| 13 | 13.8093 | 14.6803 | 15.6178 | 16.6268 | 17.7130 | 18.8821 | 20.1406 | 21.4953 | 22.9534 | 24.5227 | 26.2116 | 28.0291 | 29.9847 | 32.0887 | 34.3519 |
| 14 | 14.9474 | 15.9739 | 17.0863 | 18.2919 | 19.5986 | 21.0151 | 22.5505 | 24.2149 | 26.0192 | 27.9750 | 30.0949 | 32.3926 | 34.8827 | 37.5811 | 40.5047 |
| 15 | 16.0969 | 17.2934 | 18.5989 | 20.0236 | 21.5786 | 23.2760 | 25.1290 | 27.1521 | 29.3609 | 31.7725 | 34.4054 | 37.2797 | 40.4175 | 43.8424 | 47.5804 |
| 16 | 17.2579 | 18.6393 | 20.1569 | 21.8245 | 23.6575 | 25.6725 | 27.8881 | 30.3243 | 33.0034 | 35.9497 | 39.1899 | 42.7533 | 46.6717 | 50.9804 | 55.7175 |
| 17 | 18.4304 | 20.0121 | 21.7616 | 23.6975 | 25.8404 | 28.2129 | 30.8402 | 33.7502 | 36.9737 | 40.5447 | 44.5008 | 48.8837 | 53.7391 | 59.1176 | 65.0751 |
| 18 | 19.6147 | 21.4123 | 23.4144 | 25.6454 | 28.1324 | 30.9057 | 33.9990 | 37.4502 | 41.3013 | 45.5992 | 50.3959 | 55.7497 | 61.7251 | 68.3941 | 75.8364 |
| 19 | 20.8109 | 22.8406 | 25.1169 | 27.6712 | 30.5390 | 33.7600 | 37.3790 | 41.4463 | 46.0185 | 51.1591 | 56.9395 | 63.4397 | 70.7494 | 78.9692 | 88.2118 |
| 20 | 22.0190 | 24.2974 | 26.8704 | 29.7781 | 33.0660 | 36.7856 | 40.9955 | 45.7620 | 51.1601 | 57.2750 | 64.2028 | 72.0524 | 80.9468 | 91.0249 | 102.4436 |
| 21 | 23.2392 | 25.7833 | 28.6765 | 31.9692 | 35.7193 | 39.9927 | 44.8652 | 50.4229 | 56.7645 | 64.0025 | 72.2651 | 81.6987 | 92.4699 | 104.7684 | 118.8101 |
| 22 | 24.4716 | 27.2990 | 30.5368 | 34.2480 | 38.5052 | 43.3923 | 49.0057 | 55.4568 | 62.8733 | 71.4027 | 81.2143 | 92.5026 | 105.4910 | 120.4360 | 137.6316 |
| 23 | 25.7163 | 28.8450 | 32.4529 | 36.6179 | 41.4305 | 46.9958 | 53.4361 | 60.8933 | 69.5319 | 79.5430 | 91.1479 | 104.6029 | 120.2048 | 138.2970 | 159.2764 |
| 24 | 26.9735 | 30.4219 | 34.4265 | 39.0826 | 44.5020 | 50.8156 | 58.1767 | 66.7648 | 76.7898 | 88.4973 | 102.1742 | 118.1552 | 136.8315 | 158.6586 | 184.1678 |
| 25 | 28.2432 | 32.0303 | 36.4593 | 41.6459 | 47.7271 | 54.8645 | 63.2490 | 73.1059 | 84.7009 | 98.3471 | 114.4133 | 133.3339 | 155.6196 | 181.8708 | 212.7930 |
| 26 | 29.5256 | 33.6709 | 38.5530 | 44.3117 | 51.1135 | 59.1564 | 68.6765 | 79.9544 | 93.3240 | 109.1818 | 127.9988 | 150.3339 | 176.8501 | 208.3327 | 245.7120 |
| 27 | 30.8209 | 35.3443 | 40.7096 | 47.0842 | 54.6691 | 63.7058 | 74.4838 | 87.3508 | 102.7231 | 121.0999 | 143.0786 | 169.3740 | 200.8406 | 238.4993 | 283.5688 |
| 28 | 32.1291 | 37.0512 | 42.9309 | 49.9676 | 58.4026 | 68.5281 | 80.6977 | 95.3388 | 112.9682 | 134.2099 | 159.8173 | 190.6989 | 227.9499 | 272.8892 | 327.1041 |
| 29 | 33.4504 | 38.7922 | 45.2189 | 52.9663 | 62.3227 | 73.6398 | 87.3465 | 103.9659 | 124.1354 | 148.6309 | 178.3972 | 214.5828 | 258.5834 | 312.0937 | 377.1697 |
| 30 | 34.7849 | 40.5681 | 47.5754 | 56.0849 | 66.4388 | 79.0582 | 94.4608 | 113.2832 | 136.3075 | 164.4940 | 199.0209 | 241.3327 | 293.1992 | 356.7868 | 434.7451 |
| 31 | 36.1327 | 42.3794 | 50.0027 | 59.3283 | 70.7608 | 84.8017 | 102.0730 | 123.3459 | 149.5752 | 181.9434 | 221.9132 | 271.2926 | 332.3151 | 407.7370 | 500.9569 |
| 32 | 37.4941 | 44.2270 | 52.5028 | 62.7015 | 75.2988 | 90.8898 | 110.2182 | 134.2135 | 164.0370 | 201.1378 | 247.3236 | 304.8477 | 376.5161 | 465.8202 | 577.1005 |
| 33 | 38.8690 | 46.1116 | 55.0778 | 66.2095 | 80.0638 | 97.3432 | 118.9334 | 145.9506 | 179.8003 | 222.2515 | 275.5292 | 342.4294 | 426.4632 | 532.0350 | 664.6655 |
| 34 | 40.2577 | 48.0338 | 57.7302 | 69.8579 | 85.0670 | 104.1838 | 128.2588 | 158.6267 | 196.9823 | 245.4767 | 306.8374 | 384.5210 | 482.9034 | 607.5199 | 765.3654 |
| 35 | 41.6603 | 49.9945 | 60.4621 | 73.6522 | 90.3203 | 111.4348 | 138.2369 | 172.3168 | 215.7108 | 271.0244 | 341.5896 | 431.6635 | 546.6808 | 693.5727 | 881.1702 |
| 36 | 43.0769 | 51.9944 | 63.2759 | 77.5983 | 95.8363 | 119.1209 | 148.9135 | 187.1021 | 236.1247 | 299.1268 | 380.1644 | 484.4631 | 618.7493 | 791.6729 | 1014.3457 |
| 37 | 44.5076 | 54.0343 | 66.1742 | 81.7022 | 101.6281 | 127.2681 | 160.3374 | 203.0703 | 258.3759 | 330.0395 | 422.9825 | 543.5987 | 700.1867 | 903.5071 | 1167.4975 |
| 38 | 45.9527 | 56.1149 | 69.1594 | 85.9703 | 107.7095 | 135.9042 | 172.5610 | 220.3159 | 282.6298 | 364.0434 | 470.5106 | 609.8305 | 792.2110 | 1030.9981 | 1343.6222 |
| 39 | 47.4123 | 58.2372 | 72.2342 | 90.4091 | 114.0950 | 145.0585 | 185.6403 | 238.9412 | 309.0665 | 401.4478 | 523.2667 | 684.0102 | 896.1984 | 1176.3378 | 1546.1655 |
| 40 | 48.8864 | 60.4020 | 75.4013 | 95.0255 | 120.7998 | 154.7620 | 199.6351 | 259.0565 | 337.8824 | 442.5926 | 581.8261 | 767.0914 | 1013.7042 | 1342.0251 | 1779.0903 |
| 41 | 50.3752 | 62.6100 | 78.6633 | 99.8265 | 127.8398 | 165.0477 | 214.6096 | 280.7810 | 369.2919 | 487.8518 | 646.8269 | 860.1424 | 1146.4858 | 1530.9086 | 2046.9539 |
| 42 | 51.8790 | 64.8622 | 82.0232 | 104.8196 | 135.2318 | 175.9505 | 230.6322 | 304.2435 | 403.5281 | 537.6370 | 718.9779 | 964.3595 | 1296.5289 | 1746.2358 | 2354.9969 |
| 43 | 53.3978 | 67.1595 | 85.4839 | 110.0124 | 142.9933 | 187.5076 | 247.7765 | 329.5830 | 440.8457 | 592.4007 | 799.0655 | 1081.0826 | 1466.0777 | 1991.7088 | 2709.2465 |
| 44 | 54.9318 | 69.5027 | 89.0484 | 115.4129 | 151.1430 | 199.7580 | 266.1209 | 356.9496 | 481.5218 | 652.6408 | 887.9627 | 1211.8125 | 1657.6678 | 2271.5481 | 3116.6334 |
| 45 | 56.4811 | 71.8927 | 92.7199 | 121.0294 | 159.7002 | 212.7435 | 285.7493 | 386.5056 | 525.8587 | 718.9048 | 986.6386 | 1358.2300 | 1874.1646 | 2590.5648 | 3585.1285 |

续表

| 期数 | 16% | 17% | 18% | 19% | 20% | 21% | 22% | 23% | 24% | 25% | 26% | 27% | 28% | 29% | 30% |
|---|---|---|---|---|---|---|---|---|---|---|---|---|---|---|---|
| 1 | 1.0000 | 1.0000 | 1.0000 | 1.0000 | 1.0000 | 1.0000 | 1.0000 | 1.0000 | 1.0000 | 1.0000 | 1.0000 | 1.0000 | 1.0000 | 1.0000 | 1.0000 |
| 2 | 2.1600 | 2.1700 | 2.1800 | 2.1900 | 2.2000 | 2.2100 | 2.2200 | 2.2300 | 2.2400 | 2.2500 | 2.2600 | 2.2700 | 2.2800 | 2.2900 | 2.3000 |
| 3 | 3.5056 | 3.5389 | 3.5724 | 3.6061 | 3.6400 | 3.6741 | 3.7084 | 3.7429 | 3.7776 | 3.8125 | 3.8476 | 3.8829 | 3.9184 | 3.9541 | 3.9900 |
| 4 | 5.0665 | 5.1405 | 5.2154 | 5.2913 | 5.3680 | 5.4457 | 5.5242 | 5.6038 | 5.6842 | 5.7656 | 5.8480 | 5.9313 | 6.0156 | 6.1008 | 6.1870 |
| 5 | 6.8771 | 7.0144 | 7.1542 | 7.2966 | 7.4416 | 7.5892 | 7.7396 | 7.8926 | 8.0484 | 8.2070 | 8.3684 | 8.5327 | 8.6999 | 8.8700 | 9.0431 |
| 6 | 8.9775 | 9.2068 | 9.4420 | 9.6830 | 9.9299 | 10.1830 | 10.4423 | 10.7079 | 10.9801 | 11.2588 | 11.5442 | 11.8366 | 12.1359 | 12.4423 | 12.7560 |
| 7 | 11.4139 | 11.7720 | 12.1415 | 12.5227 | 12.9159 | 13.3214 | 13.7396 | 14.1708 | 14.6153 | 15.0735 | 15.5458 | 16.0324 | 16.5339 | 17.0506 | 17.5828 |
| 8 | 14.2401 | 14.7733 | 15.3270 | 15.9020 | 16.4991 | 17.1189 | 17.7623 | 18.4300 | 19.1229 | 19.8419 | 20.5876 | 21.3612 | 22.1634 | 22.9953 | 23.8577 |
| 9 | 17.5185 | 18.2847 | 19.0859 | 19.9234 | 20.7989 | 21.7139 | 22.6700 | 23.6690 | 24.7125 | 25.8023 | 26.9404 | 28.1287 | 29.3692 | 30.6639 | 32.0150 |
| 10 | 21.3215 | 22.3931 | 23.5213 | 24.7089 | 25.9587 | 27.2738 | 28.6574 | 30.1128 | 31.6434 | 33.2529 | 34.9449 | 36.7235 | 38.5926 | 40.5564 | 42.6195 |
| 11 | 25.7329 | 27.1999 | 28.7551 | 30.4035 | 32.1504 | 34.0013 | 35.9620 | 38.0388 | 40.2379 | 42.5661 | 45.0306 | 47.6388 | 50.3985 | 53.3178 | 56.4053 |
| 12 | 30.8502 | 32.8239 | 34.9311 | 37.1802 | 39.5805 | 42.1416 | 44.8737 | 47.7877 | 50.8950 | 54.2077 | 57.7386 | 61.5013 | 65.5100 | 69.7800 | 74.3270 |
| 13 | 36.7862 | 39.4040 | 42.2187 | 45.2445 | 48.4966 | 51.9913 | 55.7459 | 59.7788 | 64.1097 | 68.7596 | 73.7506 | 79.1066 | 84.8529 | 91.0161 | 97.6250 |
| 14 | 43.6720 | 47.1027 | 50.8180 | 54.8409 | 59.1959 | 63.9095 | 69.0100 | 74.5280 | 80.4961 | 86.9495 | 93.9258 | 101.4654 | 109.6117 | 118.4108 | 127.9125 |
| 15 | 51.6595 | 56.1101 | 60.9653 | 66.2607 | 72.0351 | 78.3305 | 85.1922 | 92.6694 | 100.8151 | 109.6868 | 119.3465 | 129.8611 | 141.3029 | 153.7500 | 167.2863 |
| 16 | 60.9250 | 66.6488 | 72.9390 | 79.8502 | 87.4421 | 95.7799 | 104.9345 | 114.9834 | 126.0108 | 138.1085 | 151.3766 | 165.9236 | 181.8677 | 199.3374 | 218.4722 |
| 17 | 71.6730 | 78.9792 | 87.0680 | 96.0218 | 105.9306 | 116.8937 | 129.0201 | 142.4295 | 157.2534 | 173.6357 | 191.7345 | 211.7230 | 233.7907 | 258.1453 | 285.0139 |
| 18 | 84.1407 | 93.4056 | 103.7403 | 115.2659 | 128.1167 | 142.4413 | 158.4045 | 176.1883 | 195.9942 | 218.0446 | 242.5855 | 269.8882 | 300.2521 | 334.0074 | 371.5180 |
| 19 | 98.6032 | 110.2846 | 123.4135 | 138.1664 | 154.7400 | 173.3540 | 194.2535 | 217.7116 | 244.0328 | 273.5558 | 306.6577 | 343.7580 | 385.3227 | 431.8696 | 483.9734 |
| 20 | 115.3797 | 130.0329 | 146.6280 | 165.4180 | 186.6880 | 210.7584 | 237.9893 | 268.7853 | 303.6006 | 342.9447 | 387.3887 | 437.5726 | 494.2131 | 558.1118 | 630.1655 |
| 21 | 134.8405 | 153.1385 | 174.0210 | 197.8474 | 225.0256 | 256.0176 | 291.3469 | 331.6059 | 377.4648 | 429.6809 | 489.1098 | 556.7173 | 633.5927 | 720.9642 | 820.2151 |
| 22 | 157.4150 | 180.1721 | 206.3448 | 236.4385 | 271.0307 | 310.7813 | 356.4432 | 408.8753 | 469.0563 | 538.1011 | 617.2783 | 708.0309 | 811.9987 | 931.0438 | 1067.2796 |
| 23 | 183.6014 | 211.8013 | 244.4868 | 282.3618 | 326.2369 | 377.0454 | 435.8607 | 503.9166 | 582.6298 | 673.6264 | 778.7707 | 900.1993 | 1040.3583 | 1202.0465 | 1388.4635 |
| 24 | 213.9776 | 248.8076 | 289.4945 | 337.0105 | 392.4842 | 457.2249 | 532.7501 | 620.8174 | 723.4610 | 843.0329 | 982.2511 | 1144.2531 | 1332.6586 | 1551.6400 | 1806.0026 |
| 25 | 249.2140 | 292.1049 | 342.6035 | 402.0425 | 471.9811 | 554.2422 | 650.9551 | 764.6054 | 898.0916 | 1054.7912 | 1238.6363 | 1454.2014 | 1706.8031 | 2002.6156 | 2348.8033 |
| 26 | 290.0883 | 342.7627 | 405.2721 | 479.4306 | 567.3773 | 671.6330 | 795.1653 | 941.4647 | 1114.6336 | 1319.4890 | 1561.6818 | 1847.8358 | 2185.7079 | 2584.3741 | 3054.4443 |
| 27 | 337.5024 | 402.0323 | 479.2211 | 571.5224 | 681.8528 | 813.6759 | 971.1016 | 1159.0016 | 1383.1457 | 1650.3612 | 1968.7191 | 2347.7515 | 2798.7061 | 3334.8426 | 3971.7776 |
| 28 | 392.5028 | 471.3778 | 566.4809 | 681.1116 | 819.2233 | 985.5479 | 1185.7440 | 1426.5719 | 1716.1007 | 2063.9515 | 2481.5860 | 2982.6443 | 3583.3438 | 4302.9470 | 5164.3109 |
| 29 | 456.3032 | 552.5121 | 669.4475 | 811.5228 | 984.0680 | 1193.5129 | 1447.6077 | 1755.6835 | 2128.9648 | 2580.9394 | 3127.7984 | 3788.9583 | 4587.6801 | 5551.8016 | 6714.6042 |
| 30 | 530.3117 | 647.4391 | 790.9480 | 966.7122 | 1181.8816 | 1445.1507 | 1767.0813 | 2160.4907 | 2640.9164 | 3227.1743 | 3942.0260 | 4812.9771 | 5873.2306 | 7162.8241 | 8729.9855 |
| 31 | 616.1616 | 758.5038 | 934.3186 | 1151.3875 | 1419.2579 | 1749.6323 | 2156.8392 | 2658.4036 | 3275.7363 | 4034.9678 | 4967.9527 | 6113.4809 | 7518.7351 | 9241.0431 | 11349.9811 |
| 32 | 715.7475 | 888.4494 | 1103.4960 | 1371.1511 | 1704.1095 | 2118.0551 | 2632.3439 | 3270.8364 | 4062.9130 | 5044.7098 | 6260.6204 | 7765.1207 | 9624.9810 | 11921.9456 | 14755.9755 |
| 33 | 831.2671 | 1040.4858 | 1303.1253 | 1632.6698 | 2045.9314 | 2563.8467 | 3212.4595 | 4024.1287 | 5039.0122 | 6306.8872 | 7889.3817 | 9862.7033 | 12320.9756 | 15380.3098 | 19183.7681 |
| 34 | 965.2698 | 1218.3684 | 1538.6878 | 1943.8771 | 2456.1176 | 3103.2545 | 3920.2006 | 4950.6783 | 6249.3751 | 7884.6091 | 9941.6210 | 12526.6332 | 15771.8488 | 19841.5997 | 24939.8985 |
| 35 | 1120.7130 | 1426.4910 | 1816.6516 | 2314.2137 | 2948.3411 | 3755.9379 | 4783.6447 | 6090.3344 | 7750.2251 | 9856.7613 | 12527.4424 | 15909.8242 | 20188.9665 | 25596.6636 | 32422.8681 |
| 36 | 1301.0270 | 1669.9945 | 2144.6489 | 2754.9143 | 3539.0094 | 4545.6848 | 5837.0466 | 7492.1113 | 9611.2791 | 12321.9516 | 15785.5774 | 20206.4767 | 25842.8771 | 33020.6960 | 42150.7285 |
| 37 | 1510.1914 | 1954.8936 | 2531.6857 | 3279.3481 | 4247.8112 | 5501.2787 | 7122.1968 | 9216.2969 | 11918.9861 | 15403.4396 | 19890.8276 | 25663.2254 | 33079.8826 | 42597.6978 | 54796.9471 |
| 38 | 1752.8220 | 2288.2255 | 2988.3891 | 3903.4242 | 5098.3735 | 6657.5472 | 8690.0801 | 11337.0451 | 14780.5428 | 19255.2994 | 25063.4428 | 32593.2963 | 42343.2498 | 54952.0302 | 71237.0312 |
| 39 | 2034.2735 | 2678.2238 | 3527.2992 | 4646.0748 | 6119.0482 | 8056.6321 | 10602.8978 | 13945.5655 | 18328.8731 | 24070.1243 | 31580.9379 | 41394.4863 | 54200.3597 | 70889.1190 | 92609.1405 |
| 40 | 2360.7572 | 3134.5218 | 4163.2130 | 5529.8290 | 7343.8578 | 9749.5248 | 12936.5353 | 17154.0456 | 22728.8026 | 30088.6554 | 39792.9817 | 52571.9976 | 69377.4604 | 91447.9635 | 120392.8827 |
| 41 | 2739.4784 | 3668.3906 | 4913.5914 | 6581.4965 | 8813.6294 | 11797.9250 | 15783.5730 | 21100.4761 | 28184.7152 | 37611.8192 | 50140.1570 | 66767.4369 | 88804.1494 | 117968.8729 | 156511.7475 |
| 42 | 3178.7949 | 4293.0169 | 5799.0378 | 7832.9808 | 10577.3553 | 14276.4893 | 19256.9591 | 25954.5856 | 34950.0469 | 47015.7740 | 63177.5978 | 84795.6449 | 113670.3112 | 152180.8460 | 203466.2718 |
| 43 | 3688.4021 | 5023.8298 | 6843.8646 | 9322.2472 | 12693.8263 | 17275.5521 | 23494.4901 | 31925.1403 | 43339.0581 | 58770.7175 | 79604.7732 | 107691.4690 | 145498.9983 | 196314.2913 | 264507.1533 |
| 44 | 4279.5465 | 5878.8809 | 8076.7603 | 11094.4741 | 15233.5916 | 20904.4180 | 28664.2779 | 39268.9225 | 53741.4321 | 73464.3969 | 100303.0142 | 136769.1656 | 186239.7178 | 253246.4358 | 343860.2993 |
| 45 | 4965.2739 | 6879.2907 | 9531.5771 | 13203.4242 | 18281.3099 | 25295.3458 | 34971.4191 | 48301.7747 | 66640.3758 | 91831.4962 | 126382.7979 | 173697.8403 | 238387.8388 | 326688.9022 | 447019.3890 |

# 年金现值系数表（附表四）

| 期数 | 1% | 2% | 3% | 4% | 5% | 6% | 7% | 8% | 9% | 10% | 11% | 12% | 13% | 14% | 15% |
|---|---|---|---|---|---|---|---|---|---|---|---|---|---|---|---|
| 1 | 0.9901 | 0.9804 | 0.9709 | 0.9615 | 0.9524 | 0.9434 | 0.9346 | 0.9259 | 0.9174 | 0.9091 | 0.9009 | 0.8929 | 0.8850 | 0.8772 | 0.8696 |
| 2 | 1.9704 | 1.9416 | 1.9135 | 1.8861 | 1.8594 | 1.8334 | 1.8080 | 1.7833 | 1.7591 | 1.7355 | 1.7125 | 1.6901 | 1.6681 | 1.6467 | 1.6257 |
| 3 | 2.9410 | 2.8839 | 2.8286 | 2.7751 | 2.7232 | 2.6730 | 2.6243 | 2.5771 | 2.5313 | 2.4869 | 2.4437 | 2.4018 | 2.3612 | 2.3216 | 2.2832 |
| 4 | 3.9020 | 3.8077 | 3.7171 | 3.6299 | 3.5460 | 3.4651 | 3.3872 | 3.3121 | 3.2397 | 3.1699 | 3.1024 | 3.0373 | 2.9745 | 2.9137 | 2.8550 |
| 5 | 4.8534 | 4.7135 | 4.5797 | 4.4518 | 4.3295 | 4.2124 | 4.1002 | 3.9927 | 3.8897 | 3.7908 | 3.6959 | 3.6048 | 3.5172 | 3.4331 | 3.3522 |
| 6 | 5.7955 | 5.6014 | 5.4172 | 5.2421 | 5.0757 | 4.9173 | 4.7665 | 4.6229 | 4.4859 | 4.3553 | 4.2305 | 4.1114 | 3.9975 | 3.8887 | 3.7845 |
| 7 | 6.7282 | 6.4720 | 6.2303 | 6.0021 | 5.7864 | 5.5824 | 5.3893 | 5.2064 | 5.0330 | 4.8684 | 4.7122 | 4.5638 | 4.4226 | 4.2883 | 4.1604 |
| 8 | 7.6517 | 7.3255 | 7.0197 | 6.7327 | 6.4632 | 6.2098 | 5.9713 | 5.7466 | 5.5348 | 5.3349 | 5.1461 | 4.9676 | 4.7988 | 4.6389 | 4.4873 |
| 9 | 8.5660 | 8.1622 | 7.7861 | 7.4353 | 7.1078 | 6.8017 | 6.5152 | 6.2469 | 5.9952 | 5.7590 | 5.5370 | 5.3282 | 5.1317 | 4.9464 | 4.7716 |
| 10 | 9.4713 | 8.9826 | 8.5302 | 8.1109 | 7.7217 | 7.3601 | 7.0236 | 6.7101 | 6.4177 | 6.1446 | 5.8892 | 5.6502 | 5.4262 | 5.2161 | 5.0188 |
| 11 | 10.3676 | 9.7868 | 9.2526 | 8.7605 | 8.3064 | 7.8869 | 7.4987 | 7.1390 | 6.8052 | 6.4951 | 6.2065 | 5.9377 | 5.6869 | 5.4527 | 5.2337 |
| 12 | 11.2551 | 10.5753 | 9.9540 | 9.3851 | 8.8633 | 8.3838 | 7.9427 | 7.5361 | 7.1607 | 6.8137 | 6.4924 | 6.1944 | 5.9176 | 5.6603 | 5.4206 |
| 13 | 12.1337 | 11.3484 | 10.6350 | 9.9856 | 9.3936 | 8.8527 | 8.3577 | 7.9038 | 7.4869 | 7.1034 | 6.7499 | 6.4235 | 6.1218 | 5.8424 | 5.5831 |
| 14 | 13.0037 | 12.1062 | 11.2961 | 10.5631 | 9.8986 | 9.2950 | 8.7455 | 8.2442 | 7.7862 | 7.3667 | 6.9819 | 6.6282 | 6.3025 | 6.0021 | 5.7245 |
| 15 | 13.8651 | 12.8493 | 11.9379 | 11.1184 | 10.3797 | 9.7122 | 9.1079 | 8.5595 | 8.0607 | 7.6061 | 7.1909 | 6.8109 | 6.4624 | 6.1422 | 5.8474 |
| 16 | 14.7179 | 13.5777 | 12.5611 | 11.6523 | 10.8378 | 10.1059 | 9.4466 | 8.8514 | 8.3126 | 7.8237 | 7.3792 | 6.9740 | 6.6039 | 6.2651 | 5.9542 |
| 17 | 15.5623 | 14.2919 | 13.1661 | 12.1657 | 11.2741 | 10.4773 | 9.7632 | 9.1216 | 8.5436 | 8.0216 | 7.5488 | 7.1196 | 6.7291 | 6.3729 | 6.0472 |
| 18 | 16.3983 | 14.9920 | 13.7535 | 12.6593 | 11.6896 | 10.8276 | 10.0591 | 9.3719 | 8.7556 | 8.2014 | 7.7016 | 7.2497 | 6.8399 | 6.4674 | 6.1280 |
| 19 | 17.2260 | 15.6785 | 14.3238 | 13.1339 | 12.0853 | 11.1581 | 10.3356 | 9.6036 | 8.9501 | 8.3649 | 7.8393 | 7.3658 | 6.9380 | 6.5504 | 6.1982 |
| 20 | 18.0456 | 16.3514 | 14.8775 | 13.5903 | 12.4622 | 11.4699 | 10.5940 | 9.8181 | 9.1285 | 8.5136 | 7.9633 | 7.4694 | 7.0248 | 6.6231 | 6.2593 |
| 21 | 18.8570 | 17.0112 | 15.4150 | 14.0292 | 12.8212 | 11.7641 | 10.8355 | 10.0168 | 9.2922 | 8.6487 | 8.0751 | 7.5620 | 7.1016 | 6.6870 | 6.3125 |
| 22 | 19.6604 | 17.6580 | 15.9369 | 14.4511 | 13.1630 | 12.0416 | 11.0612 | 10.2007 | 9.4424 | 8.7715 | 8.1757 | 7.6446 | 7.1695 | 6.7429 | 6.3587 |
| 23 | 20.4558 | 18.2922 | 16.4436 | 14.8568 | 13.4886 | 12.3034 | 11.2722 | 10.3711 | 9.5802 | 8.8832 | 8.2664 | 7.7184 | 7.2297 | 6.7921 | 6.3988 |
| 24 | 21.2434 | 18.9139 | 16.9355 | 15.2470 | 13.7986 | 12.5504 | 11.4693 | 10.5288 | 9.7066 | 8.9847 | 8.3481 | 7.7843 | 7.2829 | 6.8351 | 6.4338 |
| 25 | 22.0232 | 19.5235 | 17.4131 | 15.6221 | 14.0939 | 12.7834 | 11.6536 | 10.6748 | 9.8226 | 9.0770 | 8.4217 | 7.8431 | 7.3300 | 6.8729 | 6.4641 |
| 26 | 22.7952 | 20.1210 | 17.8768 | 15.9828 | 14.3752 | 13.0032 | 11.8258 | 10.8100 | 9.9290 | 9.1609 | 8.4881 | 7.8957 | 7.3717 | 6.9061 | 6.4906 |
| 27 | 23.5596 | 20.7069 | 18.3270 | 16.3296 | 14.6430 | 13.2105 | 11.9867 | 10.9352 | 10.0266 | 9.2372 | 8.5478 | 7.9426 | 7.4086 | 6.9352 | 6.5135 |
| 28 | 24.3164 | 21.2813 | 18.7641 | 16.6631 | 14.8981 | 13.4062 | 12.1371 | 11.0511 | 10.1161 | 9.3066 | 8.6016 | 7.9844 | 7.4412 | 6.9607 | 6.5335 |
| 29 | 25.0658 | 21.8444 | 19.1885 | 16.9837 | 15.1411 | 13.5907 | 12.2777 | 11.1584 | 10.1983 | 9.3696 | 8.6501 | 8.0218 | 7.4701 | 6.9830 | 6.5509 |
| 30 | 25.8077 | 22.3965 | 19.6004 | 17.2920 | 15.3725 | 13.7648 | 12.4090 | 11.2578 | 10.2737 | 9.4269 | 8.6938 | 8.0552 | 7.4957 | 7.0027 | 6.5660 |
| 31 | 26.5423 | 22.9377 | 20.0004 | 17.5885 | 15.5928 | 13.9291 | 12.5318 | 11.3498 | 10.3428 | 9.4790 | 8.7331 | 8.0850 | 7.5183 | 7.0199 | 6.5791 |
| 32 | 27.2696 | 23.4683 | 20.3888 | 17.8736 | 15.8027 | 14.0840 | 12.6466 | 11.4350 | 10.4062 | 9.5264 | 8.7686 | 8.1116 | 7.5383 | 7.0350 | 6.5905 |
| 33 | 27.9897 | 23.9886 | 20.7658 | 18.1476 | 16.0025 | 14.2302 | 12.7538 | 11.5139 | 10.4644 | 9.5694 | 8.8005 | 8.1354 | 7.5560 | 7.0482 | 6.6005 |
| 34 | 28.7027 | 24.4986 | 21.1318 | 18.4112 | 16.1929 | 14.3681 | 12.8540 | 11.5869 | 10.5178 | 9.6086 | 8.8293 | 8.1566 | 7.5717 | 7.0599 | 6.6091 |
| 35 | 29.4086 | 24.9986 | 21.4872 | 18.6646 | 16.3742 | 14.4982 | 12.9477 | 11.6546 | 10.5668 | 9.6442 | 8.8552 | 8.1755 | 7.5856 | 7.0700 | 6.6166 |
| 36 | 30.1075 | 25.4888 | 21.8323 | 18.9083 | 16.5469 | 14.6210 | 13.0352 | 11.7172 | 10.6118 | 9.6765 | 8.8786 | 8.1924 | 7.5979 | 7.0790 | 6.6231 |
| 37 | 30.7995 | 25.9695 | 22.1672 | 19.1426 | 16.7113 | 14.7368 | 13.1170 | 11.7752 | 10.6530 | 9.7059 | 8.8996 | 8.2075 | 7.6087 | 7.0868 | 6.6288 |
| 38 | 31.4847 | 26.4406 | 22.4925 | 19.3679 | 16.8679 | 14.8460 | 13.1935 | 11.8289 | 10.6908 | 9.7327 | 8.9186 | 8.2210 | 7.6183 | 7.0937 | 6.6338 |
| 39 | 32.1630 | 26.9026 | 22.8082 | 19.5845 | 17.0170 | 14.9491 | 13.2649 | 11.8786 | 10.7255 | 9.7570 | 8.9357 | 8.2330 | 7.6268 | 7.0997 | 6.6380 |
| 40 | 32.8347 | 27.3555 | 23.1148 | 19.7928 | 17.1591 | 15.0463 | 13.3317 | 11.9246 | 10.7574 | 9.7791 | 8.9511 | 8.2438 | 7.6344 | 7.1050 | 6.6418 |
| 41 | 33.4997 | 27.7995 | 23.4124 | 19.9931 | 17.2944 | 15.1380 | 13.3941 | 11.9672 | 10.7866 | 9.7991 | 8.9649 | 8.2534 | 7.6410 | 7.1097 | 6.6450 |
| 42 | 34.1581 | 28.2348 | 23.7014 | 20.1856 | 17.4232 | 15.2245 | 13.4524 | 12.0067 | 10.8134 | 9.8174 | 8.9774 | 8.2619 | 7.6469 | 7.1138 | 6.6478 |
| 43 | 34.8100 | 28.6616 | 23.9819 | 20.3708 | 17.5459 | 15.3062 | 13.5070 | 12.0432 | 10.8380 | 9.8340 | 8.9886 | 8.2696 | 7.6522 | 7.1173 | 6.6503 |
| 44 | 35.4555 | 29.0800 | 24.2543 | 20.5488 | 17.6628 | 15.3832 | 13.5579 | 12.0771 | 10.8605 | 9.8491 | 8.9988 | 8.2764 | 7.6568 | 7.1205 | 6.6524 |
| 45 | 36.0945 | 29.4902 | 24.5187 | 20.7200 | 17.7741 | 15.4558 | 13.6055 | 12.1084 | 10.8812 | 9.8628 | 9.0079 | 8.2825 | 7.6609 | 7.1232 | 6.6543 |

续表

| 期数 | 16% | 17% | 18% | 19% | 20% | 21% | 22% | 23% | 24% | 25% | 26% | 27% | 28% | 29% | 30% |
|---|---|---|---|---|---|---|---|---|---|---|---|---|---|---|---|
| 1 | 0.8621 | 0.8547 | 0.8475 | 0.8403 | 0.8333 | 0.8264 | 0.8197 | 0.8130 | 0.8065 | 0.8000 | 0.7937 | 0.7874 | 0.7813 | 0.7752 | 0.7692 |
| 2 | 1.6052 | 1.5852 | 1.5656 | 1.5465 | 1.5278 | 1.5095 | 1.4915 | 1.4740 | 1.4568 | 1.4400 | 1.4235 | 1.4074 | 1.3916 | 1.3761 | 1.3609 |
| 3 | 2.2459 | 2.2096 | 2.1743 | 2.1399 | 2.1065 | 2.0739 | 2.0422 | 2.0114 | 1.9813 | 1.9520 | 1.9234 | 1.8956 | 1.8684 | 1.8420 | 1.8161 |
| 4 | 2.7982 | 2.7432 | 2.6901 | 2.6386 | 2.5887 | 2.5404 | 2.4936 | 2.4483 | 2.4043 | 2.3616 | 2.3202 | 2.2800 | 2.2410 | 2.2031 | 2.1662 |
| 5 | 3.2743 | 3.1993 | 3.1272 | 3.0576 | 2.9906 | 2.9260 | 2.8636 | 2.8035 | 2.7454 | 2.6893 | 2.6351 | 2.5827 | 2.5320 | 2.4830 | 2.4356 |
| 6 | 3.6847 | 3.5892 | 3.4976 | 3.4098 | 3.3255 | 3.2446 | 3.1669 | 3.0923 | 3.0205 | 2.9514 | 2.8850 | 2.8210 | 2.7594 | 2.7000 | 2.6427 |
| 7 | 4.0386 | 3.9224 | 3.8115 | 3.7057 | 3.6046 | 3.5079 | 3.4155 | 3.3270 | 3.2423 | 3.1611 | 3.0833 | 3.0087 | 2.9370 | 2.8682 | 2.8021 |
| 8 | 4.3436 | 4.2072 | 4.0776 | 3.9544 | 3.8372 | 3.7256 | 3.6193 | 3.5179 | 3.4212 | 3.3289 | 3.2407 | 3.1564 | 3.0758 | 2.9986 | 2.9247 |
| 9 | 4.6065 | 4.4506 | 4.3030 | 4.1633 | 4.0310 | 3.9054 | 3.7863 | 3.6731 | 3.5655 | 3.4631 | 3.3657 | 3.2728 | 3.1842 | 3.0997 | 3.0190 |
| 10 | 4.8332 | 4.6586 | 4.4941 | 4.3389 | 4.1925 | 4.0541 | 3.9232 | 3.7993 | 3.6819 | 3.5705 | 3.4648 | 3.3644 | 3.2689 | 3.1781 | 3.0915 |
| 11 | 5.0286 | 4.8364 | 4.6560 | 4.4865 | 4.3271 | 4.1769 | 4.0354 | 3.9018 | 3.7757 | 3.6564 | 3.5435 | 3.4365 | 3.3351 | 3.2388 | 3.1473 |
| 12 | 5.1971 | 4.9884 | 4.7932 | 4.6105 | 4.4392 | 4.2784 | 4.1274 | 3.9852 | 3.8514 | 3.7251 | 3.6059 | 3.4933 | 3.3868 | 3.2859 | 3.1903 |
| 13 | 5.3423 | 5.1183 | 4.9095 | 4.7147 | 4.5327 | 4.3624 | 4.2028 | 4.0530 | 3.9124 | 3.7801 | 3.6555 | 3.5381 | 3.4272 | 3.3224 | 3.2233 |
| 14 | 5.4675 | 5.2293 | 5.0081 | 4.8023 | 4.6106 | 4.4317 | 4.2646 | 4.1082 | 3.9616 | 3.8241 | 3.6949 | 3.5733 | 3.4587 | 3.3507 | 3.2487 |
| 15 | 5.5755 | 5.3242 | 5.0916 | 4.8759 | 4.6755 | 4.4890 | 4.3152 | 4.1530 | 4.0013 | 3.8593 | 3.7261 | 3.6010 | 3.4834 | 3.3726 | 3.2682 |
| 16 | 5.6685 | 5.4053 | 5.1624 | 4.9377 | 4.7296 | 4.5364 | 4.3567 | 4.1894 | 4.0333 | 3.8874 | 3.7509 | 3.6228 | 3.5026 | 3.3896 | 3.2832 |
| 17 | 5.7487 | 5.4746 | 5.2223 | 4.9897 | 4.7746 | 4.5755 | 4.3908 | 4.2190 | 4.0591 | 3.9099 | 3.7705 | 3.6400 | 3.5177 | 3.4028 | 3.2948 |
| 18 | 5.8178 | 5.5339 | 5.2732 | 5.0333 | 4.8122 | 4.6079 | 4.4187 | 4.2431 | 4.0799 | 3.9279 | 3.7861 | 3.6536 | 3.5294 | 3.4130 | 3.3037 |
| 19 | 5.8775 | 5.5845 | 5.3162 | 5.0700 | 4.8435 | 4.6346 | 4.4415 | 4.2627 | 4.0967 | 3.9424 | 3.7985 | 3.6642 | 3.5386 | 3.4210 | 3.3105 |
| 20 | 5.9288 | 5.6278 | 5.3527 | 5.1009 | 4.8696 | 4.6567 | 4.4603 | 4.2786 | 4.1103 | 3.9539 | 3.8083 | 3.6726 | 3.5458 | 3.4271 | 3.3158 |
| 21 | 5.9731 | 5.6648 | 5.3837 | 5.1268 | 4.8913 | 4.6750 | 4.4756 | 4.2916 | 4.1212 | 3.9631 | 3.8161 | 3.6792 | 3.5514 | 3.4319 | 3.3198 |
| 22 | 6.0113 | 5.6964 | 5.4099 | 5.1486 | 4.9094 | 4.6900 | 4.4882 | 4.3021 | 4.1300 | 3.9705 | 3.8223 | 3.6844 | 3.5558 | 3.4356 | 3.3230 |
| 23 | 6.0442 | 5.7234 | 5.4321 | 5.1668 | 4.9245 | 4.7025 | 4.4985 | 4.3106 | 4.1371 | 3.9764 | 3.8273 | 3.6885 | 3.5592 | 3.4384 | 3.3254 |
| 24 | 6.0726 | 5.7465 | 5.4509 | 5.1822 | 4.9371 | 4.7128 | 4.5070 | 4.3176 | 4.1428 | 3.9811 | 3.8312 | 3.6918 | 3.5619 | 3.4406 | 3.3272 |
| 25 | 6.0971 | 5.7662 | 5.4669 | 5.1951 | 4.9476 | 4.7213 | 4.5139 | 4.3232 | 4.1474 | 3.9849 | 3.8342 | 3.6943 | 3.5640 | 3.4423 | 3.3286 |
| 26 | 6.1182 | 5.7831 | 5.4804 | 5.2060 | 4.9563 | 4.7284 | 4.5196 | 4.3278 | 4.1511 | 3.9879 | 3.8367 | 3.6963 | 3.5656 | 3.4437 | 3.3297 |
| 27 | 6.1364 | 5.7975 | 5.4919 | 5.2151 | 4.9636 | 4.7342 | 4.5243 | 4.3316 | 4.1542 | 3.9903 | 3.8387 | 3.6979 | 3.5669 | 3.4447 | 3.3305 |
| 28 | 6.1520 | 5.8099 | 5.5016 | 5.2228 | 4.9697 | 4.7390 | 4.5281 | 4.3346 | 4.1566 | 3.9923 | 3.8402 | 3.6991 | 3.5679 | 3.4455 | 3.3312 |
| 29 | 6.1656 | 5.8204 | 5.5098 | 5.2292 | 4.9747 | 4.7430 | 4.5312 | 4.3371 | 4.1585 | 3.9938 | 3.8414 | 3.7001 | 3.5687 | 3.4461 | 3.3317 |
| 30 | 6.1772 | 5.8294 | 5.5168 | 5.2347 | 4.9789 | 4.7463 | 4.5338 | 4.3391 | 4.1601 | 3.9950 | 3.8424 | 3.7009 | 3.5693 | 3.4466 | 3.3321 |
| 31 | 6.1872 | 5.8371 | 5.5227 | 5.2392 | 4.9824 | 4.7490 | 4.5359 | 4.3407 | 4.1614 | 3.9960 | 3.8432 | 3.7015 | 3.5697 | 3.4470 | 3.3324 |
| 32 | 6.1959 | 5.8437 | 5.5277 | 5.2430 | 4.9854 | 4.7512 | 4.5376 | 4.3421 | 4.1624 | 3.9968 | 3.8438 | 3.7019 | 3.5701 | 3.4473 | 3.3326 |
| 33 | 6.2034 | 5.8493 | 5.5320 | 5.2462 | 4.9878 | 4.7531 | 4.5390 | 4.3431 | 4.1632 | 3.9975 | 3.8443 | 3.7023 | 3.5704 | 3.4475 | 3.3328 |
| 34 | 6.2098 | 5.8541 | 5.5356 | 5.2489 | 4.9898 | 4.7546 | 4.5402 | 4.3440 | 4.1639 | 3.9980 | 3.8447 | 3.7026 | 3.5706 | 3.4477 | 3.3329 |
| 35 | 6.2153 | 5.8582 | 5.5386 | 5.2512 | 4.9915 | 4.7559 | 4.5411 | 4.3447 | 4.1644 | 3.9984 | 3.8450 | 3.7028 | 3.5708 | 3.4478 | 3.3330 |
| 36 | 6.2201 | 5.8617 | 5.5412 | 5.2531 | 4.9929 | 4.7569 | 4.5419 | 4.3453 | 4.1649 | 3.9987 | 3.8452 | 3.7030 | 3.5709 | 3.4479 | 3.3331 |
| 37 | 6.2242 | 5.8647 | 5.5434 | 5.2547 | 4.9941 | 4.7578 | 4.5426 | 4.3458 | 4.1652 | 3.9990 | 3.8454 | 3.7032 | 3.5710 | 3.4480 | 3.3331 |
| 38 | 6.2278 | 5.8673 | 5.5452 | 5.2561 | 4.9951 | 4.7585 | 4.5431 | 4.3462 | 4.1655 | 3.9992 | 3.8456 | 3.7033 | 3.5711 | 3.4481 | 3.3332 |
| 39 | 6.2309 | 5.8695 | 5.5468 | 5.2572 | 4.9959 | 4.7591 | 4.5435 | 4.3465 | 4.1657 | 3.9993 | 3.8457 | 3.7034 | 3.5712 | 3.4481 | 3.3332 |
| 40 | 6.2335 | 5.8713 | 5.5482 | 5.2582 | 4.9966 | 4.7596 | 4.5439 | 4.3467 | 4.1659 | 3.9995 | 3.8458 | 3.7034 | 3.5712 | 3.4481 | 3.3332 |
| 41 | 6.2358 | 5.8729 | 5.5493 | 5.2590 | 4.9972 | 4.7600 | 4.5441 | 4.3469 | 4.1661 | 3.9996 | 3.8459 | 3.7035 | 3.5713 | 3.4482 | 3.3333 |
| 42 | 6.2377 | 5.8743 | 5.5502 | 5.2596 | 4.9976 | 4.7603 | 4.5444 | 4.3471 | 4.1662 | 3.9997 | 3.8459 | 3.7035 | 3.5713 | 3.4482 | 3.3333 |
| 43 | 6.2394 | 5.8755 | 5.5510 | 5.2602 | 4.9980 | 4.7606 | 4.5446 | 4.3472 | 4.1663 | 3.9997 | 3.8460 | 3.7036 | 3.5713 | 3.4482 | 3.3333 |
| 44 | 6.2409 | 5.8765 | 5.5517 | 5.2607 | 4.9984 | 4.7608 | 4.5447 | 4.3473 | 4.1663 | 3.9998 | 3.8460 | 3.7036 | 3.5714 | 3.4482 | 3.3333 |
| 45 | 6.2421 | 5.8773 | 5.5523 | 5.2611 | 4.9986 | 4.7610 | 4.5449 | 4.3474 | 4.1664 | 3.9998 | 3.8460 | 3.7036 | 3.5714 | 3.4482 | 3.3333 |